VERGNÜGEN

CHIEMGAU & RUPERTIWINKEL

21 1/2 TAGESTOUREN
FEIERABEND-RIDES
WOCHENEND-BIKEAWAYS

EINFACH RAUS!

SVEN HÄHLE

Wenn er nicht gerade einen (Rad-)Wanderführer schreibt, entwickelt Sven Hähle Umweltbildungskonzepte und trainiert Outdoor-Guides. Logisch, dass der gelernte Journalist und eifrige Naturfotograf andauernd draußen ist – ob zu Fuß oder mit dem Bike. Der Autor lebt mit Frau und Kind in der Nähe von Wasserburg am Inn – Chiemgau und Rupertiwinkel kennt er wie seine Fahrradtasche. Bei KOMPASS erschien von ihm zuletzt der Wanderführer „Erzgebirge".

LIEBE LESERIN, LIEBER LESER,

Glasklare Seen, mystische Moore, liebliche Flusstäler, sanfte grüne Hügel, schroffe Gipfel und blühende Almwiesen – der Südosten Oberbayerns ist nicht umsonst eines der beliebtesten Reiseziele in Deutschland. Vor dieser natürlichen Kulisse präsentieren sich uns reiche Kulturschätze: von den Spuren der Kelten und Römer über meisterhafte Barockkirchen bis hin zum prunkvollen Königsschloss Herrenchiemsee. Hinzu kommt eine perfekte touristische Infrastruktur, die sich nicht zuletzt in einem ausgezeichneten Radwegenetz widerspiegelt. Etwa 2.000 km markierte Radwege gibt es zwischen Alpenrand, Inn und Salzach.

Die Radtouren in diesem Buch eignen sich für Urlauber und Einheimische gleichermaßen. Mit Abstechern nach Tirol, ins Salzburger Land und bis nach Altötting werden die Grenzen der historischen Kulturräume Chiemgau und Rupertiwinkel bewusst überschritten. Im Mittelpunkt steht das Radvergnügen, oder anders gesagt: das Genussradeln! Neben den großen entdecken wir etliche kleine Sehenswürdigkeiten am Wegesrand, und wir finden die besten Plätze zum Entspannen, Einkaufen und Einkehren.

Wenn eine Tour sportlich scheinen mag: Lass dir Zeit! Die Feierabend-Rides eignen sich oft auch als Tagestouren, vor allem für Familien mit Kindern. Viele Tagestouren lassen sich problemlos abkürzen.

Viel Freude beim Entdecken wünscht

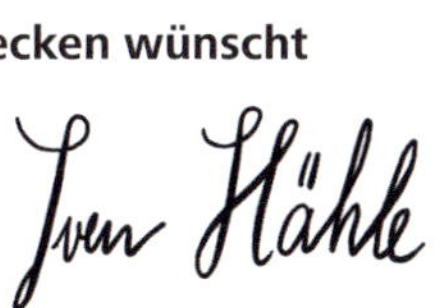

INHALT

DEINE ORIENTIERUNG
APP & GPX-DOWNLOAD

Alle 21 ½ Touren in der KOMPASS App: Dort findest du Livetracking, GPS-Ortung, Offline-Karten und -Touren, Navigation zum Start und viele weitere nützliche Features. Einfach QR-Code scannen und Tour starten. Oder den Menüpunkt *Produkte* in der App wählen. Los geht's!

GPX-Tracks zum Download: www.kompass.de/gpx
Für das Navigationsgerät deiner Wahl haben wir alle Touren auch als GPX-Track auf unserer Homepage.

AUFGESATTELT!

FEIERABEND-RIDES

RAUF AUFS RAD ZUM RUNTERKOMMEN

KÖNIGLICHE AUSSICHT

Ich stehe an der Luitpoldeiche, blicke weit übers Land und freue mich überdie königlich bayerische Aussicht. Den Samerberg darfst du nicht verpassen!

- **1 /** Start und Ziel: der große Wanderparkplatz mitten in Nußdorf am Inn
- **2 /** Die Technik der 500 Jahre alten Getreidemühle Mühlthal bewundern
- **3 /** Einkehr nach dem ersten längeren Anstieg im Gasthof Jägerhäusl
- **4 /** Grainbach: Hauptort des Samerbergs und Talstation der Hochries-Seilbahn
- **5 /** Das Naturbad Samerberger Filze hat eine hübsche und gepflegte Anlage
- **6 /** Stopp im sehenswerten Alpendorf Törwang mit zwei Gastwirtschaften
- **7 /** Schon bayerische Könige schätzten die Aussicht bei der Kapelle Samerberg
- **8 /** Halt an der sehr schön gelegenen und sehenswerten Kirche St. Peter
- **9 /** Einzigartiges Zeugnis für die Herstellung von Mühlsteinen: Geotop Mühlsteinbruch
- **10 /** Prächtiger Marktplatz Neubeuern mit bemalten alpenländischen Häusern
- **11 /** Ab auf die großen Liegewiesen am Naturbadesee Neubeuern

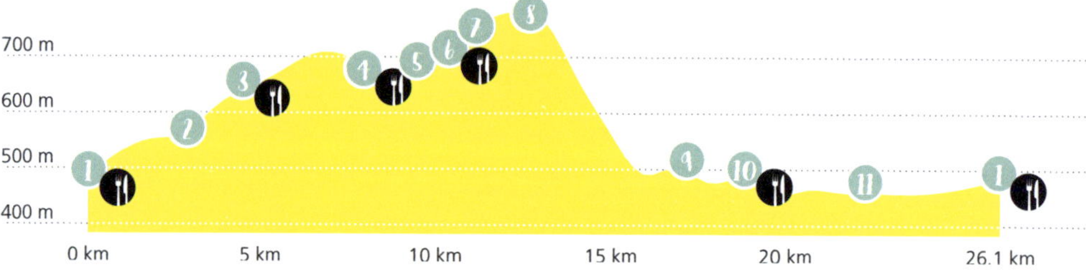

SPORT FREI!

Von Nußdorf am Inn auf den Samerberg

Unsere erste Tour in diesem Buch ist eine sportliche: Aus dem Inntal strampeln wir über 400 Höhenmeter hinauf auf den Samerberg. Zur Belohnung dürfen wir die großartige Landschaft genießen und uns mit bayerischen Schmankerln stärken. Einkehrmöglichkeiten gibt es gleich mehrere.

26 Kilometer
410 Höhenmeter
2:45 Stunden
Rundtour

Schöpfe von des Wassers Kraft

Los geht's in 1 / Nußdorf am Inn am Wanderparkplatz Gammernwald. Der befindet sich bei der Brücke der Hauptstraße/Neubeuerer Straße über den Steinbach. Neben der Brücke folgen wir der Radwegbeschilderung „Mühlthal 2,8 km" in den Mühlthalweg. Wir radeln bequem durch das Tal und erfreuen uns am Steinbach, der uns über zahlreiche Kaskaden entgegenrauscht. In Mühlthal stoppen wir bei der historischen 2 / Getreidemühle Mühlthal. Über 500 Jahre lang gab es hier einen Müller. Seine Kunden kamen vom Samerberg und aus Nußdorf. Wegen Erdrutschen, Überschwemmungen und dem in früheren Zeiten ungezähmten Flusslauf sei die Mühltalstraße oft unpassierbar gewesen, erklärt die Informationstafel an der Getreidemühle.

CHARAKTER

Sportlich	●●●●●
Abkühlung	●●●○○
Schlemmen	●●●●○
Panorama	●●●●●

< links / Herbststimmung: Während am Gipfel der Hochries bereits der erste Schnee liegt, lässt es sich auf dem Samerberg noch bequem radeln

Aufwärts, immer aufwärts!

Von der Mühle folgen wir noch einige Hundert Meter dem Tal, dann beginnt beim Elektrizitätswerk Samerberg der Anstieg. Vorbei am Weiler Gern schwitzen wir hinauf zum Samerberger Ortsteil Holzmann. Wer schon eine Pause braucht, macht sie vielleicht auf der Terrasse vom 3 / Gasthof Jägerhäusl (Fr–Mo u. Feiertage 11–21 Uhr, www.jaegerhausl.de). Allerdings liegt noch mehr Anstieg vor uns. Beim Vorfahrtsschild halten wir uns links und folgen der Radwegmarkierung Von Baum zu Baum. An einem Feldkreuz geht es geradeaus den Berg hinauf Richtung Grainbach. Dann halten wir uns links, radeln an einem Holzlagerplatz vorbei und vertrauen weiter den Schildern Von Baum zu Baum. Vom Weiler Hilgen bis zur 4 / Ortsmitte Grainbach radeln wir beinah eben dahin und erholen uns.

HOCHRIES-SEILBAHN

Wenn du diese Tour als Tagestour absolvierst, hast du genügend Zeit für einen Abstecher auf die Hochries (1.569 m). Der klappt ganz ohne Anstrengung: Ab 4 / Grainbach fährt die Kabinen-Seilbahn in zwei Etappen bis kurz unter den Gipfel.

Von einer Bergseite auf die andere

Am Gasthaus Maurer biegen wir links ab Richtung Nußdorf. Die Straße führt aus Grainbach hinaus nach Törwang. Etwa 200 m bevor sie an einer anderen Straße endet, geht es links zum 5 / Naturbad Samerberger Filze (Apr.–Okt., Eintritt frei). Das holzeingefasste Becken ist in Kleinkinder-, Nichtschwimmer- und Schwimmerbereich unterteilt, das Wasser wird vollbiologisch gereinigt. Liegewiesen und Holzdecks laden zum Verweilen ein, für kleine Badegäste gibt es einen Spielplatz. Weiter geht's Richtung Törwang. Der Radweg Von Baum zu Baum führt uns am Ortseingang Törwang rechts bergan und in den Ort hinein. In der 6 / Ortsmitte von Törwang laden der Entenwirt und der Gasthof zur Post zum Essen ein. Überragt wird Törwang vom Turm der Pfarrkirche Mariä Himmelfahrt, der weitaus älter ist als das Gotteshaus selbst. Im

---

➤ rechts groß / Die Eiche auf dem Samerberg wurde zum 70. Geburtstag von Prinzregent Luitpold gepflanzt ➤ rechts klein / Ein schöner Sommertag am Samerberg – was willst du mehr?

Km 11

Die 7 / Aussichtskapelle Samerberg darf in keinem Chiemgaubuch fehlen, und so steht sie auch in diesem als Highlight. Sicherlich gibt es noch schönere Aussichtspunkte in der Region (und auch in diesem Buch), bestimmt gibt es kulturhistorisch bedeutendere Kapellen. Doch diese schreibt ein Stück bayerischer Geschichte.

ENTE GUT, ALLES GUT

Entenbrühe, Entensülze, halbe Ente oder ganze Ente, und am Ende (!) noch einen Entenjäger. Das ist der hausgemachte Schnaps des **Entenwirtes** (www.entenwirt.de). Und der ist eine Institution auf dem Samerberg.

Kirchenraum vermischen sich verschiedene Baustile. Die Ausmalung der Kirche stammt aus dem 19. Jh., während das spätgotische Bild der Kreuzigung Christi auf dem barocken Seitenaltar zwischen 1460 und 1470 entstand. Interessant sind auch die volkstümlichen Gemälde zur „Schädlichkeit des Schwatzens in der Kirche" und zur Segenswirkung des Weihwassers – sie stammen aus dem 17. Jh.

Wo einst ein König Abschied nahm

BAUM DER BAYERN

Vor der Kirche folgen wir der Beschilderung zur Aussichtskapelle. Der Radweg Von Baum zu Baum führt nochmals bergauf und bietet bereits am Ortsausgang Törwang einen schönen Ausblick über den Samerberg hinüber zur Hochries. An der 7 / Aussichtskapelle Samerberg machen wir ausgiebig Pause und genießen den weiten Blick über das Rosenheimer Land bis hin zum Simssee und Chiemsee. Die Kapelle stammt aus dem 19. Jh., sie besitzt jedoch einen kleinen gotischen Altar aus dem 16. Jh., dessen Altarbild die 14 Nothelfer zeigt. Neben der Kapelle verdient die weit über 100 Jahre alte Eiche Beachtung. Sie wurde zum 70. Geburtstag des Prinzregenten

Luitpold gepflanzt und heißt daher Luitpoldeiche. Auch für Ludwig III. soll der Platz an der Aussichtskapelle ein bedeutungsvoller Ort gewesen sein. Hier soll sich der letzte bayerische König nach seiner Entthronung von seinem Bayernreich verabschiedet haben. Nach der Rast bei der Aussichtskapelle fahren wir durch Obereck, halten uns beim Gasthaus Schinkensepp (www.schinkensepp.bayern, schöne Aussichtsterrasse) halb links und folgen der Beschilderung ins Inntal. In leichtem Bergauf und Bergab geht es mit wunderbaren Ausblicken bis Steinkirchen. Die 8 / Kirche St. Peter gilt als eines der am schönsten gelegenen Gotteshäuser im Landkreis Rosenheim. Der einst gotische Kirchenraum wurde 1750 barockisiert. Die Größe der Kirche im kleinen Ort Steinkirchen und ihre reiche Ausstattung zeugen von der tiefen Religiosität der Samerberger.

Schussfahrt ins Inntal

Nun beginnt die Abfahrt ins Inntal, vor der du die Bremsen deines Bikes prüfen solltest. Aufgepasst: Übersieh während der Talfahrt nicht die Kreuzung im Weiler Sachsenkam. Dort halten wir uns links und folgen der Straßenbeschilderung nach Neubeuern. So kommen wir durch Saxenkam – ja, dieses Mal mit „x" anstatt „ch" geschrieben. Halte im Ort Ausschau nach dem im Jahre 1790 gepflanzten Maulbeerbaum. Er ist eine botanische Rarität. Bei

SACHSEN

kamen einst in die Region Samerberg, soviel steht fest. Warum es allerdings gleich zwei Orte gibt, die darauf hindeuten, ist nicht geklärt. Jedenfalls ist es ein Kuriosum, dass Sachsenkam und Saxenkam nebeneinander existieren. Wenigstens lassen sich beide dank der unterschiedlichen Schreibweisen unterscheiden.

◂ links / Raufstrampeln zur Kirche St. Peter in Steinkirchen ▴ oben / Ein besonderes technisches Denkmal: Die alte Getreidemühle in Mühltal ist über 500 Jahre alt

Mühlstein-bruch

Über 400 Jahre wurden im Steinbruch Hinterhör Mühlsteine mit der Hand aus dem Felsen geschlagen. Sie wurden mühsam zum Inn gebracht und auf Plätten verschifft. Das einzigartige **9 / Geotop Mühlsteinbruch** zählt zu den schönsten in Bayern.

Pinswang halten wir uns am Vorfahrtsschild links Richtung Altenbeuern. Noch bevor wir den Ort erreichen, nutzen wir links den Abzweig zum 9 / Geotop Mühlsteinbruch. Von dort radeln wir westwärts bergab, halten uns bei der Dreifaltigkeitskirche Altenbeuern links und anschließend nach rechts zur Hauptstraße. Der Straßenradweg führt uns nach Neubeuern, dessen Schloss von Weitem sichtbar ist. Durch das Salzburger Tor kommen wir auf den sehenswerten 10 / Marktplatz Neubeuern mit historischen alpenländischen Häusern. Hinter der Pfarr- und ehemaligen Wallfahrtskirche „Mariä unbefleckte Empfängnis", die vermutlich in der zweiten Hälfte des 13. Jh. entstand und deren romanischer Turm ein Zeugnis dieser Zeit ist, führt ein Treppenweg auf den Aussichtsfelsen Haschlberg (Zugang 8–20 Uhr). Von oben bietet sich ein wunderbarer Ausblick über das Inntal und auf Schloss Neubeuern.

Bergfried

wird ein unbewohnter Hauptturm einer mittelalterlichen Burg genannt. Solche Wehrtürme entstanden vor allem im 12. Jahrhundert, so auch in Neubeuern. Der Rest des Schlosses stammt aus späteren Jahrhunderten, der Mittelbau sogar erst aus dem 20. Jahrhundert. Das Schloss Neubeuern beherbergt heute ein Privatgymnasium mit Internat (www.schloss-neubeuern.de).

An Inn und Steinbach zurück nach Nußdorf

Wir verlassen den Marktplatz durch das Obere Stadttor und rollen talwärts, bis uns der Radweg Von Baum zu Baum links in die Seilerbachstraße führt. Dann geht es rechts in die Schopperstraße. Am Hochwasserschutzdamm fahren wir links und folgen der Markierung Radeln rund um Rosenheim. Wir strampeln für 4,5 km auf oder nahe beim Hochwasserschutzdamm. Etwa auf halber Strecke bietet sich der 11 / Badesee Neubeuern (Eintritt frei) für eine Erfrischung an. Am Ende eines Gewerbe- und Wohngebiets halten wir uns vor der Brücke links und folgen der Radwegbeschilderung „Nußdorf 1,5 km". Entlang des Steinbachs erreichen wir den Parkplatz in 1 / Nußdorf am Inn.

TOURENINFO / Aufgrund des Höhenunterschieds eine herausfordernde Feierabendtour. Wer mehr davon haben will, sollte sie als Tagestour absolvieren und kann sie gut mit einer Seilbahnfahrt auf die Hochries verbinden.

➤ **1 /** Nußdorf am Inn ➤ **2 /** Getreidemühle Mühlthal ➤ **3 /** Gasthof Jägerhäusl ➤ **4 /** Ortsmitte Grainbach ➤ **5 /** Naturbad Samerberger Filze ➤ **6 /** Ortsmitte Törwang ➤ **7 /** Aussichtskapelle Samerberg ➤ **8 /** Kirche St. Peter ➤ **9 /** Geotop Mühlsteinbruch ➤ **10 /** Marktplatz Neubeuern ➤ **11 /** Badesee Neubeuern

START-ZIEL
START / ZIEL
Wanderparkplatz Gammernwald in der Ortsmitte Nußdorf bei der Brücke über den Steinbach
HINKOMMEN
Auto / Wanderparkplatz Gammernwald, Neubeuerer Straße 4, 83131 Nußdorf am Inn
ÖPNV / RVO-Bus 9490 von/nach Rosenheim (unregelmäßig)
2 km
Rohrdorf
Neubeuern
Samerberg
Nußdorf am Inn
Altenbeuern
Tiefenbach
Innauwald bei Neubeuern und Pionierübungsplatz Nussdorf
Feichteck 1 514
A 8
A 93
RO 1
RO 9
RO 26
St 2359
St 2089

SCHÖNER FEIERABEND

Lass die Hektik der Stadt und den Arbeits(all)tag hinter dir und schalte einen Gang zurück. Ich führe dich raus aufs Land, wo du einen entspannten Feierabend verbringst.

➤ **1 /** Start und Ende vor den Toren der Stadt an der Innbrücke Rosenheim

➤ **2 /** Imbiss am familienfreundlichen Badeplatz beim Strandhaus am Hofstätter See

➤ **3 /** Vorbei an der Feldkappele Nendlberg überm Ufer des Rinssees

➤ **4 /** Am Badeplatz am Südufer des Rinssees entspannen

➤ **5 /** Köstliches Rinser Natureis aus Milch und Joghurt vom Bauernhof

➤ **6 /** Im kinderfreundlichen Strandbad Rinssee fehlt es uns an nichts

➤ **7 /** Die kleine Feldkapelle Spöck ist ein guter Orientierungspunkt

➤ **8 /** Leckere regionale Lebensmittel bekommst du in Seidls Hofladen

➤ **9 /** Die 200 Jahre alte Kapelle Seeleiten passt perfekt an diese Stelle

➤ **10 /** Schöner kleiner Badeplatz Kalkgrub im Wald, keine Infrastruktur

➤ **11 /** Neben der als heilsam angesehenen Quelle liegt die Pilgerstätte St.-Leonhards-Kapelle

➤ **12 /** Halt am neobarocken Schloss Innleiten aus dem 19. Jahrhundert

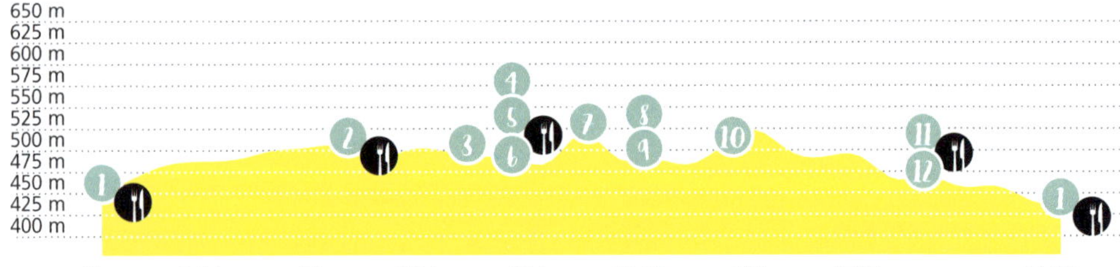

LUST AUF LAND

Von Rosenheim
zum Hofstätter See und Rinssee

Unweit der geschäftigen Stadt Rosenheim liegt ein idyllisches Stück Land mit zwei Badeseen, dem Hofstätter See und dem Rinssee. Für Feierabendradler sind sie lohnende Ziele. Auch der Rückweg in die Stadt ist keineswegs langweilig.

22 Kilometer
200 Höhenmeter
1:45 Stunden
Rundtour

Stadtflucht durch Rosenheims Vororte

Unser Feierabendausflug ins Grüne beginnt an der 1 / Innbrücke Rosenheim unterhalb des Schlossbergs, von der es bergauf losgeht. Vor der Metzgerei Bauer biegen wir links ab in die Wasserburger Straße, der wir auf ganzer Länge durch den Rosenheimer Ortsteil Höhensteig folgen. Nach den Häusern von Graben erreichen wir eine Kreuzung. Beim Stoppschild geht es links Richtung Wasserburg. Nun radeln wir etwa 1,6 km lang auf dem neben der Straße verlaufendem Radweg. Hinter dem Weiler Lack biegen wir rechts ab Richtung „Prutting 5 km" und zum Hofstätter See. Die Asphaltstraße führt für fast 2 km durch Wald. Am Ende des Waldes verweist ein Schild auf den Abzweig zum 2 / Strandhaus am Hofstätter See (Eintritt frei, www.badekiosk-team-chiemgau.de).

CHARAKTER

Sportlich ●○○○○
Abkühlung ●●●●●
Schlemmen ●●●○○
Panorama ●●●○○

< links / Hier lässt sich prima entspannen: Der Badeplatz beim Strandhaus am Hofstätter See

Baden und ein Spaziergang durchs Moor

Der Imbiss ist während der Badesaison bei schönem Wetter geöffnet. Abseits vom Strandhaus können wir es uns auf der kleinen Liegewiese bequem machen. Wenige Meter südlich des Gebäudes beginnt der Moorlehrpfad Burger Moos: Der etwa 3,5 km lange Lehrpfad mit 14 Informationstafeln ist kein Rundweg. Wenn du Lust und Zeit hast, gehst du den Lehrpfad zu Fuß bis Station 13 und zurück, Station 14 liegt auf unserem Radweg am anderen Seeufer. Du lernst die Entstehung verschiedener Moortypen kennen, erfährst Wissenswertes über die Pflanzen- und Tierwelt der Moore und kannst sogar etwas über Moorleichen lernen.

Vom Hofstätter See an den Rinssee

Wir radeln weiter auf dem Asphaltsträßchen mit Blick auf den Hofstätter See und ignorieren den ersten Straßenabzweig nach Prutting. Erst beim Vorfahrtsschild halten wir uns rechts Richtung Prutting sowie Aich und Nendlberg. Den Hof Hub lassen wir links liegen und in Aich biegen wir Richtung Nendlberg und Straßwend ab. In Nendlberg überraschen ein paar schöne alte Hofgebäude. Gleich hinterm Ort treffen wir auf die hübsche 3 / Feldkapelle Nendlberg. Wir rollen auf Asphalt nordostwärts, vorbei am Weiler Straßwend und kommen zum 4 / Badeplatz am Südufer des Rinssees. Er besitzt keine Infrastruktur und wird weniger genutzt als das direkt gegenüber befindliche Strandbad am Nordufer. Von der Liegewiese können wir bequem flach in den See waten.

SIFERLINGER SEE

Unweit vom 4 / Rinssee liegt der Siferlinger See wunderschön in einem Naturschutzgebiet. Ein Spaziergang um den See lohnt sich zu jeder Jahreszeit, Baden ist allerdings nicht erlaubt.

Seitenwechsel: Vom Süd- ans Nordufer

An der Hauptstraße fahren wir links Richtung Söchtenau. Selbstverständlich nutzen wir den Straßenradweg und stoppen am Hof

---

➤ rechts groß / Viel Natur: Als flacher Moorsee ist der Rinssee weitestgehend von einem Schilfgürtel umgeben ➤ rechts klein / Im warmen Wasser des Rinssees macht Planschen Spaß

Km 10,2

Wenn wir beim 6 / Strandbad Rinssee ankommen, liegt fast die Hälfte unserer Feierabendtour hinter uns: Zeit für eine ausgiebige Pause. Das dunkle Moorwasser des Rinssees erwärmt sich schnell, oft kann man schon im Frühjahr darin baden und im Sommer kann es über 25 °C warm werden. Der See ist sehr flach und der Strand für Kinder bestens geeignet.

RINSER NATUREIS

Familie Gschwendtner aus Rins verkauft „echt coole Kugeln" am Kiosk des **6 / Strandbads Rinssee.** Im **Hofladen** gibt es das Rinser Natureis aus der Kühltruhe. Insgesamt werden etwa 150 Eissorten hergestellt.

Rins, um uns ein 5 / Rinser Natureis (www.rinser-natureis.de) zu gönnen – oder vielleicht auch zwei? Das leckere Eis wird im Sommer auch am Kiosk des 6 / Strandbades Rinssee (Eintritt frei) verkauft. Ab dem Hof folgen wir weiter dem Radweg, biegen links ab, und schon sind wir an der Badestelle mit Kiosk und Toiletten.

Landwirtschaft bestaunen und schmecken

KUNST AM WEGESRAND

Nach einer gemütlichen Badepause folgen wir vom Strandbad Rinssee dem Asphaltsträßchen in nordwestliche Richtung und staunen über ländliche Kunstwerke am Straßenrand: ein Pferd geschmiedet aus Hufeisen und ein pflügender Bauer im Kettenhemd. An einer Kiesgrube vorbei erreichen wir bald die kleine 7 / Feldkapelle Spöck. Dort führt der Wasserburger Radrundweg nach rechts – wir fahren allerdings vor der Kapelle links Richtung Seehub. Wo es links nach Spöck geht, radeln wir nach rechts und kommen so nach Seehub. Dort lohnt sich der Blick in 8 / Seidls Hofladen (Facebook: Seidl's Hofladen). Neben hofeigenen Fleisch- und Wurstwaren kann man köstliche Marmeladen und Gelees, Schnäp-

se und Liköre, Honig und andere Lebensmittel einkaufen. Es gibt eine „Kasse des Vertrauens".

Und noch ein Badestopp wartet auf uns

Hinter Seehub halten wir uns beim Vorfahrtsschild links und übersehen sicherlich nicht die gepflegte 9 / Kapelle Seeleiten, die bereits 1821 erbaut wurde. Wir passieren den Hof Entberg, dann biegen wir beim Vorfahrtsschild rechts ab Richtung Vogtareuth. Nur 200 m weiter, bei einem Feldkreuz, geht es nach links. Wir treten leicht bergan und radeln auf einem Schotterweg oberhalb des Hofstätter Sees durch Wald, vorbei an einem einzelnen Anwesen, bis zum 10 / Badeplatz Kalkgrub (ohne Infrastruktur und Eintritt).

Das Wasser des heiligen Leonhard

Nach einer Abkühlung radeln wir weiter auf dem breiten Forstweg nach Westen. Er trifft auf einen anderen Forstweg, dem wir nach links folgen. Bei einem Wanderparkplatz stoßen wir auf den Waldrand. Wir fahren an ein paar Häusern und der Station 14 des Moorlehrpfads Burger Moos vorbei. Der Schotterweg endet beim Ortsschild Niedernburg an der Straße von Rosenheim nach Wasser-

60 cm

Flügelspannweite soll die Urlibelle gehabt haben, die vor etwa 300 Millionen Jahren lebte. Dagegen sind die heutigen Libellenarten Winzlinge. Mit etwas Glück und Geduld kannst du auf dieser Runde Prachtlibellen, Mosaikjungfern und andere entdecken – schilfbewachsene Seeufer und Moore sind ihre Lebensräume.

‹ links / Die Kapelle Seeleiten fügt sich malerisch in die Landschaft ein
^ oben / An der Quelle: Der heilige Leonhard grüßt vom Brunnen, aus dem das nach ihm benannte Wasser fließt

WASSER MARSCH!

Das Wasser der **St.-Leonhards-Quellen** (www.st-leonhards-quellen.de) hat einen guten Ruf – entsprechend teuer sind die Flaschen. Ob du Unterschiede zwischen Sonnen- und Mondquelle schmeckst? Da hilft nur probieren!

burg am Inn. Wir biegen rechts ab und etwa 100 m weiter, hinterm ersten Haus auf der linken Seite, nach links in die Niedernburger Straße. Am Vorfahrtsschild in Obernburg geht es links, sodass wir nach Haidbichl kommen. An einer Bushaltestelle orientieren wir uns an der Beschilderung zur St.-Leonhards-Quelle. Eine Ampel steht am Beginn der Zufahrtsstraße, die nur der Lieferverkehr nutzen darf. Für Fahrräder ist das Befahren der Straße allerdings auch erlaubt. So rollen wir vorsichtig hinab ins Inntal – es könnte Gegenverkehr kommen! Wir erreichen das Betriebsgelände der St.-Leonhards-Vertriebs GmbH & Co. KG. Am Rande steht die 11 / St.-Leonhards-Kapelle mit einem gefassten Brunnen, aus dem wir das St.-Leonhards-Wasser direkt probieren können. Wer andere Getränke bevorzugt und dazu auch etwas essen will, kann keine hundert Meter weiter beim Baodwirt (Mi–Fr ab 13 Uhr, Sa, So u. Feiertage ab 10 Uhr, www.baodwirt.de) einkehren. Der serviert typische bayerische Gerichte.

1743

soll dem erkrankten Christoph Riel aus der Hofleiten im Traum der heilige Leonhard erschienen sein und ihm geraten haben, nach Quellwasser bei der damaligen Holzkapelle zu suchen. Riel grub danach, trank das Wasser und wurde gesund. Die Kunde dieses Wunders verbreitete sich rasch, eine Wallfahrt entstand, die neue 11 / St.-Leonhards-Kapelle wurde gebaut und die Quelle als Brunnen gefasst.

Bequemer Rückweg nach Rosenheim

Am Parkplatz des Baodwirts gibt es Informationstafeln zu Geschichte, Fauna und Flora der Region. Weitere Informationstafeln begleiten unseren Weg, der südwärts entlang der Innleiten führt. Interessant ist das kleine 12 / Schloss Innleiten, eine neubarocke Anlage im Privatbesitz. Bald eröffnen sich rechter Hand Blicke auf die Auwiesen. Nach einer Rechtskurve erreichen wir den Parkplatz Grandauer Au hinterm Hochwasserschutzdamm. Auf der Asphaltstraße entlang des Damms radeln wir zur 1 / Innbrücke Rosenheim.

TOURENINFO / Eine sehr leichte Feierabendtour, bei der viel Zeit für Pausen bleibt. Die Runde eignet sich ebenso hervorragend als Tagesausflug mit Kindern – auch in Kombination mit dem Moorlehrpfad Burger Moos. Unbedingt Badesachen einpacken!

➤ **1 /** Innbrücke Rosenheim ➤ **2 /** Strandhaus am Hofstätter See ➤ **3 /** Feldkapelle Nendlberg ➤ **4 /** Badeplatz am Südufer ➤ **5 /** Rinser Natureis ➤ **6 /** Strandbad Rinssee ➤ **7 /** Feldkapelle Spöck ➤ **8 /** Seidls Hofladen ➤ **9 /** Kapelle Seeleiten ➤ **10 /** Badeplatz Kalkgrub ➤ **11 /** St.-Leonhards-Kapelle ➤ **12 /** Schloss Innleiten

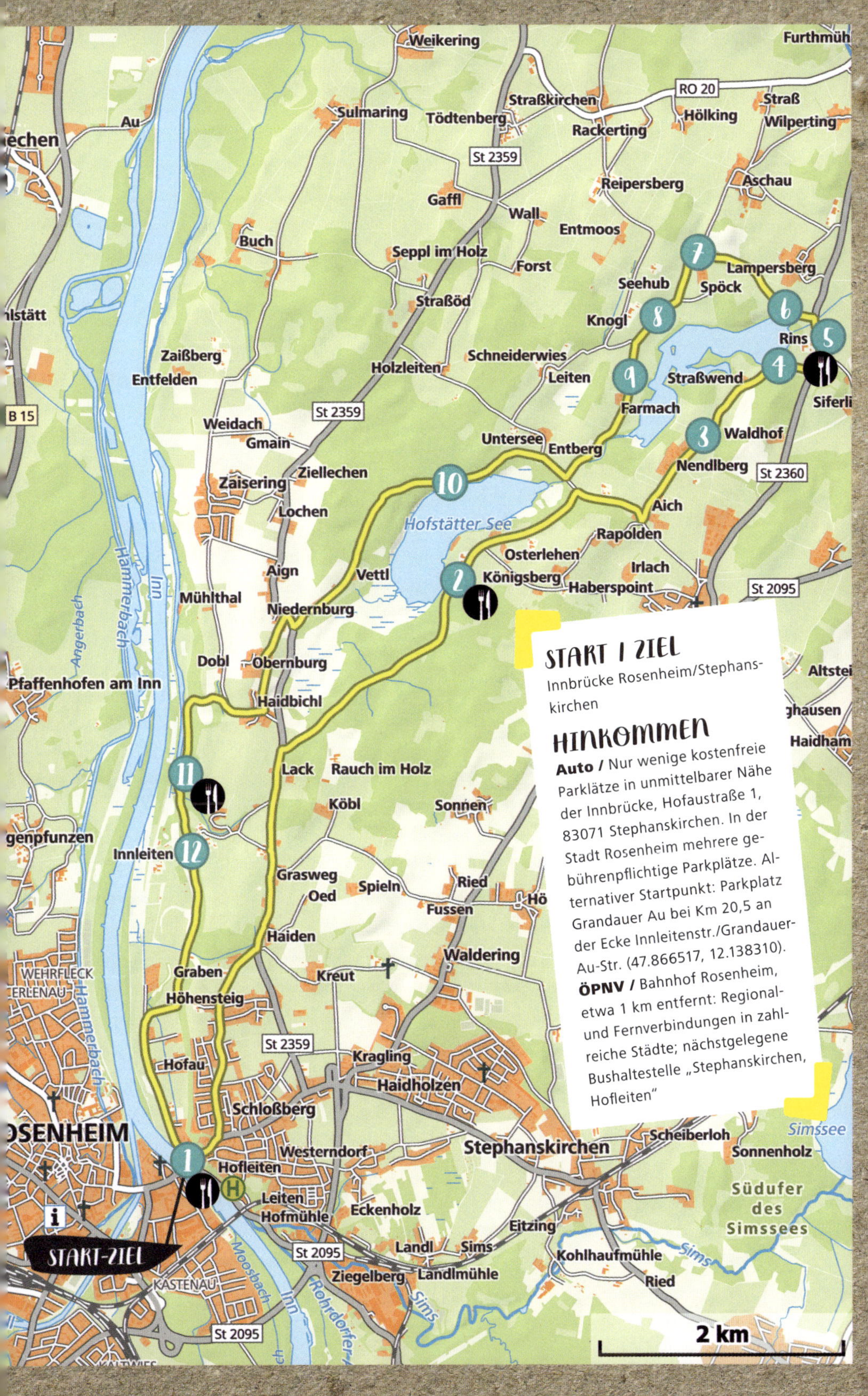

START I ZIEL

Innbrücke Rosenheim/Stephanskirchen

HINKOMMEN

Auto / Nur wenige kostenfreie Parklätze in unmittelbarer Nähe der Innbrücke, Hofaustraße 1, 83071 Stephanskirchen. In der Stadt Rosenheim mehrere gebührenpflichtige Parkplätze. Alternativer Startpunkt: Parkplatz Grandauer Au bei Km 20,5 an der Ecke Innleitenstr./Grandauer-Au-Str. (47.866517, 12.138310).

ÖPNV / Bahnhof Rosenheim, etwa 1 km entfernt: Regional- und Fernverbindungen in zahlreiche Städte; nächstgelegene Bushaltestelle „Stephanskirchen, Hofleiten"

WARMER SOMMERABEND

An einem warmen Sommerabend um den Simssee radeln und ein paarmal im glasklaren Wasser abtauchen: Dabei fühle ich mich wie im Urlaub.

› 1 / Das große Strandbad mit Imbiss am Badeplatz Baierbach

› 2 / Ausblick auf See und Berge von der Anhöhe vor Inzenham

› 3 / Rast machen mit Aussicht auf der Anhöhe vor Krottenmühl

› 4 / Pompöser Blick vom Aussichtsturm über den Simssee auf die Berge

› 5 / Makelloses Fotomotiv: Kirche St. Andreas, die älteste der Region

› 6 / Geh zu Fuß, wenn du die Reste der Burgruine Speckerturm sehen willst

› 7 / Rastplatz Moosen, umrahmt von Steinen und Geologieinfos

› 8 / Sehenswerte Kirche St. Stephanus und St. Laurentius in Panoramalage

› 9 / Am flachen, breiten Strand des Badeplatzes Pietzing entspannen

› 10 / Neben dem Seewirt Ecking gibt's einen kostenfreien Badeplatz mit Bootsverleih

› 11 / Traditionelle Gastwirtschaft mit gewissem Kultstatus: Gasthof Gocklwirt

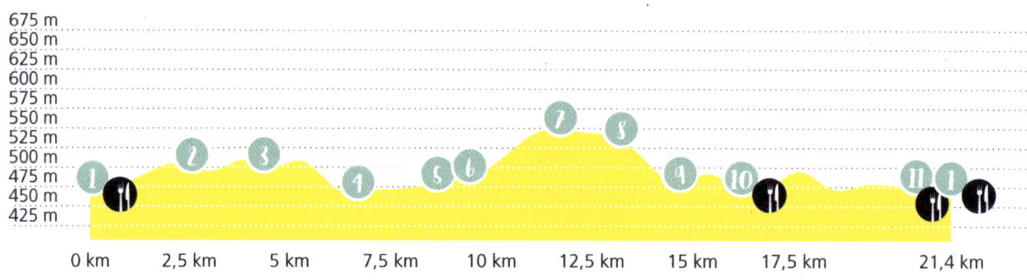

SEERUNDFAHRT

Eine neue Runde um den Simssee

Um den Simssee führt ein gut markierter Radrundweg. Ab und an weichen wir von ihm ab und besuchen sehenswerte Plätze, die auf der offiziellen Runde ausgespart wurden. So wird aus der „gewöhnlichen" Runde eine echt runde Sache.

21 Kilometer
160 Höhenmeter
2 Stunden
Rundtour

Beginn und Ende am Strandbad

Als Startpunkt wählen wir einen der kostenlosen Parkplätze beim 1 / Badeplatz Baierbach. So können wir nach der Tour noch schwimmen gehen oder am Strand entspannen. Im Sommer ist das kostenfreie Strandbad gut besucht, vor allem an Wochenenden: Dann kann es sein, dass du nachmittags weiter entfernt parken musst.

CHARAKTER

Sportlich	●●○○○
Abkühlung	●●●●●
Schlemmen	●●●○○
Panorama	●●●●○

Durchs Hügelland

Wir folgen dem Radweg ostwärts und fahren in einer Linkskurve in die Krottenmühlstraße. Sie führt auf die zweigleisige Eisenbahnstrecke München–Salzburg zu und folgt ihr sodann parallel. Wir bleiben etwa 1 km lang auf der Krottenmühlstraße, bevor wir der abbiegenden Hauptstraße nach links nachfahren und die Eisenbahnstrecke Richtung Prutting unterqueren. Bis Edling geht es etwas bergan, dort biegen wir

◀ links / Sommer, Sonne, Simssee: Einmal rund um den zweitgrößten See im Chiemgau

rechts ab nach Inzenham. Von der 2 / Anhöhe vor Inzenham genießen wir einen schönen Ausblick auf den Simssee und die Berge. In Inzenham biegen wir Richtung Salmering und Ullerting ab. Wir rollen hinab in eine Senke und strampeln anschließend leicht bergauf. An einem eingezäunten Tümpel mit Ruhebank führt die Straße links nach Salmering – wir fahren jedoch geradeaus auf dem Schotterweg Richtung Untershofen und Krottenmühl. Der unbefestigte Weg steigt durch ein Waldstück leicht an, danach erreichen wir die 3 / Anhöhe vor Krottenmühl mit Rastbänken bei einem gusseisernen Feldkreuz, wo wir eine schönen Aussicht haben. In Krottenmühl mündet unser Weg in eine Asphaltstraße: Wir biegen links ab, fahren leicht bergan und gleich wieder rechts in die Innthaler Straße. Schon nach wenigen Metern zweigen wir in die Mühlstraße ab und folgen ihr aus dem Ort hinaus Richtung Thalkirchen. Bald geht es talwärts und an der Eisenbahn entlang. Am Ende der Mühlstraße fahren wir nach rechts durch die Bahnunterführung und nehmen die Straße geradeaus Richtung Thalkirchen. Rechter Hand erstreckt sich nun der Simssee in voller Länge. Wir stoppen am 4 / Aussichtsturm hinter dem Weiler Eichen, um das großartige Panorama vom erhöhten Standpunkt aus zu genießen.

87.000.000 m³

Wasser sind im Simssee. Das entspricht etwa dem jährlichen Wasserverbrauch von München. Da es kaum Motorboote auf dem See gibt, ist das kalkreiche Wasser ziemlich sauber. Nur Einträge aus der Landwirtschaft machen ihm zu schaffen.

Ein Stück von Feierabend-Ride 4

Wir rollen weiter am Nordostufer des Simssees eben dahin. Wer einen Badestopp einlegen will, fährt zum Campingplatz Stein, denn dort gibt es einen Seezugang. Ansonsten geht es weiter auf der schmalen Asphaltstraße, die bald neben der Thalkirchner Achen verläuft, einem Zulauf des Simssees. Wir erreichen die 5 / Kirche St. Andreas von Thalkirchen, die als älteste der Region gilt (s. auch

---

➤ rechts groß / Blick auf den Simssee und die Berge vom Aussichtsturm
➤ rechts klein / Geschützte Art: Auf den Feuchtwiesen rund um den Aussichtsturm blühen im Frühling Schwertlilien

Km 6,7

Vom 4 / Aussichtsturm am Nordostufer überblicken wir den Simssee in seiner ganzen Länge. Wir erkennen die auf einer Anhöhe gelegene Kirche Maria Stern von Neukirchen, und majestätisch ragen die Alpengipfel empor. Doch wir sollten auch nicht die Blumen übersehen, die im Frühjahr auf den Wiesen um den Aussichtsturm herum blühen. Hier wachsen seltene Orchideen und Schwertlilien. Pflücken verboten!

STEINREICH!

Wer die Gesteine der Alpen kennenlernen will, schaut sich am besten im Voralpenland um. Eiszeitgletscher haben alle möglichen Arten hergebracht. Am 7 / Rastplatz Moosen kannst du eine Auswahl studieren.

Tour 4. Wie bei dieser Tour überqueren wir am Parkplatz unterhalb der Kirche die Thalkirchener Achen und radeln noch ein Stück auf Asphalt weiter, bis wir im Weiler Stauden auf die Hauptstraße stoßen. Der folgen wir nach links bis zur Bushaltestelle beim Wirtshaus zum Letten und biegen vor der Gaststätte rechts ab Richtung Ulperting und Achthal. Wir fahren durch das Thalkirchener Achental vorbei am Abzweig zur 6 / Burgruine Speckerturm bis zum Abzweig nach Ulperting. Dort führt die Tour 4 nach links – wir radeln jedoch geradeaus weiter im Achental.

ZU FUSS ZUR BURGRUINE

Raus aus dem Achental, rauf zum Rastplatz

In einer Rechtskurve überqueren wir die Thalkirchener Achen und strampeln bergauf Richtung Irnkam, Schralling und Moosen. An der Kreuzung bei Irnkam bleiben wir geradeaus auf dem beschilderten Simssee-Rundweg und ignorieren die links abzweigenden Rad- und Wanderwege. Achtung! Etwa 400 m weiter, bei einem Stall gegenüber einer Scheune, biegen wir halb links ab und folgen einem Betonplattenweg parallel zum Waldrand aufwärts. An die-

ser Stelle fehlte während der Recherchen die Markierung des Rundwegs. Der Plattenweg geht in einen Feldweg über und auf der Höhe erreichen wir den 7 / Rastplatz Moosen. Picknicktisch und Bänke werden von einer Sammlung eiszeitlicher Findlinge umrahmt; Steine, welche die Gletscher der letzten Eiszeit aus den Alpen ins Voralpenland transportierten. Über die geologischen Grundlagen und die verschiedenen Gesteinsarten kannst du vor Ort nachlesen.

BADESPASS

Ideal für Familien mit Kindern: Der ganzjährig geöffnete und kostenfreie 9 / Badeplatz Pietzing hat den breitesten und flachsten Strand am Simssee. Und einen Imbiss gibt's auch.

Lohnender Umweg: Zur Kirche Pietzenkirchen

Vom Rastplatz fahren wir südwestwärts. Der Radweg Riederinger Rundn verläuft durch die Siedlung Moosen. Am Vorfahrtsschild an der Ostgatternstraße biegen wir links ab. Am Ortsausgang Moosen zweigen wir rechts in eine Schotterstraße ab. Am nächsten Vorfahrtsschild radeln wir geradeaus und in Ackersdorf folgen wir vor den ersten Häusern der Radwegbeschilderung Riederinger Rundn in Richtung Pietzing und Simssee. Vorbei an einer Kapelle kommen wir zur 8 / Kirche St. Stephanus und St. Laurentius von Pietzenkirchen. „Pitzinga" wurde schon im 8. Jh. urkundlich erwähnt. Die erste Kirche dürfte bereits im 9. Jh. existiert haben, denn fast alle Kirchen mit den Patronen Stephanus und Laurentius gehen auf die vor- und frühromanische Zeit zurück. Einer Legende nach sollte die Kirche woanders gebaut werden, doch ein Rabe habe die abfallen-

---

< links / Gilt als eine der ältesten der Region: Kirche St. Andreas in Thalkirchen ^ oben / Ab ins Boot oder aufs Board! Der Simssee hat attraktive Badestrände und Freizeitanlagen

SÜDUFER DES SIMSSEES

Der **Simssee-Rundweg** verläuft etwas abseits des Südufers. Näher dran lockt ein lohnender Spazierweg. Radfahren ist absolut tabu, doch vielleicht gehst du den schönen Weg einmal zu Fuß.

den Hobelspäne immer wieder an den jetzigen Platz getragen. Da glaubte man, dass es Gottes Wille sei, sein Haus am schönsten Punkt der Gegend zu errichten. Und in der Tat ist es eine beeindruckende Stelle mit herrlichem Ausblick, an der die Kirche steht. Ein Rastplatz beim großen Kreuz vor der Kirche lädt zum Verweilen ein.

14

Ziffernblätter und 50 handgeschnitzte Figuren sind Teile der größten Kunstuhr der Welt, die du im 11 / Gasthof Gocklwirt bestaunen kannst. Die 5 Meter breite und 3 Meter hohe Uhr wurde von 1879 bis 1881 vom Bauernsohn Josef Greß gebaut und zeigt neben Uhrzeiten der größten Städte Europas das Datum und Mondphasen an.

Das Wasser wartet!

Vom Parkplatz bei der Kirche folgen wir weiter der Riederinger Rundn. Nach Unterquerung der Hauptstraße halten wir uns links und rollen entlang der Straße bergab. Wir biegen rechts ab nach Pietzing und fahren auf der Fellbachstraße durch den Ort bis zum Kiosk am 9 / Badeplatz Pietzing. Zusätzlich zum Imbiss gibt es auch eine sehr große Liegewiese. Vom großen Parkplatz radeln wir zur Hauptstraße. Unmittelbar vor dieser führt der Simssee-Rundweg nach rechts. Bald erreichen wir die Zufahrt zum 10 / Seewirt Ecking (Mi–Mo 10–24 Uhr, www.seewirt.de) mit Badeplatz und Bootsverleih. Erneut halten wir uns Richtung Hauptstraße und wenige Meter vor ihr nach rechts in den Simssee-Rundweg. Der gut beschilderte Radrundweg verläuft bis Schlierholz mit Abstand zur Straße, dort folgt er ihr für wenige Meter. Nach einer Brücke geht es nach rechts auf einen breiten Schotterweg. Wir radeln um das Südufer des Simssees und treffen beim 11 / Gasthof Gocklwirt (Do 17–24 Uhr, Fr–So u. Feiertage 12–24 Uhr, www.gocklwirt.de), wo wir die größte Kunstuhr der Welt bestaunen, auf die Eisenbahn. Wir folgen den Radwegbeschilderungen Richtung Krottenmühl entlang der Gleise und gelangen nach einer Rechtskurve zum 1 / Badeplatz Baierbach.

TOURENINFO / Die Rundfahrt ist nicht schwer. Mit Kindern kann man sie gut als Tagestour planen – dank der Bademöglichkeiten wird es den Kleinen bestimmt nicht langweilig. Spielplätze gibt es an den Badeplätzen auch.

➤ **1 /** Badeplatz Baierbach ➤ **2 /** Anhöhe vor Inzenham ➤ **3 /** Anhöhe vor Krottenmühl ➤ **4 /** Aussichtsturm Simssee ➤ **5 /** Kirche St. Andreas ➤ **6 /** Burgruine Speckerturm ➤ **7 /** Rastplatz Moosen ➤ **8 /** Kirche St. Stephanus und St. Laurentius ➤ **9 /** Badeplatz Pietzing ➤ **10 /** Seewirt Ecking ➤ **11 /** Gasthof Gocklwirt

START I ZIEL
Kostenlose Parkplätze beim Badeplatz Baierbach am Simssee
HINKOMMEN
Auto / Parkplätze, Simsseestraße, 83071 Stephanskirchen
ÖPNV / Haltestelle Baierbach-Stephanskirchen in der Nähe vom 11 / Gocklwirt: unregelmäßige Busverbindung zum Bahnhof Rosenheim
START-ZIEL
Simssee
Südufer des Simssees
Antworter-Achen
Sims
Schinderbach
Immling
Jolling
Aschau
Stock
Lampersberg
Engling
Patersdorf
Anzing
Landing
Rins
Straßwend
St 2360
Hemberg
Waldhof
Nendlberg
Unterkurf
St 2095
Bergham
Burg
Brand
Untershofen
Ullerting
Krottenmühl
Altstein
Salmering
Moos
Langhausen
Haidham
Rotterstetten
Thalkirchen
Hirnsberg
Inzenham
RO 16
Edling
Asbichl
Achthal
Holzen
Irnkam
Schralling
Kieling
Pietzing
Moosen
Stadl
Ackersdorf
Pietzenberg
Haimling
Erlachmühle
Mangolding
Obermühl
Beuerberg
Abersdorf
RO 33
Mühlham
Ecking
Wieden
Neukirchen
Rögling
Tiefenthal
Bergham
Schaidering
Albersberg
Riedering
Petzgersdorf
Thalham
Siegharting
Haring
Sieghart
RO 47
Söllhuben
Mitterfeld
St 2362
Persdorf
2 km

SÜSSE FRÜCHTE

Ich fahre am liebsten im Oktober auf die Ratzinger Höhe, wenn Äpfel und Birnen reif sind. Es gibt so viele leckere Sorten. „Mundraub“ ist an einigen Stellen erlaubt.

> **1 /** Wir starten und enden am Bahnhof Bad Endorf

> **2 /** Therme Bad Endorf mit Saunalandschaft – vielleicht etwas für nach der Tour?

> **3 /** Blick übers Thalkirchner Moos von der Kreuzung mit Ruhebank

> **4 /** Pittoresk: Kirche St. Andreas, die älteste der Region, in anmutiger Lage

> **5 /** Möglicher Exkurs zu den spärlichen Resten der Burgruine Speckerturm

> **6 /** Den herrlichen Blick vom Aussichtsturm genießen

> **7 /** Panorama vom höchsten Aussichtspunkt der Ratzinger Höhe

> **8 /** Rastplatz und Lehrreiches zur Imkerei am Schaubienenstand

> **9 /** Edle Obstbrände, Säfte und mehr gibt's im Hofladen Fritznhof

> **10 /** Nur für den König! Der ehemalige Bahnhof Rimsting ist heute ein asiatisches Restaurant

> **11 /** Orientierungspunkt: Abzweig nach Bad Endorf

> **12 /** Am romantischen Bürgner Badeplatz in den Langbürgner See springen

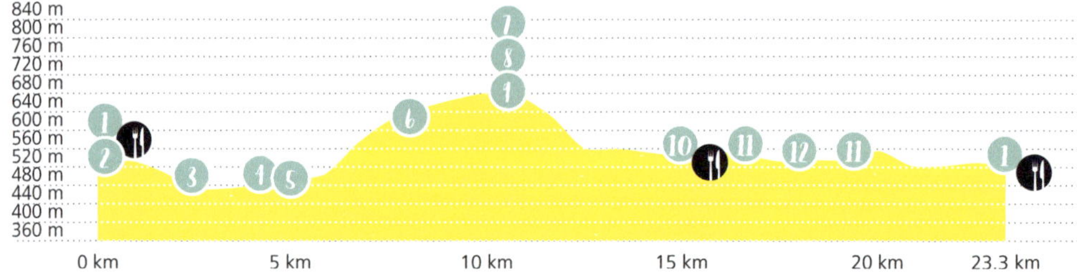

BERGE UND WASSER

Von Bad Endorf auf die Ratzinger Höhe – und ein erfrischendes Bad

Die Ratzinger Höhe ist ein beinahe 700 m hoher Höhenzug zwischen Simssee und Chiemsee. Während der Auffahrt kommen wir leicht ins Schwitzen. Auf dem Rückweg kühlen wir uns dank einer versteckten Badestelle im Wald wieder ab.

23 Kilometer
300 Höhenmeter
2:15 Stunden
Rundtour

Auf ins Thalkirchener Moos

Los geht's am 1 / Bahnhof Bad Endorf. Wer aus Salzburg kommt oder das Auto am Bahnhof parkt, muss durch die Unterführung auf die andere Seite der Gleise. Dort folgen wir der Radwegmarkierung E4 Richtung Simssee auf einem schmalen Weg zur Hochriesstraße, an der wir uns, entgegen der Radwegmarkierung, links halten und bei nächster Gelegenheit den Radwegschildern E1, E2 und E3 bis zur 2 / Therme Bad Endorf folgen (www.chiemgau-thermen.de). Links am Parkhaus vorbei biegen wir vor dem Hotel Ströbinger Hof rechts ab. Hinter dem Gelände der Bundespolizeisportschule geht es nach rechts, der Radwegbeschilderung „Kurf 1,1 km" des E3 folgend. So kommen wir an der Kapelle des heiligen Antonius am Kurpark Bad Endorf vorbei und können rechter Hand einen Blick auf die Thermenbecken erhaschen. In Kurf folgen

CHARAKTER

Sportlich	●●●○○
Abkühlung	●●●●○
Schlemmen	●●○○○
Panorama	●●●●●

◂ links / Blick von der Ratzinger Höhe: Vor dem Simssee die Kirche Hirnsberg, wo einst eine Burg stand

wir dem Schild „Thalkirchen 2,5 km" des Radwegs E3 nach links. Bei den letzten Häusern von Kurf gibt es linker Hand eine Mariengrotte aus den 1950er Jahren. Auf einem breiten Feldweg radeln wir bis zu einer markanten 3 / Kreuzung mit Ruhebank, wo sich auch eine Informationstafel über Vögel befindet. Von hier haben wir einen schönen Ausblick über das Thalkirchner Moos. Unser Weiterweg führt südwärts durch dieses ehemalige Moorgebiet. Dabei beachten wir die Hinweisschilder, nicht von den Wegen abzuweichen. Wir fahren auf die Antworter Achen zu und ein Stück an dem breiten Bach entlang, der der Abfluss des Simssees ist. Bei einer Ruhebank geht es links über die Ache, danach auf teilweise schmalem Grasweg bis Thalkirchen. Auf diesem Wegabschnitt müssen Radfahrer und Fußgänger besonders aufeinander Rücksicht nehmen.

EINSTIGES NIEDERMOOR

Das Thalkirchner Moos entstand durch Verlandung des Simssees, wobei Wiesenmahd als Einstreu genutzt wurde. Die heutigen Streuwiesen sind Brut- und Lebensraum für seltene Vögel.

Sehenswert: Die älteste Kirche der Region

Bei den ersten Häusern von Thalkirchen folgen wir der Markierung E3 nach rechts und fahren auf die 4 / Kirche St. Andreas zu. Sie liegt reizvoll auf dem sogenannten Rain, einer eiszeitlichen Geländeterrasse über der Thalkirchener Achen, dem Zufluss des Simssees. Das Kirchlein wurde bereits um 1100 gebaut und wird von Kulturhistorikern als Urkirche des gesamten Gebiets angesehen. St. Andreas ist sogar älter als die Kirche der ehemaligen Burg Hirnsberg, welche das malerische Ensemble überragt. Heute hat das Kirchlein überwiegend barocke, zum Teil auch noch gotische Ausstattungsstücke. Vom romanischen Bau ist nur die vordere Seitenmauer erhalten.

Durchs Achental hinauf zum Aussichtsturm

Unterhalb der Kirche folgen wir dem Asphaltsträßchen Richtung Hirnsberg. Wie bei Tour 3 halten wir uns an der nächsten Kreu-

---

➤ rechts groß / Vom Schaubienenstand auf der Ratzinger Höhe blicken wir über den Chiemsee auf die Alpen ➤ rechts klein / Die Bienen sorgen für die Befruchtung der vielen Obstbäume auf der Ratzinger Höhe

Km 10,4

Der Ausblick vom 8 / Schaubienenstand auf der Ratzinger Höhe ist einer der schönsten im ganzen Chiemgauer Alpenvorland. Das Panorama beeindruckt zu jeder Jahreszeit. Unser Foto entstand an einem milden Märztag. Wenige Wochen später blühen schon die Obstbäume und die Bienen sind sehr aktiv.

BURGRESTE

Die **5 / Burgruine Speckerturm** ist der letzte Rest der Burg Speckstein. Sie wurde wahrscheinlich im 12. Jh. von den Herren von Hirnsberg als Nebenburg der Burg Hirnsberg erbaut. Der Speckerturm war entweder Wohnturm oder Bergfried.

zung links, überqueren die Thalkirchener Ache und biegen bei der Bushaltestelle vor dem Wirtshaus Letten nach rechts ab Richtung Ulperting. Auf einem breiten, nicht asphaltierten Weg radeln wir durch das Tal der Thalkirchener Achen. Beachte den beschilderten Abzweig zur 5 / Burgruine Speckerturm, ein Fußweg führt zu den wenigen Resten dieser Anlage. Tiefer drin im Achental zweigt scharflinks unsere Auffahrt nach Ulperting ab. Feierabend-Tour 3 führt an dieser Stelle geradeaus weiter. Wir folgen der Radwegmarkierung E4 auf einem Asphaltsträßchen steil bergauf. Die Markierungen des Obst- und Kulturwegs Ratzinger Höhe helfen uns nun ebenfalls. Hinter Ulperting endet der Asphalt, ein breiter Schotterweg führt uns weiter aufwärts. Am Vorfahrtsschild in Hitzing fahren wir rechts und biegen sofort wieder links ab, die Wegweiser zum Aussichtsturm geben uns den Weg vor. Wer auf den Aussichtsturm verzichten will, fährt am Vorfahrtsschild in Hitzing links. Vom modernen hölzernen Gerüst des 6 / Aussichtsturms (immer geöffnet, kein Eintritt) genießen wir das herrliche Panorama. Informationstafeln geben Auskunft über die Landschaft und ihre Bewohner. Die Fortsetzung des Schotterwegs beim Aussichtsturm bringt uns erneut zur Asphaltstraße, wo wir dem Schild „Ratzing 0,7 km" vertrauen.

AUSSICHT VOM TURM

Auf der Ratzinger Höhe

Wir lassen Ratzing links liegen, radeln über eine Kuppe hinweg und halten uns bei einem Parkplatz links nach Berg, Gattern und Hocheck. An der nächsten Kreuzung fahren wir Richtung Dirnsberg und „Aussichtspunkt Ratzinger Höhe 694 m" (grünes Schild). Nur etwa 200 m weiter ist der 7 / Aussichtspunkt Ratzinger Höhe nochmals beschildert. Der Mini-Abstecher lohnt sich, obwohl es einen noch besseren Aussichtspunkt gibt: Keine hundert Meter weiter der Asphaltstraße entlang zweigt rechts ein Weg zum 8 / Schaubienenstand ab. Von da hat man nicht nur eine grandiose Fernsicht, dank Bänken und Tischen ist es auch ein hervorragender Rastplatz. Mit etwas Glück triffst du die Imkerin oder den Imker und kannst den Honig gleich vor Ort kaufen. Neben den Informationstafeln zur Imkerei verdient der Bildstock mit dem Konterfei des heiligen Ambrosius Aufmerksamkeit, der der Schutzheilige der Imker ist. Vorbei an einem weiteren interessanten Bildstock rollen wir bis Dirnsberg. Rechts neben der Kreuzung steht der 9 / Fritznhof mit Hofladen.

GUT VERSORGT

Wenn du keine Brotzeit dabeihast, kannst du im Gasthaus Weingarten (www.gasthaus-weingarten.de) auf der 7 / Ratzinger Höhe essen und den Ausblick von der Panoramaterrasse genießen. Fahre am Fritznhof vorbei wenige Hundert Meter talwärts.

Pfiat di, Ratzinger Höhe – oder: Die lange Fahrt bergab

Richtung Hötzelsberg rollen wir lange bergab bis Gmein. An der Kreuzung mit Feldkreuz halten wir uns rechts und am Vorfahrtsschild links hinab ins Tal. Bis zum Ortseingang Rimsting strampeln

---

< links / Der Aussichtsturm steht unterhalb der Ratzinger Höhe, dennoch bietet er ein hervorragendes Panorama ^ oben / Start und Ziel unserer Tour: Bad Endorf, das Tor zum Chiemgau

OBST- UND KULTURWEG

Der Obst- und Kulturweg ist als Wanderweg konzipiert und erschließt in zwei kombinierbaren Runden von 8 und 9 km Länge die Ratzinger Höhe (Flyer auf issuu.com/ptg-marketing/docs/flyer-obst-und-kultur-weg).

wir noch einmal etwas bergauf. Am Stoppschild biegen wir rechts ab, danach gleich links Richtung „Kalkgrub 800 m". Auf der Anliegerstraße treten wir durch das Gewerbegebiet Nord und biegen beim Ortsschild rechts ab (grünes Schild: Rimstinger Chiemsee-Rundweg). Im Ortsteil Rimsting-Bahnhof fahren wir erst beim Vorfahrtsschild links („Chiemsee-Rundweg 6 km"), überqueren die Eisenbahn und biegen unmittelbar nach der Brücke links ab.

1881

wurde für König Ludwig II. der 10 / Bahnhof Rimsting angelegt. Der König sollte bequem umsteigen und von Urfahrn zur Baustelle des Schlosses Herrenchiemsee übersetzen können. Zu seinen Lebzeiten hielten in Rimsting nie reguläre Züge, erst ab 1895. Genau 100 Jahre nach dem Bau des Bahnhofs wurde er stillgelegt.

Zum Badeplatz am Langbürgner See

Vom 10 / ehemaligen Bahnhof Rimsting (Restaurant Kurkuma, www.kulturbahnhof-rimsting.de), der für Ludwig II. erbaut worden war, radeln wir lange durch den Wald Richtung Hemhof. Vor einem umzäunten Wasserschutzgebiet befindet sich der 11 / Abzweig nach Bad Endorf. Zum Baden fahren wir geradeaus weiter, beim Vorfahrtsschild rechts und etwa 500 m auf der viel befahrenen Straße. Beim Weiler Thal geht's nach rechts. Der beschilderte 12 / Bürgner Badeplatz (ganzjährig zugängig, kein Eintritt) liegt versteckt im Wald, es gibt eine hölzerne Liegeterrasse, Treppen führen ins glasklare Wasser des Langbürgner Sees. Nach der angenehmen Erfrischung radeln wir zurück zum 11 / Abzweig und dort nach rechts. Die Beschilderung „Mauerkirchen 2,3 km" hilft uns. Im Wald ist auch Bad Endorf ausgeschildert. Später folgen wir der Bahnstrecke München–Salzburg und überqueren sie nach links (Radweg E5). Durch Mauerkirchen bis zum Vorfahrtsschild, dann rechts auf den Radweg: Er führt uns zuverlässig bis zum 1 / Bahnhof Bad Endorf.

TOURENINFO / Mittelmäßig sportliche Feierabendtour mit herrlichen Ausblicken und romantischer Bademöglichkeit im zweiten Drittel. Besser etwas mehr Zeit einplanen und ruhig angehen – es lohnt sich.

➤ **1 /** Bahnhof Bad Endorf ➤ **2 /** Therme Bad Endorf ➤ **3 /** Kreuzung mit Ruhebank ➤ **4 /** Kirche St. Andreas ➤ **5 /** Burgruine Speckerturm ➤ **6 /** Aussichtsturm ➤ **7 /** Aussichtspunkt Ratzinger Höhe ➤ **8 /** Schaubienenstand ➤ **9 /** Fritznhof ➤ **10 /** Ehemaliger Bahnhof Rimsting ➤ **11 /** Abzweig nach Bad Endorf ➤ **12 /** Bürgner Badeplatz

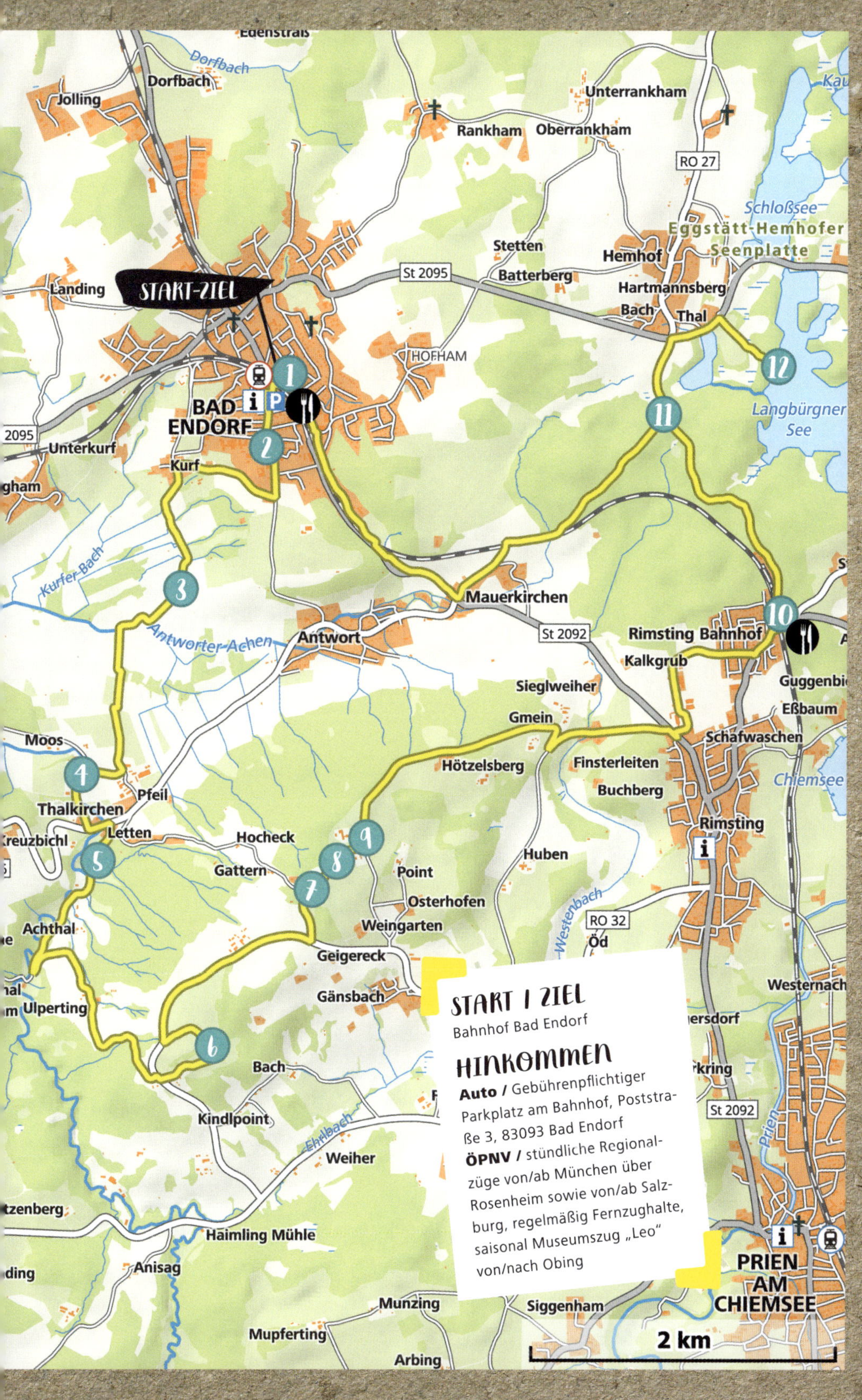

START / ZIEL

Bahnhof Bad Endorf

HINKOMMEN

Auto / Gebührenpflichtiger Parkplatz am Bahnhof, Poststraße 3, 83093 Bad Endorf
ÖPNV / stündliche Regionalzüge von/ab München über Rosenheim sowie von/ab Salzburg, regelmäßig Fernzughalte, saisonal Museumszug „Leo" von/nach Obing

HERRLICHE GEGEND

Ich erkunde sie am liebsten im zeitigen Frühjahr, wenn es im Priental nach Bärlauch riecht und die Leberblümchen blühen.

➤ **1 /** Wir starten und enden in der heimlichen Hauptstadt des Chiemsees: am Bahnhof Prien

➤ **2 /** Zur besseren Orientierung: Kreuzung vor der Brücke

➤ **3 /** Am großen Feldkreuz treffen Hin- und Rückweg aufeinander

➤ **4 /** Der Chiemseeblick: Einer der schönsten Ausblicke auf das Bayerische Meer

➤ **5 /** Rasten im Café Pauli, dem beliebten Ausflugslokal mit Attraktionen für Kinder und Erwachsene

➤ **6 /** Sehenswertes Ensemble am Kirchplatz Aschau im alten Ortskern

➤ **7 /** Die gepflegte Marienkapelle liegt an einer Brücke über die Prien

➤ **8 /** Wir kehren ein im traditionellen Gasthaus Schützenwirt mit Biergarten

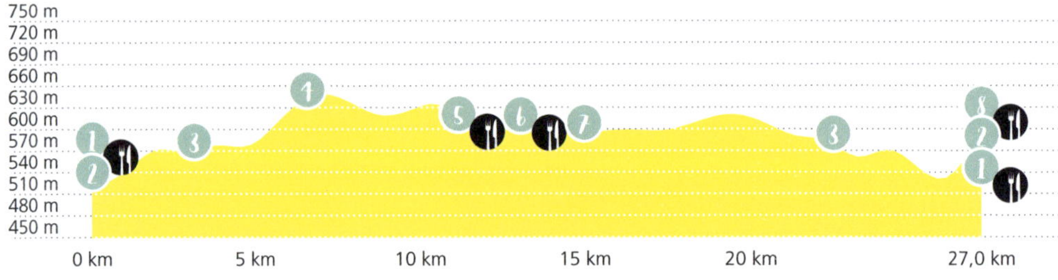

„A SCHAU!“

Von Prien nach Aschau durchs Land zwischen Chiemsee und Kampenwand

Zwischen Aschau im Chiemgau und Prien am Chiemsee schuf der Gebirgsfluss Prien eines der malerischsten Täler des Chiemgauer Alpenvorlands. Von den Höhen überm Priental bieten sich fantastische Ausblicke auf die Berge. Unser Ziel Aschau „is a Schau“!

27 Kilometer
240 Höhenmeter
2:30 Stunden
Rundtour

Die quirlige Metropole am Chiemsee

Prien ist die heimliche Hauptstadt des Chiemsees, was sicherlich an der Nähe zum Hafen Stock liegt. Von dort verkehren die Schiffe der Chiemsee-Schifffahrt zur Herreninsel mit dem berühmten Königsschloss und weiter zur Fraueninsel. Im Sommer gibt es auch größere Seerundfahrten. Der hübsche Ortskern Priens mit zahlreichen Läden, Cafés und Restaurants leidet jedoch unter starkem Autoverkehr. Die Parkmöglichkeiten sind begrenzt, daher empfiehlt sich die Anreise mit der Bahn. Wir radeln am 1 / Bahnhof Prien los und fahren am Kreisverkehr Richtung Ortsmitte. Ein Blick in die barocke Pfarrkirche Mariä Himmelfahrt lohnt sich. Die Deckenfresken von Johann Baptist Zimmermann sind die bekannteste Ausstattung des Gotteshauses. Der berühmte Maler und Stuckateur schuf sie unter Mithilfe zweier

Sportlich ●●●○○
Abkühlung ●●○○○
Schlemmen ●●●●●
Panorama ●●●●●

◂ links / Ein Wahrzeichen des Chiemgaus: Die 1.669 m hohe Kampenwand

seiner Söhne. Ebenfalls sehenswert ist der Hauptaltar aus Untersberger Marmor. Neben der Pfarrkirche steht die 1500 errichtete Taufkapelle St. Johannes.

Von Prien zum Chiemseeblick Hittenkirchen

Vom Marktplatz radeln wir auf der Alten Rathausstraße westwärts bis zur Brücke über die Prien. An der 2 / Kreuzung vor der Brücke, bei der Galerie Wichmann, biegen wir links in die Beilhackstraße ab. Achtung: Nicht geradeaus an der Prien entlangfahren! Wir folgen der Markierung des Priental-Radwegs und den Schildern nach Aschau. Vorbei an den Weilern Griebling und Leiten erreichen wir eine Straßenkreuzung, an der ein 3 / großes Feldkreuz steht. Auf unserem Rückweg werden wir erneut auf diese Kreuzung treffen. Jetzt biegen wir links ab Richtung Hoherting (Radwegbeschilderung: Urschalling). In Hoherting folgen wir der Radwegmarkierung nach rechts. Am Haltepunkt Urschalling der Bahnstrecke Prien–Aschau überqueren wir die Gleise und fahren sofort rechts. In Schmiedling folgen wir dem Zeichen Von Baum zu Baum nach links. Wir strampeln durch ein Wäldchen bergan und kommen bald nach Hittenkirchen, wo wir dem Salinen-Radweg bis zur Bartholomäuskirche nachfahren. Beim Landgasthof Hittenkirchen biegen wir rechts ab in die Hittostraße und an deren Ende fahren wir links. So kommen wir zum großartigen 4 / Chiemseeblick bei der Kriegergedächtniskapelle Hittenkirchen.

LÜFTLMALEREI

Lüftlmalerei ist eine in Oberbayern verbreitete Form der Fassadenmalerei. Auf dieser Tour findest du besonders schöne Beispiele dieser Kunstform im 1 / Priener Ortsteil Trautersdorf und am 6 / Kirchplatz Aschau.

Die Panoramafahrt zum Café Pauli

Gleich hinterm Parkplatz geht es nach links. An der Kreuzung hinter Heroldsöd bietet sich erneut ein großartiger Ausblick auf das Bayerische Meer, dort fahren wir rechts und folgen dem Salinen-

---

➤ rechts groß / Eine ausgediente Seilbahnkabine der Kampenwand-Seilbahn vor der Doppelturmkirche Mariä Lichtmess in Aschau ➤ rechts klein / Heiliger Ort für Gourmets: Die Residenz Heinz Winkler in Aschau

Km 13,1

Der 6 / Kirchplatz Aschau bildet das alte Zentrum des Ortes – das neue erstreckt sich entlang der Bahnhofstraße beinahe bis zum Schloss Hohenaschau. Den Platz überragt die Kirche Mariä Lichtmess mit ihren markanten Doppeltürmen. Die Häuser ringsum, darunter die Residenz Heinz Winkler, bilden ein fotogenes Ensemble.

MOORBAD ASCHAU

Unterhalb vom 5 / Café Pauli befindet sich das kleine Moorbad Aschau (Mitte Mai–Mitte Sept., Eintritt frei). Im Eingangsbereich gibt es eine schöne Kneippanlage, Kinder wird der Spielplatz erfreuen.

PANORAMA-FAHRT

Radweg. Hinter Kothöd eröffnet sich ein weiteres Panorama – dieses Mal in Richtung Prientaler Berge. Wir erkennen das Schloss Hohenaschau, an dem die Wochenendtour 19 vorbeiführt. „Davor" liegt der Ort Aschau, unser Ziel. Die fabelhafte Panoramafahrt wird nur vom Geräuschpegel der immer näherrückenden Autobahn A8 getrübt. Achtgegeben: Beim Straßenabzweig nach Hötzing und Gröben führt der Salinen-Radweg links – wir radeln jedoch geradeaus weiter auf dem Radweg Von Baum zu Baum, überqueren hinter Pfaffing die A8 und halten uns sofort rechts. Direkt vor der Autobahnunterführung biegen wir links ab nach Höhenberg. Auf breitem Schotterweg geht es südwärts, wir lassen die lärmende Autobahn allmählich hinter uns und erreichen bei Höhenberg wieder Asphalt. Wir kommen zum 5 / Café Pauli (Ende März–Anf. Nov. Mi–Mo, im Winter zumeist nur am Wochenende, www.cafe-pauli.de). Das Restaurant und Café mit großer Aussichtsterrasse ist ein beliebtes Familienausflugsziel. Es gibt einen kleinen Tierpark und einen schönen Kinderspielplatz, außerdem kann man eine Dampfmaschine und Kettenräder aus dem Zweiten Weltkrieg besichtigen.

Die Werbung sagt: Aschau is a Schau!

Vorbei am Moorbad radeln wir schnurstracks auf Aschau zu. Die Radwegmarkierungen Von Baum zu Baum leiten uns sicher zum Kreisverkehr, den eine ausgediente Gondel der Kampenwand-Seilbahn ziert. Sobald wir den Kreisverkehr an der ersten Ausfahrt verlassen und die Prien überquert haben, biegen wir links in den Kirchberg ein und kommen zum pittoresken 6 / Kirchplatz Aschau mit der Kirche Mariä Lichtmess. Sie wurde Ende des 12. Jh. erstmals erwähnt und im 15. sowie 18. Jh. erweitert. Die heutige Innenausstattung stammt aus dem Barock und Rokoko. Gleich neben der Doppelturmkirche strahlen seit etlichen Jahren die Sterne der Residenz Heinz Winker über Aschau. Das Restaurant des berühmten Sternekochs ist sicherlich keine typische Einkehrempfehlung für Biker. Als ich daran vorbeikam, stand „Imperial Kaviar mit Kartoffelschnee" (95 €) als Vorspeise auf der Tageskarte, als Zwischengänge gab es unter anderem „Irische Austern in Champagnersauce" (32 €). Zwei Personen durften sich als Hauptgang einen „Loup de Mer in der Salzkruste" (95 €) oder „Kobe Beef aus Japan mit Pfeffersauce" (160 €) teilen. Hinterher gab's noch eine „Käseauswahl vom Wagen" (35 Euro), „Crêpes in Grand-Marnier-Schaum" (26 €) oder einen „Pochierten Weinbergpfirsich mit Himbeere" (25 €).

3

Michelin-Sterne führte das Münchner Restaurant „Tantris" unter der Leitung von Heinz Winkler, und das zehn Jahre lang. Nach seiner Zeit in der Großstadt erfüllte sich der in Südtirol geborene Winkler einen Traum und eröffnete seine Residenz in 6 / Aschau. Inzwischen ist sein Sohn Restaurantleiter. Food-Touristen aus aller Welt speisen dort nicht nur erstklassig – die Residenz bietet auch Übernachtungen in gehobenem Ambiente an.

< links / Das Bayerische Meer unter uns: Ausblick auf den Chiemsee bei Hittenkirchen ^ oben / Mit den E-Bikes in der Nähe von Prien

Wenn du jetzt Appetit bekommen hast, kannst du natürlich auch einen Abstecher ins Ortszentrum von Aschau machen – dort gibt es andere Restaurants, Cafés und eine Eisdiele.

622 m

Höhe überwindet die Prien auf einer Länge von 45,7 km. Sie entspringt bei Erl in Tirol und mündet bei Prien in den Chiemsee (siehe Tagestour 18). Im klaren Gebirgsfluss leben Hechte, Forellen und andere Fische, in den Prallhängen der Mäander brüten Eisvögel.

Durch das Priental zurück Richtung Chiemsee

Vom Kirchplatz rollen wir hinunter zur Hauptstraße und folgen beinahe geradeaus dem Priental-Radweg. Er führt aus Prien hinaus bis zur 7 / Marienkapelle, einer gepflegten Wegkapelle an der Brücke über die Prien, und danach längere Zeit am rechten Flussufer entlang. Wir unterqueren die A8, verlassen das Priental hinauf nach Leitenberg und rollen auf dem Priental-Radweg hinab nach Dösdorf. Durch einen Wald führt der weiterhin gut beschilderte Weg zur Eisenbahnstrecke Prien–Aschau und an ihr entlang bis zum Haltepunkt Vachendorf. Dort biegen wir links ab, fahren an Vachendorf vorbei nach Bauernberg und erreichen wieder das 3 / große Feldkreuz. Wir biegen links ab Richtung Bachham und radeln auf der Hauptstraße durch den Ort. Wo der Radweg Von Baum zu Baum in die Greimhartinger Straße abzweigt, bleiben wir auf der Hauptstraße. Bei einem Holzbushäuschen in Siggenham verlassen wir sie und biegen rechts ab in den Bachweg Richtung „E-Werk". Dort überqueren wir die Prien und radeln nach links. Nach einer weiteren Brücke erreichen wir das traditionelle 8 / Gasthaus Schützenwirt (Do–Mo 11:30–22 Uhr, www.schuetzenwirt.bayern). Schließlich fahren wir über eine Holzbrücke und folgen der Prien bis zur 2 / Kreuzung an der Brücke. Durch den Ort geht es zurück zum 1 / Bahnhof Prien.

TOURENINFO / Diese Tour verbindet Natur und Genuss. Sie eignet sich als längere Feierabendtour ebenso wie als kürzere Tagestour. Mit Kindern kann sie leicht als Vorlage für ein tagesfüllendes Programm dienen. Für Fahrradanhänger ist es keine ideale Strecke.

➤ **1 /** Bahnhof Prien ➤ **2 /** Kreuzung an der Brücke ➤ **3 /** großes Feldkreuz
➤ **4 /** Chiemseeblick ➤ **5 /** Café Pauli ➤ **6 /** Kirchplatz Aschau ➤ **7 /** Marienkapelle
➤ **8 /** Gasthaus Schützenwirt

START | ZIEL

Bahnhof Prien am Chiemsee

HINKOMMEN

Auto / Kleiner kostenpflichtiger Parkplatz am Bahnhof, Bahnhofstraße, 83209 Prien am Chiemsee

ÖPNV / stündlich Regionalzüge von/nach München/Rosenheim und Salzburg, regelmäßig Fernzughalte sowie Regionalzüge von/nach Aschau im Chiemgau; im Sommer Dampftriebwagen zum Hafen Prien-Stock (ohne Fahrradtransport)

BADEWANNE

Ich plansche gerne im warmen Wasser des Tüttensees und mir ist eigentlich wurscht, wie er entstanden ist. Trotzdem bin ich gespannt, wie der wissenschaftliche Streit darüber endet.

➤ **1 /** Bahnhof Traunstein: Nicht nur per Bahn, auch mit dem Auto gut erreichbar

➤ **2 /** In der kleinen Ortschaft Einham trennen sich Hin- und Rückweg

➤ **3 /** Halt an der Langenspacher Kapelle mit einer Mariengrotte aus Tuffstein

➤ **4 /** Die Brodeicher Kapelle steht seit 1852 beim Einzelgehöft Brodeich

➤ **5 /** Der Vogelbeobachtungsturm Hagenau ist bester Aussichtspunkt auf das Delta der Tiroler Ache

➤ **6 /** Herrlicher Blick auf den Chiemsee vom Beobachtungsturm Hirschauer Bucht mit Wirtshaus nebenan

➤ **7 /** Im idyllischen, warmen Moorsee Tüttensee schwimmen

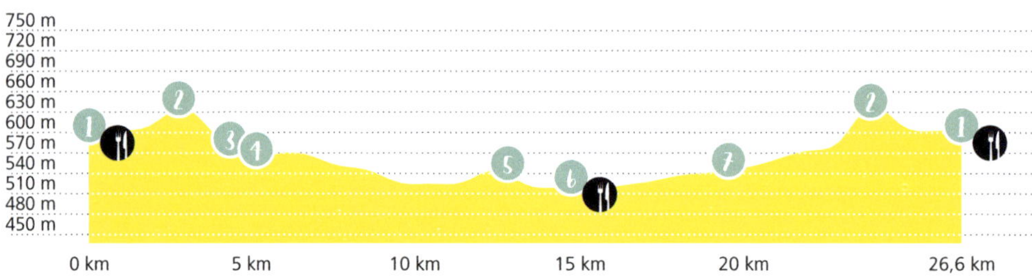

FEUER ODER EIS?

Exkursion von Traunstein zum Chiemsee und Tüttensee

Zweifellos waren es die Gletscher der letzten Eiszeit, denen wir den Formenschatz der Voralpenlandschaft verdanken. Das merken wir bei allen Radtouren: Es geht bergauf und bergab und immer wieder treffen wir auf Seen und Moore. Ist der Tüttensee auch ein Eiszeitrelikt?

27 Kilometer
190 Höhenmeter
2:15 Stunden
Rundtour

Von Traunstein aufs beschauliche Land

Die vergleichsweise flache Runde führt uns vom quirligen Traunstein an den Chiemsee, danach zum Tüttensee und zurück nach Traunstein. Start und Ziel liegen an der Westseite des 1 / Bahnhofs Traunstein beim Gymnasium. Beim „Club Metro" fahren wir links in die Güterhallenstraße und lassen uns nicht vom Sackgassenschild irritieren. Die Güterhallenstraße ist zwar eine Einbahnstraße, darf von Fahrrädern jedoch in beide Richtungen benutzt werden. An ihrem Ende biegen wir links ab, überqueren die Bahnstrecke nach Traunreut und halten uns noch vor der zweiten Bahnbrücke, die über die Hauptstrecke München–Salzburg führt, rechts in die Chiemseestraße Richtung Rosenheim. Nach etwa 700 m biegen wir links ab Richtung Einham. Wir folgen den Radwegschil-

CHARAKTER

Sportlich ●○○○○
Abkühlung ●●●●○
Schlemmen ●●○○○
Panorama ●●●●○

< links / Traunstein, unser Tourstart, wird oft als Hauptort des Chiemgaus bezeichnet

dern Richtung Grabenstätt. Die hübsche Kapelle in der Kurve vor Einham lässt uns die Hektik der Stadt vergessen. In 2 / Einham trennen sich Hin- und Rückweg unserer Radtour: Wo wir jetzt rechts nach Langespach abbiegen, kommen wir später von links an.

Auf dem „Kapellenradweg" westwärts

Am Ortsende Erlbach fällt ein schönes Feldkreuz auf, danach weitet sich der Blick. Wir erkennen in der Ferne bereits den Chiemsee. Die 3 / Langenspacher Kapelle ist einen Halt wert. Sie beherbergt eine Mariengrotte aus Tuffstein. An der Straßenkreuzung hinter Langenspach fahren wir geradeaus in den Schotterweg und folgen dem Radweg Richtung Erlstätt. So kommen wir zur 4 / Brodeicher Kapelle, erbaut Mitte des 18. Jahrhunderts. Auf dem Kapellenradweg fahren wir am Anwesen Brodeich vorbei nordwärts. Beim steinernen Marterl für Florian Buchfellner biegen wir links ab und folgen weiter der Radwegbeschilderung nach Erlstätt.

EISZEITLICHE LANDSCHAFT

Der Chiemsee-Gletscher formte die Landschaft. Besonders eindrucksvoll ist das eiszeitliche Tal bei Kaltenbach auf unserer Strecke zwischen Tettenmoos und Innerlohen. Genieße den Ausblick!

Durch Wälder und Wiesen ans Wasser

Nun müssen wir uns konzentrieren, um den richtigen Weg zu finden. Wenige Meter hinter einer Scheune oberhalb von Kaltenbach steht eine Bank. Dort biegen wir rechts in den Schotterweg ein, der zum Wald führt. Gleich am Beginn des Waldes nehmen wir den rechten von zwei Wegen. Als breiter, hin und wieder etwas ausgefahrener und rutschiger Waldweg führt er uns nach Innerlohen. Dort halten wir uns auf der Asphaltstraße nach links. In Oberhochstätt mündet von rechts der Chiemsee-Rundweg ein, wir fahren geradeaus und treffen auf die viel befahrene Straße von Seebruck zur Autobahn

---

➤ rechts groß / Das Delta der Tiroler Ache ist eines der am besten ausgebildeten Binnendeltas Europas und wichtiger Lebensraum für Wasservögel ➤ rechts klein / Winterstimmung: Ausblick vom Vogelbeobachtungsturm Hagenau auf das Delta der Tiroler Ache

30.000

Zugvögel aus nördlicheren Regionen überwintern jährlich am Chiemsee. Insgesamt zählten Ornithologen mehr als 300 verschiedene Vogelarten. Seltene Brutvögel am Chiemsee sind das Braunkehlchen und der Große Brachvogel – beides Wiesenbrüter. An den Ufern ist der seltene Bruchwasserläufer zu Hause.

ABKÜHLEN AM CHIEMSEE

Wer die Füße oder mehr in den Chiemsee stecken will, sollte es gleich hinterm kleinen Yachthafen beim **„Strandcamping Chiemsee“** tun. Weiter südlich ist Naturschutzgebiet – das heißt: Baden verboten!

A8. Auf dem Chiemsee-Rundweg radeln wir Richtung Seebruck. In Unterhochstätt wechseln wir die Straßenseite. Beim „Strandcamping Chiemsee“ biegen wir scharf links ab und folgen dem Uferweg durch einen Teil des Naturschutzgebiets „Mündung der Tiroler Ache“ zum 5 / Vogelbeobachtungsturm Hagenau (s. auch Tour 18).

DURCHS NATURSCHUTZGEBIET

Über die Hirschauer Bucht zum Tüttensee

Vom Vogelbeobachtungsturm geht es zur in Sichtweite befindlichen Straße. Wir fahren auf dem Chiemsee-Rundweg parallel zur Straße südwärts und machen einen Abstecher zu einem zweiten Beobachtungsturm, dem 6 / Beobachtungsturm Hirschauer Bucht. Das bei Ausflüglern bekannte und beliebte Wirtshaus mit urigem Gastgarten bietet sich für eine Einkehr an (Fr–So 10–21 Uhr, www.hirschauer-bucht.de). Es gibt fangfrische Chiemsee-Fische und bayerische Spezialitäten, aber auch Kuchen und Eisbecher. Danach radeln wir zurück zur Straße und auf dem Straßenradweg noch ein Stück südwärts. Bei Hirschau biegen wir links ab und folgen der Radwegbeschilderung Richtung Traunstein. Von der kleinen Kapel-

le in Hirschau sind es laut Radwegschild 8,6 km bis zum Bahnhof Traunstein. Vor einem auffälligen Feldkreuz mit silberfarbener Jesusfigur schwenken wir nach rechts. In Marwang geht es beim Vorfahrtsschild geradeaus in den Ort hinein und bis zum östlichen Ortsende. Dort biegen wir rechts ab, der Beschilderung „Tüttensee 1,1 km" folgend. Tatsächlich sind es nur 700 m bis zum Parkplatz und von da wenige Meter zu Fuß zu drei kostenfreien Badestellen mit Stegen. Eine „richtige" Badeanstalt befindet sich am Südufer (Mai–Okt. tgl. ab 10 Uhr, Restaurant auch Dez.–April, Nov. geschlossen, www.tuettensee-seebad.de).

Was ist dran am Chiemgau Impact?

Der nahezu kreisrunde 7 / Tüttensee ist nicht nur als warmer Badesee bekannt, sondern auch durch eine wissenschaftlich umstrittene Theorie zu seiner Entstehung. Eine Gruppe von Wissenschaftlern und Hobbyforschern ist überzeugt, dass der Tüttensee das Ergebnis eines Kometen- oder Asteroideneinschlags in vorgeschichtlicher Zeit sei. Der sogenannte Chiemgau Impact habe ein ganzes Kraterfeld hinterlassen, allerdings seien viele kleinere Krater nicht mehr sichtbar. Funde von geschmolzenen Gesteinen werden

◄ links / Gleich hinter der Stadtgrenze: Die hübsche Kapelle nahe Einham ▲ oben / Wunderschön gelegen: Der Tüttensee lädt zu einer längeren Pause ein.

10.000

Vor so vielen Jahren war nichts als Wasser, wo heute der 5 / Vogelbeobachtungsturm Hagenau steht. Der Ur-Chiemsee entstand durch das Abtauen des Chiemsee-Gletschers. Er war dreimal größer als der heutige See, sein Wasserstand 20 m höher. Als es langsam wärmer wurde, wuchsen Pflanzen in die Uferzonen hinein. Jahr für Jahr transportiert(e) die Tiroler Ache Mengen an Kies und Sand. Der Chiemsee verlandet! Am Achendelta lässt sich das hervorragend beobachten.

TÜTTENSEE NIGHTS

Zweimal jährlich verwandelt sich das Seebad am 7 / Tüttensee in eine Party Location. Während der Tüttensee Nights wird bis spät in die Nacht getanzt und gefeiert. Und einmal im Jahr gibt es ein großes Grillfest: die Summer Lounge.

von den Verfechtern der Impact-Hypothese als Beweismittel angeführt, ebenso die sogenannten Hirnsteine: Die Steine, deren Furchen an Gehirne erinnern, findet man am Chiemseeufer. Bei einem mutmaßlichen Kometen- oder Asteroideneinschlag könnten die Furchen durch das Aufschmelzen der Gesteine entstanden sein. Das Gros der Wissenschaft vertritt dagegen die Ansicht, dass Cyanobakterien für die Entstehung der Hirnsteine verantwortlich sind. Viele Wissenschaftler sind überzeugt, dass es keinen Chiemgau Impact gab. Auch das Bayerische Landesamt für Umwelt (LfU) lehnt die Theorie ab. Nach Untersuchungen des Tüttensees kamen die Wissenschaftler zu der Erkenntnis, dass es sich um einen typischen Schmelzwassersee handelt, der nach der letzten Eiszeit entstanden ist. Das LfU hat ihn sogar als eiszeitliches Geotop ausgewiesen. Dennoch: Feuer oder Eis – die Diskussion geht weiter.

FISCHE

gibt es im Chiemsee reichlich. Die wichtigsten Speisefische sind Renke, Saibling und Hecht. Probieren kannst du sie zum Beispiel beim Chiemseefischer in 5 / Hagenau (Di–So 11:30–14, 17:30–21 Uhr, www.hotel-chiemseefischer.de).

Irgendwann müssen wir zurück nach Traunstein

Ganz gleich, wie der Tüttensee entstanden ist: Für eine Abkühlung ist er perfekt. Und an einem schönen Sommerabend wollen wir ihn am liebsten gar nicht mehr verlassen. Trotzdem geht es irgendwann zurück Richtung Marwang und dem Schild „Traunstein Bf. 6,4 km“ nach. Mit schönen Ausblicken radeln wir bis Hiensdorf und weiter nach Wörglham. Hinter dem Ort erreichen wir eine größere Straße, halten uns am Vorfahrtsschild links und sofort wieder rechts. Wir erreichen die Kreuzung in 2 / Einham und fahren auf bekannter Route zurück zum 1 / Bahnhof Traunstein.

TOURENINFO / Diese leichte Feierabend-Tour schaffen nicht nur Erwachsene ohne Anstrengung, sie eignet sich auch für größere Kinder. Mit der Aussicht auf ein Bad im Tüttensee und eine gute Brotzeit dürfte die ganze Familie zufrieden sein.

➤ **1 /** Bahnhof Traunstein ➤ **2 /** Einham ➤ **3 /** Langenspacher Kapelle ➤ **4 /** Brodeicher Kapelle ➤ **5 /** Vogelbeobachtungsturm Hagenau ➤ **6 /** Beobachtungsturm Hirschauer Bucht ➤ **7 /** Tüttensee

START I ZIEL
Bahnhof Traunstein
HINKOMMEN
Auto / Kostenlose Parkplätze am Güterschuppen auf der Westseite des Bahnhofs, Güterhallenstraße 3, 83278 Traunstein
ÖPNV / stündlich Regionalzüge von/nach München, Rosenheim und Salzburg, stündlich Regionalzüge von/nach Ruhpolding, gelegentlich Regionalzüge nach Traunreut, ab und an auch Fernzughalte
START-ZIEL
Knesing
Traunwalchen
Matzing
Kammer
Neuhausen
Rettenbach
Aiging
Nußdorf
Egerer
Stöttham
Chieming
Pfaffing
Krebsbach
Wolkersdorf
Erlstätt
Traunstorf
TRAUNSTEIN
Einham
Haslach
Seiboldsdorf
Axdorf
Marwang
Grabenstätt
Spielwang
Vachendorf
Wimpasing
Traundorf
Winkl
Reichhausen
SIEGSDORF
Wernleit
Bernhaupten
Schlagbach
Weiße Achen
Traun
2 km

GROSSARTIGER SOMMERSPASS

Eine ideale Sommertour in einer lieblichen Kulturlandschaft. Ich kann sie auch als leichte Tagestour empfehlen. Es gibt viele Bademöglichkeiten.

➤ **1 /** Abkühlung im Strandbad Seeteufel vor oder nach der Tour – oder vielleicht beides?

➤ **2 /** Beim Boadwirt kannst du einkehren, campen, schwimmen, Boot fahren

➤ **3 /** Noch ein Seezugang im Strandbad Kühnhausen

➤ **4 /** Die gotische Pfarrkirche St. Johannes der Täufer besteht aus zwei besonderen Gesteinen

➤ **5 /** Schloss Seehaus: Einst Burg zum Schutz des Salzhandels, heute in Privatbesitz

➤ **6 /** Die sehenswerte Wallfahrtskirche Maria Mühlberg ist auch prima Rastplatz mit vortrefflicher Aussicht

➤ **7 /** Erfrischung einmal anders: Wassertreten in der Kneipp-Anlage

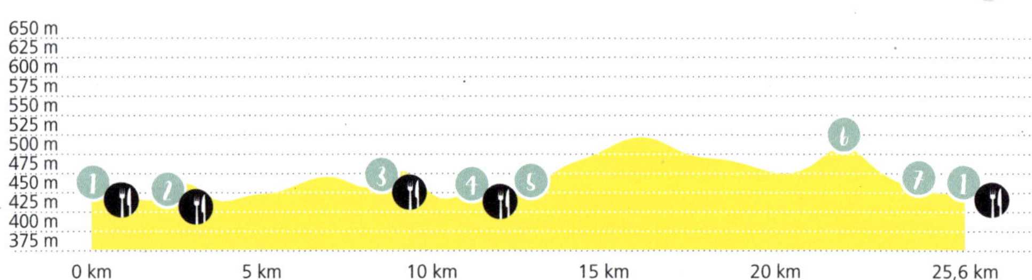

WAGST DU ES?

Schöne Wege um den Waginger See

Badeurlaub am Waginger See: In den 1950er Jahren reisten die Urlauber mit Sonderzügen an. Heute gibt es ein gut ausgebautes Radwegenetz, das viele attraktive Ziele in der Umgebung erschließt. Ein paar lernst du auf dieser Tour kennen. Und natürlich darfst du öfters ins kühle Nass springen.

26 Kilometer
200 Höhenmeter
2 Stunden
Rundtour

Wir starten am Strand

Falls du vorab eine Runde schwimmen willst oder nach unserer Tour: Ausgangs- und Endpunkt ist das 1 / Strandbad Seeteufel mit Imbiss (in der Badesaison tgl. 8–20 Uhr, www.waginger-see.de). Dort gibt es einen gebührenpflichtigen Parkplatz. Wir folgen der Radwegbeschilderung durch die Unterführung und dem neben der viel befahrenen Straße verlaufenden Radweg nordwärts. An der Ampelkreuzung halten wir uns rechts und fahren auf dem Straßenradweg Richtung Tettenhausen. So erreichen wir schnell die Brücke über die Engstelle zwischen Tachinger See im Norden und Waginger See im Süden. Dort bietet sich nicht nur ein wunderbarer Ausblick, es gibt auch einen Bootsverleih. Nicht übersehen kann man den kleinen Strand beim 2 / Boadwirt

CHARAKTER
Sportlich ●●○○○
Abkühlung ●●●●●
Schlemmen ●●●○○
Panorama ●●●●○

‹ links / Wasserfreuden: Der Bootsverleih zwischen Tachinger und Waginger See

(in der Badesaison tgl. ohne Eintritt zugängl., Restaurant Fr–Di 11–22 Uhr, www.strandbad-tettenhausen.de). Falls du ein paar Tage am See bleiben willst: Der Boadwirt betreibt auch einen ordentlichen Campingplatz mit Kiosk.

Oberhalb des Nordostufers nach Petting

Hinterm Boadwirt geht's kurz bergauf – wir folgen dem Radwegweiser „Petting 8,2 km" und befinden uns damit auf einem Teilstück des 450 km langen Mozart-Radwegs. Mit schönen Ausblicken radeln wir oberhalb des Waginger Sees südwärts bis zum Campingplatz Gut Horn. Dort halten wir uns links und orientieren uns weiter an der Radwegbeschilderung. So kommen wir ins Örtchen Wolkersdorf. Hinter dem beschaulichen Dorf verläuft unsere Route, die auch als Waginger See-Rundweg markiert ist, für kurze Zeit auf einem groben Schotterweg. Bei Kronwitt tangieren wir die Hauptstraße, dann geht es wieder auf einen Schotterweg. Wer diesen meiden will, kann den Radweg an der Hauptstraße nutzen. Hinter Kühnhausen führt eine kurze Stichstraße zum 3 / Strandbad Kühnhausen (in der Badesaison tgl. geöffnet, www.waginger-see.de). Der Wegpunkt markiert den Abzweig zum Strandbad. Ab da wechselt der Radweg auf die linke Straßenseite und folgt ihr bis Petting.

SOMMERSPASS FÜR DIE GANZE FAMILIE

Das 3 / Strandbad Kühnhausen hat einen besonders flachen Sand- und Kieselstrand. Der Bootsverleih bietet verschiedene Wasserfahrzeuge an – für Angler sogar Fischerboote.

Wo Geologie auf den Herrgott trifft

In Petting nehmen wir die Straße zur Ortsmitte (Beschilderung „Zum Rathaus"). Dort lohnt sich die Besichtigung der 4 / Pfarrkirche St. Johannes der Täufer. Die gotische Saalkirche mit aufwendiger neugotischer Innenausstattung – es gibt drei sehenswerte Flügelaltäre – fußt auf einem Vorgängerbau aus dem 12./13. Jh. Der Westturm ist bis zum Rundbogenfries am dritten Obergeschoss

---

➤ **rechts groß / So geht Sommer: Blick von der Brücke beim Boadwirt**
➤ **rechts klein / Der Sprung ins kühle Nass: Nicht erlaubt, aber beliebt**

Km 2

Die Waginger wagen was! Verbotsschilder verkünden: Der Brückensprung ins kühle Nass ist untersagt! Dabei scheint er zur Badetradition zu gehören. Jedenfalls trifft sich die Dorfjugend regelmäßig an heißen Sommerabenden zum Wettbewerb. Auch Zuschauen macht Spaß!

Geheimtipp Weidsee

Keine offizielle Badestelle, aber ideal für eine kurze Abkühlung: Etwa 100 m vor Seehaus gibt es rechts von der Straße einen Zugang zum Weidsee.

romanischen Ursprungs. Das Gotteshaus ist auch aus geologischer Sicht interessant: Es wurde aus Kalktuffquadern auf einem Sockel aus großen Nagelfluh-Blöcken erbaut. Kalktuff entsteht zum Beispiel als Ablagerung an kalkhaltigen Quellen, die im Alpenvorland häufig sind. Daher ist er ein typisches regionales Baumaterial vergangener Zeiten – genau wie der Nagelfluh. Dieses Gestein bildete sich im Alpenvorland durch Ablagerung und Verfestigung verschiedener anderer Gesteine. Als Bindemittel diente Kalk. Wegen seiner Festigkeit wird der Nagelfluh hierzulande manchmal als „Herrgottsbeton" bezeichnet.

Herrgottsbeton

Von Petting zum Schloss Seehaus

Falls du dich noch stärken willst, bevor es auf der Hauptstraße südwärts weitergeht: Gegenüber der Kirche befindet sich ein italienisches Restaurant – bis zum Ende der Tour gibt es keine weitere Einkehrmöglichkeit. Ab den Sportplätzen am Ortsausgang Petting nutzt du den Radweg neben der Straße. Er führt zur Staatsstraße St 2104, dort folgen wir ihm nach links weiter. Wir radeln an einer

Kapelle vorbei und biegen vor dem Bushäuschen rechts ab, „Seehaus 1 km" folgend. So umgehen wir ein Stück der stärker befahrenen Straße, auf der der markierte Radweg verläuft, und können einen Blick auf das in Privatbesitz befindliche 5 / Schloss Seehaus am Südende des Weidsees erhaschen.

Ein Wachposten für den Salzhandel

Schloss Seehaus war ursprünglich eine Burg im Besitz der Grafen von Thann, denen die Ländereien im Jahr 1280 vom Salzburger Erzbischof Rudolf übereignet wurden. Die Burg diente dem Erzstift Salzburg als Wachposten an der mittelalterlichen Salzstraße, die von Salzburg über Waging und Altenmarkt an der Alz nach Wasserburg am Inn und weiter nach München führte. Von Seehaus konnte die Durchfuhr des Reichenhaller und Berchtesgadener Salzes gut überwacht werden. Die dafür erhobenen Mautgebühren waren für das Erzstift Salzburg wichtige Einnahmen.

Auf Nebenstraßen zur Wallfahrtskirche

Bei Ringham treffen wir wieder auf den markierten Radweg und biegen am Ortsende rechts ab Richtung Gallenbach. Wir folgen der für Motorverkehr gesperrten Straße zum und durch den Wald.

27 °C

Wassertemperatur erreicht der Waginger See in manchen Sommern und gilt damit als der wärmste Badesee Oberbayerns. In strengen Wintern friert er dennoch vollständig zu. Doch nur sehr selten ist das Eis dick genug, um über den ganzen See zu wandern.

< links / Urlaub auf dem Lande: Am Waginger See gelingt er bestimmt
^ oben / Sehenswertes Ziel: Die Wallfahrtskirche Maria Mühlberg hoch über Waging am See

Kleine Geschichten in Bildern

Votivtafeln sind Dankbilder für die Erhörung eines Gebets: In der 6 / Wallfahrtskirche Maria Mühlberg zieren sie die Decke im Eingangsbereich.

Nach der Waldpassage überqueren wir den Gallenbach, auch als Eisgraben bezeichnet, und halten uns beim einsam gelegenen Haus Gallenbach 2 rechts bergan. Der Milchstraßenradweg verläuft an dieser Stelle auf schlecht befahrbarem Untergrund steil bergan – eventuell musst du dein Fahrrad ein kurzes Stück schieben. Nach dem Anstieg folgt bald wieder Asphalt. In Putzham vertrauen wir der Radwegbeschilderung nach rechts und erreichen bei Teichting eine breitere Straße. Wir orientieren uns an den Radwegweisern „Waging (über Nebenstraßen)" und folgen längere Zeit der Straße nordwestwärts. Hinter Kleeham geht es leicht bergab, dann folgen wir der Radwegbeschilderung „Waging 3,6 km". Wir bleiben auf dem ebenen Radweg links der Straße, bis wir den Abzweig zur Wallfahrtskirche Maria Mühlberg erreichen (braunes Hinweisschild). Hinter Hirschhalm biegen wir links ab Richtung Mühlberg. Nach einem kurzen kräftigen Anstieg kannst du dich auf den Ruhebänken vor der 6 / Wallfahrtskirche Maria Mühlberg niederlassen und den herrlichen Ausblick genießen.

Aus 1 mach 2

Tahensee hieß der See, an dessen Stelle es heute den Tachinger und den Waginger See gibt. Vor etwa 150 Jahren erfolgte eine Absenkung des Wasserspiegels. So entstand die Halbinsel Auerzipfel. Eine Aufschüttung sorgte für eine weitere Verengung – aus einem See wurden zwei.

Zum Abschluss Wasser treten oder baden?

Von der Wallfahrtskirche radeln wir zurück bis zur abbiegenden Hauptstraße, auf der wir nach links mit zehn Prozent Gefälle hinab Richtung Waging rollen. In der Kurve hinter Egg ignorieren wir den abzweigenden Rad- und Fußweg. Stattdessen folgen wir den Schildern „Zum See" und „Wellness-Garten" bis zu einer großen 7 / Kneipp-Anlage. Von dort geht es auf dem gut beschilderten Benediktradweg nordwestwärts bis zum 1 / Strandbad Seeteufel.

TOURENINFO / Eine leichte Rundtour für jede Art von Bike. Wegen eines kurzen holprigen Steilstücks mit Anhänger nicht empfehlenswert, es sei denn, man strengt sich richtig an. Badesachen sind ein Muss!

➤ **1 /** Strandbad Seeteufel ➤ **2 /** Boadwirt ➤ **3 /** Strandbad Kühnhausen ➤ **4 /** Pfarrkirche St. Johannes der Täufer ➤ **5 /** Schloss Seehaus ➤ **6 /** Wallfahrtskirche Maria Mühlberg ➤ **7 /** Kneipp-Anlage

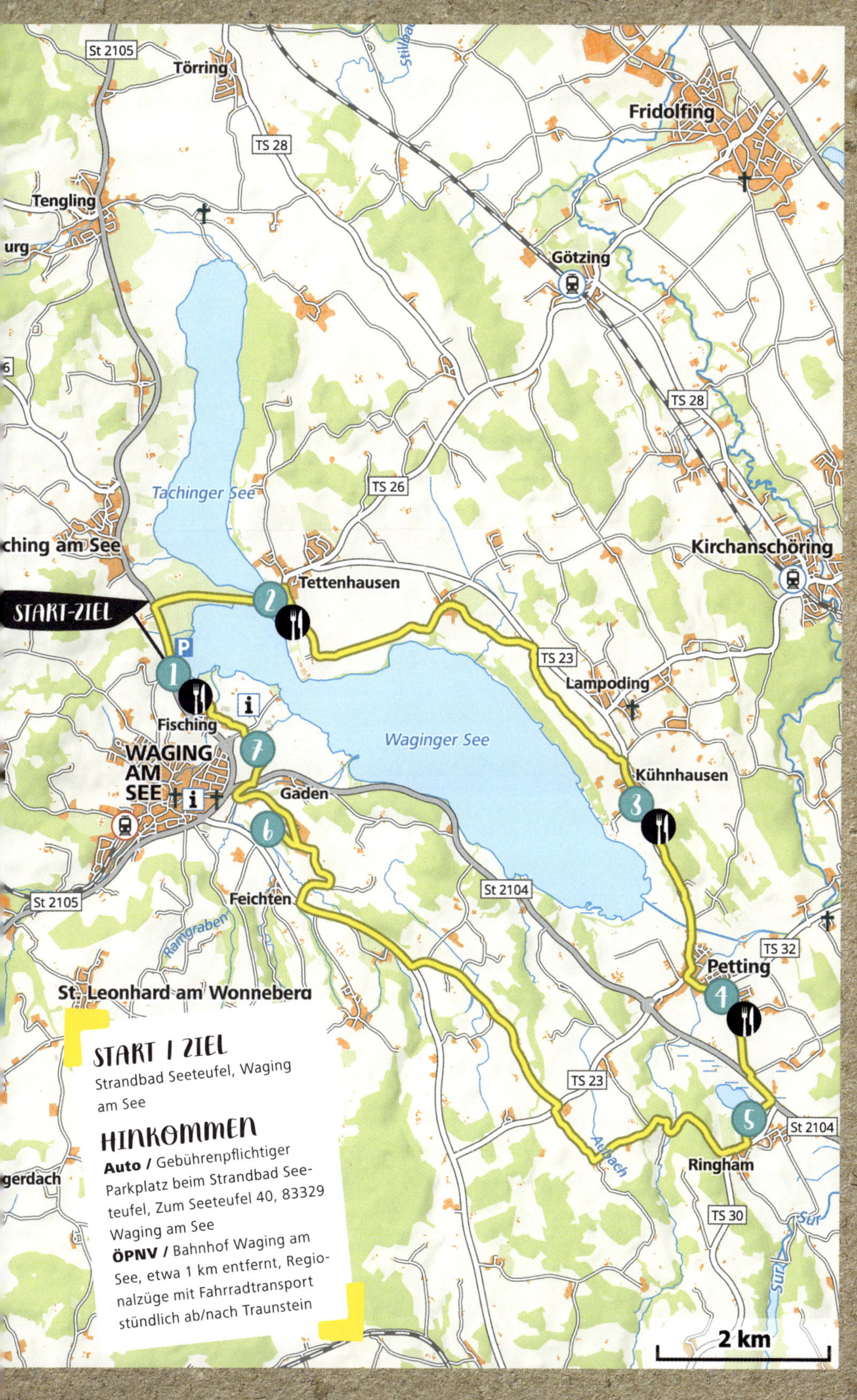
St 2105
Törring
TS 28
Fridolfing
Tengling
urg
Götzing
TS 28
Tachinger See
TS 26
ching am See
Kirchanschöring
Tettenhausen
START-ZIEL
TS 23
Lampoding
Fisching
Waginger See
WAGING AM SEE
Kühnhausen
Gaden
Feichten
St 2104
Ramgraben
St 2105
TS 32
Petting
St. Leonhard am Wonneberg
TS 23
St 2104
Ringham
Achbach
gerdach
TS 30
Sur
Sur
2 km
START / ZIEL
Strandbad Seeteufel, Waging am See
HINKOMMEN
Auto / Gebührenpflichtiger Parkplatz beim Strandbad Seeteufel, Zum Seeteufel 40, 83329 Waging am See
ÖPNV / Bahnhof Waging am See, etwa 1 km entfernt, Regionalzüge mit Fahrradtransport stündlich ab/nach Traunstein

GROSSES KINO

Die Burg Burghausen ist meine Lieblingsburg. Nicht weil sie so groß ist. Die vielen kleinen Details sind es, die immer wieder einen Besuch lohnen. Burghausen ist großes Kino!

➤ **1 /** Burg Burghausen: Die weltweit längste Burg gehörte den Wittelsbachern

➤ **2 /** Spaß auf dem Naturlehrpfad und am Kinderspielplatz des Waldparks Lindach

➤ **3 /** Die Wallfahrtskirche Marienberg, die „Perle des Salzachtals", glänzt mit prunkvollem Rokoko

➤ **4 /** Die kleine Pestkapelle Marienberg braucht dringend eine Renovierung

➤ **5 /** Die wertvolle Kirche des Klosters Raitenhaslach bestaunen und im Klostergasthof einkehren

➤ **6 /** Prost im Biergarten des Gasthauses Tiefenau, einem beliebten Ausflugslokal nahe der Salzach

➤ **7 /** Hochwassermarken zeugen davon, wie hoch das Wasser der Salzach manche Jahre stand

➤ **8 /** Kulturelle und kulinarische Highlights in der Fußgängerzone In den Grüben in Burghausen

➤ **9 /** Der Turm der Kirche St. Jakob überragt in Burghausen die Altstadt

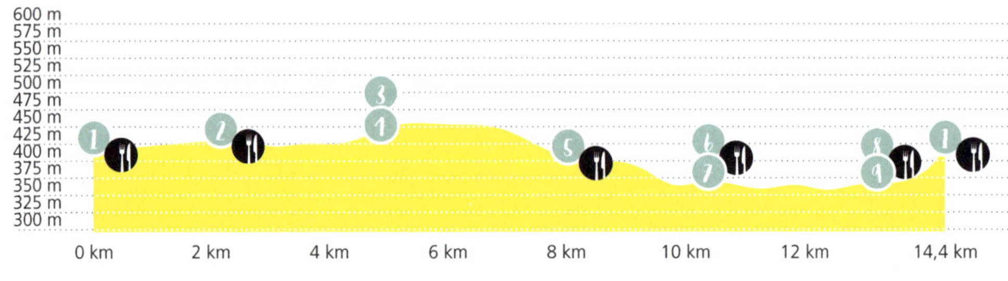

GESCHICHTSSTUNDE

Auf den Spuren der Wittelsbacher
ab Burghausen

Die Burg Burghausen galt als die stärkste Festung im Lande und verkörpert wie keine andere den Machtanspruch der bayerischen Herzöge. Wir radeln von der längsten Burganlage der Welt zum Kloster Raitenhaslach, wo die Wittelsbacher des 15. Jahrhunderts ihre letzte Ruhestätte fanden.

14 Kilometer
90 Höhenmeter
1:30 Stunden
Rundtour

Von der Burg zum Waldpark Lindach

Der große Parkplatz am Zugang zur 1 / Burg Burghausen (www.burg-burghausen.de) ist Ausgangs- und Endpunkt unserer Radtour. Für eine Besichtigung der Burg inklusive Museum solltest du mehrere Stunden einplanen. Mit einer längeren Pause in Raitenhaslach und einem Stadtrundgang in Burghausen wird aus der Feierabendtour leicht ein Tagesprogramm. Viele Informationen über Burghausen bietet die Tourist-Info, die sich am Zugang zur Burganlage unweit vom Parkplatz befindet. Vom Parkplatz fahren wir die Zufahrtsstraße wenige Meter entlang und biegen links in den Friedensweg ab. Am Ende der Einbahnstraße halten wir uns beim Vorfahrtsschild links und folgen dem Straßenradweg entlang der Unghauser Straße. An der Ampelkreuzung bei der

CHARAKTER

Sportlich ●○○○○
Abkühlung ●○○○○
Schlemmen ●●●●●
Panorama ●●●○○

< links / Die längste Europas: Die Burg Burghausen ist Ausgangs- und Endpunkt unserer Rundfahrt

Tankstelle fahren wir links und folgen der schmalen Straße parallel zur Berchtesgadener Straße. Sie geht in einen kombinierten Rad- und Fußweg über. Wir folgen der Radwegbeschilderung Richtung Tittmoning nach rechts in den Dannerweg und biegen links in die Robert-Koch-Straße ab. Sie führt geradewegs zum 2 / Waldpark Lindach. Der kleine Sport- und Erlebnispark ist ein beliebtes Freizeitziel für die Burghausener, auch wenn er nicht viel mit Wald zu tun hat. Es gibt einen Skatepark, ein Beachvolleyballfeld und einen großen Kinderspielplatz. Ein kleiner Pfad führt unter Obstbäumen von einem Insektenhotel zu einer „Eidechsenburg" und einem Tümpel, in dem Amphibien ein Zuhause gefunden haben. Infotafeln erklären Wissenswertes zu Flora und Fauna.

BAHNHOF BURGHAUSEN

Dieser befand sich bis 1940 nahe der Altstadt. Die Bahnstrecke von Mühldorf am Inn führte ab Pirach über Raitenhaslach. Nach einem Erdrutsch musste die Strecke verlegt werden. Es entstand die noch heute genutzte Trasse über Lindach zum Bahnhof Burghausen, der seither am Rande der Neustadt liegt.

Auf der alten Bahntrasse nach Marienberg

Vom italienischen Restaurant beim Waldpark folgen wir der Beschilderung nach Marienberg, rollen vorbei am Wohnmobilstellplatz und verlassen Burghausen Richtung Pirach. Bei einem Rettungstreffpunkt führt der Radweg nach rechts – wir halten uns jedoch links und sofort wieder links. So rollen wir bergab. Jetzt bitte aufpassen: Bevor die schmale Asphaltstraße durch eine Unterführung führt, folgen wir dem Weg, der links zwischen dem Geländer hindurchführt. Wir befinden uns auf der alten Bahnstrecke von Burghausen nach Mühldorf am Inn, die nach 1940 durch die heutige Streckenführung ersetzt wurde. Auf dem ehemaligen Bahndamm radeln wir bequem bis zur 3 / Wallfahrtskirche Marienberg. Wir steigen die 50 Stufen zum Eingang der Rundkirche hinauf und betreten das Gotteshaus, dessen Grundriss ein griechisches Kreuz beschreibt. Der überreich ausgestattete, mehr als 20 m hohe Kirchenraum ist ein Gesamtkunstwerk des Rokokos. Der Münchner Maler Martin Heigl, ein

---

➤ rechts groß / Lange Tradition: Das Zisterzienserkloster Raitenhaslach war das erste in Altbayern ➤ rechts klein / Stärkung für Biker und Bike: Am Klostergasthof Raitenhaslach gibt es eine Ladestation für E-Bikes

Km 8

788 wurde 5 / „Raitinhaselach“ erstmals erwähnt, 1146 gründeten dort Zisterzienser ihr erstes Kloster in Altbayern, 1186 wurde die erste Kirche geweiht. Auf den Grundmauern der dreischiffigen romanischen Pfeilerbasilika steht die heutige Klosterkirche, die Kunsthistoriker zu den prächtigsten Barockbauten Süddeutschlands zählen. Bemerkenswert sind die Grabplatten der Wittelsbacher, die in Raitenhaslach beigesetzt wurden, darunter Ludwig VII. von Bayern.

Schüler Johann Baptist Zimmermanns, ist der Meister der Fresken. Den wertvollen Hochaltar mit dem Gnadenbild aus dem 17. Jh. schuf der Burghausener Bildhauer Georg Lindt. Fürsterzbischof Sigismund von Salzburg weihte die Kirche im Jahre 1765.

Von Marienberg zum Kloster Raitenhaslach

PRUNK UND PEST

Noch vor dem Vorfahrtsschild, beim ehemaligen Kirchenwirt Marienberg, folgen wir der Radwegmarkierung rechts bergan zur kleinen 4 / Pestkapelle Marienberg. Nach dem üppigen Prunk der Wallfahrtskirche bringt uns die Feldkapelle gewissermaßen ein Stück Realität zurück: Wie viele kleinere Baudenkmäler müsste sie dringend renoviert werden. Auf der Höhe blicken wir zurück auf die Wallfahrtskirche und folgen beim Vorfahrtsschild der Radwegbeschilderung „Tittmoning 19,0 km". Durch den Weiler Stadl hindurch und an den Häusern von Pfaffing vorbei. Danach geht es links nach „Raitenhaslach 1,8 km". An der Bundesstraße B 20 folgen wir weiter den Radwegschildern und kommen wenig später zum ehemaligen 5 / Kloster Raitenhaslach. Im Klostergasthof mit

großem Biergarten kann man gut einkehren (www.klostergasthof.com). Es gibt auch eine Ladestation für E-Bikes.

Die Salzach entlang nach Burghausen

Bei der Bushaltestelle finden wir die Radwegbeschilderung nach Burghausen, der wir nachfahren. Beim „Mitfahrerbankerl" in Scheuerhof biegen wir rechts ab in die Scheuerhofstraße, auch wenn die Radwegschilder geradeaus leiten. Wir folgen der Straßenbeschilderung Richtung Tiefenau und erreichen bald das 6 / Gasthaus Tiefenau (Mo ab 17 Uhr, Fr ab 16 Uhr, Sa/So ab 11 Uhr, www.gasthaus-tiefenau.de). Es ist ein beliebtes Ausflugslokal mit Biergarten beinahe direkt an der Salzach. Ab dem Gasthof verläuft unser Radweg immer an der Salzach entlang – wir können bis Burghausen gar nicht falsch fahren. Beachte die 7 / Hochwassermarken am ehemaligen Eisenhammer.

Durch die Altstadt hinauf zur Burg

Hinter der Salzachbrücke in Burghausen, im sogenannten Bräugärtl, halten wir uns links und folgen den Radwegzeichen. Nach etwa 200 m führt der Benediktweg rechts in die Mautnerstraße.

225 km

lang ist die Salzach und somit der längste Nebenfluss des Inns. Sie entspringt am Salzachgeier, einem schroffen Doppelgipfel in den Kitzbühler Alpen und mündet bei Haiming im Landkreis Altötting in den Inn. Ihr Name ist untrennbar mit dem Salzhandel verbunden – wie auch der Name der Stadt Salzburg (Wochenendtour 21).

< links / Rokoko im Überschwang: Blick zum Hochaltar der Wallfahrtskirche Marienberg ^ oben / Gut beschildert: Radwegkreuzung in der Nähe der „Perle des Salzachtals"

DAS HAUS WITTELSBACH

ist eines der ältesten deutschen Hochadelsgeschlechter. Aus ihm stammen die Pfalzgrafen und späteren Herzöge, Kurfürsten und Könige von Bayern. Die 1 / Burg Burghausen war ab 1168 im Besitz der Wittelsbacher.

Bei der Heilig-Geist-Kirche treffen wir auf die Fußgängerzone 8 / In den Grüben. Wir schieben unsere Fahrräder durch die bunte Kulisse der größtenteils spätgotischen Häuser und genießen die faszinierende Mischung aus Architektur, Kunst und Gastronomie. In den Grüben war seit dem Mittelalter ein Handwerkerviertel. Ein Teil der Fußgängerzone ist ein „Walk of fame" der Jazzwelt: Dort haben sich Musiker verewigt, die bei der alljährlichen Burghauser Jazzwoche (www.b-jazz.com) auftraten. Am Ende der Fußgängerzone kommen wir zur 9 / Kirche St. Jakob. Ihr 79 m hoher Turm überragt die gesamte Altstadt. Wir radeln über den sehenswerten Marktplatz mit seinen schönen Wohn- und Geschäftshäusern im Inn-Salzach-Baustil. Hinterm Marienbrunnen, nicht ganz am nördlichen Ende des Platzes, zweigt links die Straße Hofberg ab, über die wir zur 1 / Burg Burghausen hinaufschnaufen. Die Burg war vom 12. bis 15. Jh. Zweitresidenz der niederbayerischen Herzöge, die ihren Stammsitz in Landshut hatten. Weil sie der sicherste Familienbesitz war, verwahrten die Wittelsbacher ihren Gold- und Silberschatz auf der Burg. Bekannteste Bewohnerin des mehr als einen Kilometer langen Bollwerks war die polnische Königstochter Hedwig, an deren Heirat mit dem bayerischen Herzog Georg bis heute die Landshuter Hochzeit erinnert. Burg Burghausen besteht aus fünf großen Höfen, die durch Gräben und Toranlagen untereinander gesichert sind. Die mächtige Kernburg befindet sich auf der Südspitze des Burgbergs. Dort können heute historische Räume und das Museum besichtigt werden (www.burg-burghausen.de).

1959

erreichte die Salzach einen Pegelstand von mehr als acht Metern. Beim schlimmsten Hochwasser der letzten Jahrhunderte rasten einhundert schwere Baumstämme gleichzeitig auf Burghausen zu und rissen drei Joche der alten Salzachbrücke weg. Große Teile der Altstadt standen völlig unter Wasser, darunter die Gegend 8 / In den Grüben.

TOURENINFO / Eine sehr leichte Rundfahrt, auch für Kinder sehr gut geeignet und mit Anhänger machbar. Genügend Zeit für die Sehenswürdigkeiten einplanen. Wenn du die Burg und die Altstadt Burghausen richtig genießen willst, kannst du diese Tour als Anreiz für ein Tagesprogramm nehmen.

➤ **1 /** Burg Burghausen ➤ **2 /** Waldpark Lindach ➤ **3 /** Wallfahrtskirche Marienberg ➤ **4 /** Pestkapelle Marienberg ➤ **5 /** Kloster Raitenhaslach ➤ **6 /** Gasthaus Tiefenau ➤ **7 /** Hochwassermarken ➤ **8 /** In den Grüben ➤ **9 /** Kirche St. Jakob

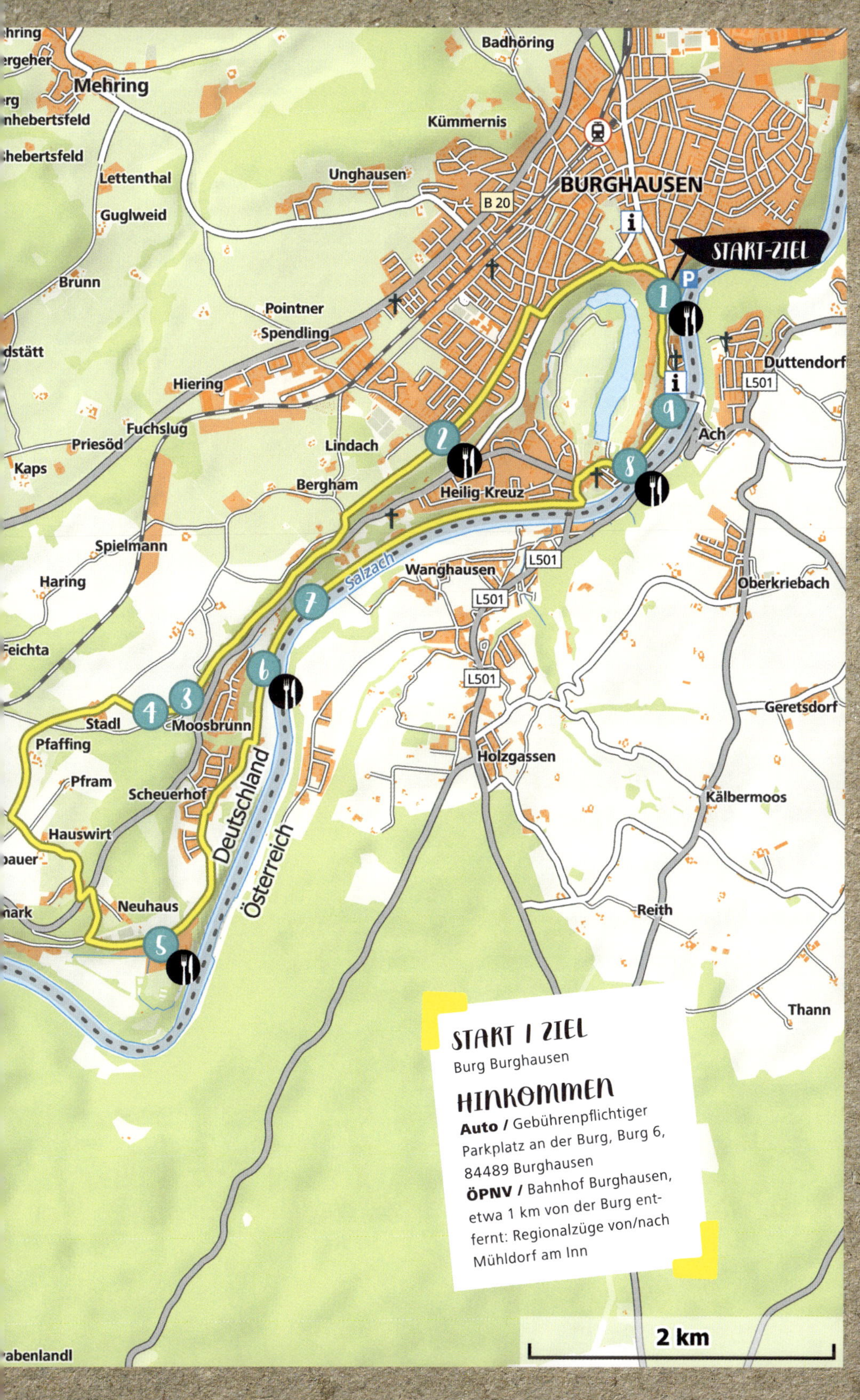

Mehring
Badhöring
Kümmernis
Lettenthal
Guglweid
Unghausen
B 20
BURGHAUSEN
START-ZIEL
Brunn
Pointner
Spendling
Duttendorf
L501
Hiering
Fuchslug
Priesöd
Kaps
Lindach
Ach
Bergham
Heilig Kreuz
Spielmann
Haring
Salzach
Wanghausen
Oberkriebach
Stadl
Moosbrunn
Pfaffing
Pfram
Scheuerhof
Hauswirt
Neuhaus
Deutschland
Österreich
Holzgassen
Geretsdorf
Kälbermoos
Reith
Thann
START / ZIEL
Burg Burghausen
HINKOMMEN
Auto / Gebührenpflichtiger Parkplatz an der Burg, Burg 6, 84489 Burghausen
ÖPNV / Bahnhof Burghausen, etwa 1 km von der Burg entfernt: Regionalzüge von/nach Mühldorf am Inn
2 km

KULINARISCHE KULTSTÄTTE

Ich mag bodenständige Küche mit regionalen Zutaten. Für eine geräucherte Forelle oder einen Steckerlfisch beim Fisch Kare trete ich kräftig in die Pedale.

➤ **1 /** Im aussichtsreichen Ort Schnaitsee am äußeren Nordrand des Chiemgaus startet und endet unsere Tour

➤ **2 /** Feldkapelle, dem Verfall preisgegeben – und gerade deshalb einen Stopp wert

➤ **3 /** Halt an der Magdalenenkirche, eine der ältesten Kirchen der Erzdiözese München-Freising

➤ **4 /** Emertsham, kleiner Ort mit Bäckerei und Tankstelle, aber ohne Gaststätten

➤ **5 /** Das erklärte Ziel der Tour: Fisch Kare, die spezielle Einkehr im Grünen

➤ **6 /** So beschaulich wie der Name: der hübsche Ort Waldhausen mit einem Dorfladen

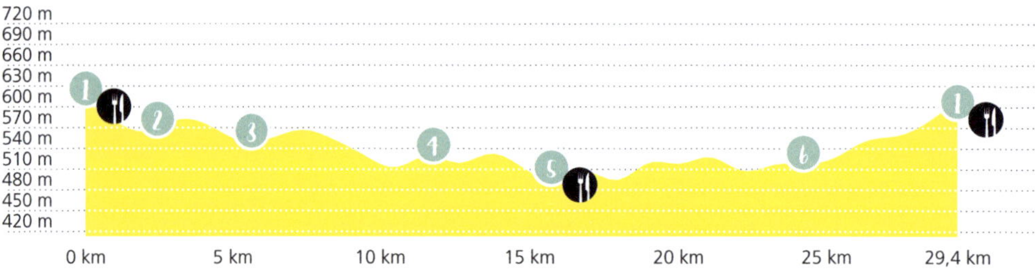

EIN WEG UND ZIEL

Fröhliche Landpartie mit unvergleichlicher Einkehr ab Schnaitsee

TOUR, DIE DU SO NIE GEMACHT HÄTTEST

Der Fisch Kare ist eine Institution. Ganz im Norden des Chiemgaus, abseits der bekannten Urlaubsziele, versteckt sich die urige Fischerhütte in einem tiefen Tal der Altmoränenlandschaft. In dieser Gegend scheint die Welt noch in Ordnung. Auf zur Bauernhof-Safari!

29 Kilometer
140 Höhenmeter
2:15 Stunden
Rundtour

Unterwegs in der Altmoränenlandschaft

Schnaitsee gilt als „nördlichste Bastion" des Chiemgaus und in der Tat überblickt man dort weite Teile der Kulturlandschaft bis hin zu den Chiemgauer Alpen. Die Panoramalage in mehr als 600 m Höhe verdankt Schnaitsee der vorletzten Eiszeit. Diese endete vor etwa 130.000 Jahren. Das Gletschereis türmte den von den Alpen herantransportierten Gesteinsschutt mehrere Hundert Meter hoch auf. So entstanden die Altmoränen. Nur der nördlichste Teil des Chiemgaus liegt im Altmoränengebiet. Der weitaus größere südliche Teil wurde durch die letzte Eiszeit gestaltet, die vor etwa 10.000 Jahren vorbei war. Das Jungmoränengebiet hat sanftere Hügel und weniger tiefe Täler als die Altmoränenlandschaft. Die Unterschiede spürst du manches Mal in den Pedalen.

CHARAKTER

Sportlich ●●○○○
Abkühlung ●○○○○
Schlemmen ●●●●●
Panorama ●●●●○

< links / Ganz klar, wo der Weg hinführt: Unser Tourenziel ist der Fisch Kare

Von Schnaitsee zur alten Magdalenenkirche

Wir beginnen die Landpartie durch die Altmoränenlandschaft in der Dorfmitte von 1 / Schnaitsee auf dem Platz vor der Pfarrkirche Mariä Himmelfahrt. Die ursprünglich gotische Kirche gilt als das früheste barockisierte Gotteshaus im Landkreis Traunstein. Wir folgen der Hauptstraße Richtung Trostberg und nutzen den Radweg Bauernhofsafari. Bei der Raiffeisenbank folgen wir der Radwegbeschilderung Richtung Obing. Am Ortsausgang führt uns der Radweg nach rechts in die Fahrnbichlstraße, dann folgen wir ihm für längere Zeit in südöstliche Richtung. Bei einem Tankgaslager wechselt der Untergrund von Asphalt zu Schotter. Achte kurz darauf auf die alte 2 / Feldkapelle, die seit einigen Jahren verfällt. Wo der Asphalt wieder beginnt, liegt rechts im Feld ein auffälliger Stein. Der große Findling ist ein Beweis, dass die Eiszeit die Landschaft prägte. An den folgenden Kreuzungen bleiben wir immer auf der Bauernhofsafari Richtung Emertsham.

BIER AUS DER GARAGE

Im Baderweg 4 in 1 / Schnaitsee befindet sich die „Garagenbrauerei" Baderbräu. Das lokale Weißbier hat einen gewissen Kultstatus erlangt. Vom Griechen am Dorfplatz wird es frisch ausgeschenkt.

TOUR, DIE DU SO NIE GEMACHT HÄTTEST

Kirche mit langer Geschichte

Bei Kirchstätt können wir die frei stehende 3 / Magdalenenkirche nicht übersehen. Sie ist eines der ältesten Gotteshäuser in der Diözese München-Freising. Ihr Turm stammt aus dem 12. Jh., das Langhaus und der Chor wurden im 15. Jh. erbaut. Der Hochaltar beherbergte früher zwei geschnitzte Figuren: die heilige Magdalena und Jesus in einer seltenen Darstellung als Gärtner mit einem großen Schlapphut. Die Figuren wurden bei zwei Diebstahlserien Ende der 1960er und Anfang der 1970er Jahre entwendet und sind bis heute nie wieder aufgetaucht. Anfang des 18. Jh. sollte die Magdalenenkirche abgerissen werden, der damalige Pfarrer verhinderte es.

➤ rechts groß / Musst du da einkehren? Klar, denn der Fisch Kare hat Kultstatus! ➤ rechts klein / Heute mal kein Fleisch: Beim Fisch Kare gibt's nur Fisch, und der schmeckt!

Km 15,6

Beim 5 / Fisch Kare gibt's nur eines: Fisch. Und natürlich gut gekühlte Getränke, wie es sich für ein traditionelles bayerisches Lokal mit Biergarten gehört. Ob draußen an den Fischteichen oder drinnen in der urigen Hütte: Es geht zu wie in alten Zeiten.

HISTORISCHE FEUERWEHR

Der Verein für Historische Magirus-Feuerwehrfahrzeuge Bayern e.V. zeigt seine beeindruckende Sammlung nach Voranmeldung. Wo? In **Oed**, etwa 3,5 km vor **4 / Emertsham**. Und im Web: www.magirus-bayern.de

TOUR, DIE DU SO NIE GEMACHT HÄTTEST

Die Fische warten schon auf dich

Vor der Magdalenenkirche folgen wir der Straßenbeschilderung nach Holzhausen, dort orientieren wir uns links („Emertsham 4,2 km"). Wir vertrauen den Straßenschildern nach Thurmbau und Mauern. In Mauern ist die hübsche Hofkapelle beachtenswert. Von Mauern fahren wir laut Radwegschild noch 2,9 km bis 4 / Emertsham. Der Radweg Energietour trifft bei der Kirche St. Vitus auf die Hauptstraße, wir folgen ihr nach links und biegen am Ortsende rechts ab Richtung Engelsberg. Bei einem einzeln stehenden Baum mit Feldkreuz und Ruhebank geht es links Richtung Mussen. Nun führen uns die Radwegzeichen der Energietour nordwärts. In Fellern radeln wir links um die Gebäude herum und erreichen alsbald die Straße TS 20. Dort geht es geradeaus Richtung Urthal – die Hinweisschilder auf den 5 / Fisch Kare sind eindeutig (geöffnet in der Regel Fr–So, am besten nachsehen auf: facebook.com/ZumFischKare). Die urigen Gasträumen sind mit allerlei Krimskrams „geschmückt". Nicht selten gehen hier „merkwürdige" Gestalten mit langen Bärten und Lederhosen ein und aus. In der einzigarti-

gen Atmosphäre wird es so schnell nicht langweilig. Wer lieber draußen im Biergarten sitzen und das bunte Treiben beobachten will, sollte im Sommer unbedingt Mückenschutzmittel dabei haben: Die Fische fressen scheinbar nicht alle Mückenlarven.

Übers weite Land bis nach Waldhausen

Gut gestärkt und gut gelaunt verlassen wir das Urthal nordwärts. Beim Vorfahrtsschild verabschieden wir uns von der „Energietour", radeln nach links leicht bergan, an einer Biogasanlage vorbei westwärts und ignorieren abzweigende Straßen und Wege, bis wir eine breitere Straße erreichen. Auf dieser geht es nach links, vorbei am Zehnthof, bergab. Vor einer Brücke biegen wir rechts ab Richtung Eck und Aigner. Wir fahren an beiden Weilern vorbei, ebenso am auffälligen Vierseithof Moos. Beim Anwesen Weg – siehe Bild auf Seite 72 – folgst du dem Radwegzeichen nordwärts. An der nächsten Hauptkreuzung orientieren wir uns an der Radwegbeschilderung „Waldhausen 3,9 km/Schnaitsee 9,0 km". Weshalb der Radweg Weitblicktour heißt, nimmst du auf der Fahrt nach 6 / Waldhausen wahr: Bei klarer Luft reicht der Blick über die Altmoränenlandschaft bis zu den Alpen.

43 km

fließt der Mörnbach, der das Wasser für die Fischteiche vom 5 / Fisch Kare liefert, von seiner Quelle bei Schnaitsee bis zu seiner Mündung in den Inn bei Neuötting. Damit ist er einer der längsten Bäche Bayerns.

< links / Teilweise 800 Jahre alt: Die Magdalenenkirche gilt als eines der ältesten Gotteshäuser der Region ^ oben / Herbst in Schnaitsee, dem Start unserer Tour

BADEN IM WEITSEE

Wer sich nach der Rundfahrt noch abkühlen will, rollt von Schnaitsee hinunter zum südlich gelegenen Weitsee. Dort gibt es ein Sommerbad mit Imbiss.

Endspurt: Von Waldhausen nach Schnaitsee

Im hübschen Ort Waldhausen gibt es einen Dorfladen. Die Pfarrkirche St. Martin ist noch jung: Sie wurde erst 1950 eingeweiht. Eine Vorgängerkirche wurde nach dem Zweiten Weltkrieg abgerissen, da sie nicht genug Platz bot, denn in Waldhausen ließen sich viele Kriegsflüchtlinge nieder. Vor der Kirche St. Martin führt unser Radweg in die Pfarrhofstraße. Am Pfarrhof vorbei, durch ein kleines Wohngebiet, dann am Vorfahrtsschild links und immer weiter Richtung 1 / Schnaitsee: Dank der Radwegbeschilderung können wir uns nicht verfahren. Am Ortsrand Schnaitsee folgen wir dem Berghamer Weg bis zur Ortsmitte, wo sich das Griechische Restaurant für eine Schlusseinkehr anbieten, sofern du nach dem Fischgenuss schon wieder Hunger hast. Der Grieche schenkt auch das lokale Baderbräu-Bier aus. Wohl bekomms!

TOUR, DIE DU SO NIE GEMACHT HÄTTEST

653 m

über dem Meeresspiegel liegt der 1 / Schnaitseer Ortsteil Obernhof, in dessen Nähe sich der weithin sichtbare Funkturm und die Aussichtsplattform befinden. Damit ist Obernhof die höchstgelegene Siedlung im gesamten bayerischen Voralpenland.

Variante: Abstecher zur Aussichtsplattform

Wenn du Lust und Zeit hast, solltest du noch einen Abstecher zur Aussichtsplattform am Fernsehturm Schnaitsee unternehmen. Von dort kannst du bei schönem Wetter ein herrliches Alpenpanorama genießen. So findest du hin: Achte auf der Strecke von Waldhausen nach Schnaitsee auf den Abzweig nach Kolbing (nach 27,5 km Wegstrecke ab Tourenstart). Ein paar Meter nach diesem Abzweig führt ein nicht asphaltierter Weg nach rechts. Du erkennst bereits die Dächer von Hermannstetten. Von dort fährst du nach Oberndorf und kannst die Aussichtsplattform nicht übersehen. Zurück nach Schnaitsee gelangst du über die Straße, die neben der Aussichtsplattform verläuft.

TOURENINFO / Trotz 200 Höhenmetern Auf- und Abfahrten eine vergleichsweise leichte Runde, die als Halbtages- oder Tagestour selbst für Kinder geeignet ist. Die Straßen und Wege sind durchweg anhängertauglich.

➤ **1 /** Schnaitsee ➤ **2 /** Feldkapelle ➤ **3 /** Magdalenenkirche ➤ **4 /** Emertsham ➤ **5 /** Fisch Kare ➤ **6 /** Waldhausen

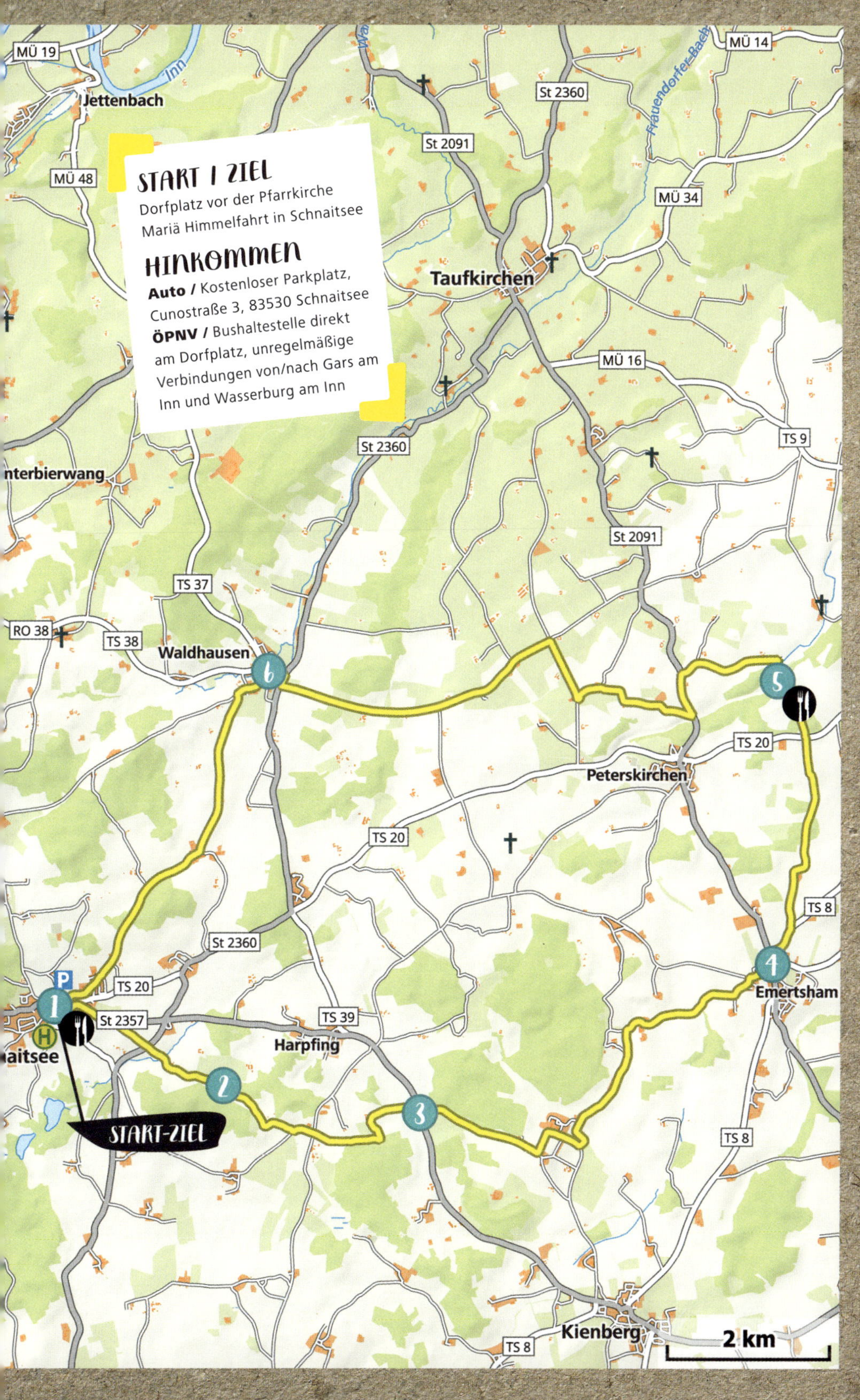
START | ZIEL
Dorfplatz vor der Pfarrkirche Mariä Himmelfahrt in Schnaitsee
HINKOMMEN
Auto / Kostenloser Parkplatz, Cunostraße 3, 83530 Schnaitsee
ÖPNV / Bushaltestelle direkt am Dorfplatz, unregelmäßige Verbindungen von/nach Gars am Inn und Wasserburg am Inn
MÜ 19
Inn
Jettenbach
MÜ 48
St 2091
St 2360
MÜ 14
Frauendorfer Bach
MÜ 34
Taufkirchen
MÜ 16
TS 9
St 2360
nterbierwang
St 2091
TS 37
RO 38
TS 38
Waldhausen
TS 20
Peterskirchen
TS 20
TS 8
St 2360
TS 20
St 2357
TS 39
Harpfing
aitsee
Emertsham
START-ZIEL
TS 8
Kienberg
TS 8
2 km

HALLO FEIERABEND

Ob alleine, zu zweit oder in der Gruppe – beim Radfahren blühst du auf, so wie hier bei Prien (Tour 5).

MEHR ERFAHREN

SPANNENDE TAGESTOUREN
DIE JEDER SCHAFFT

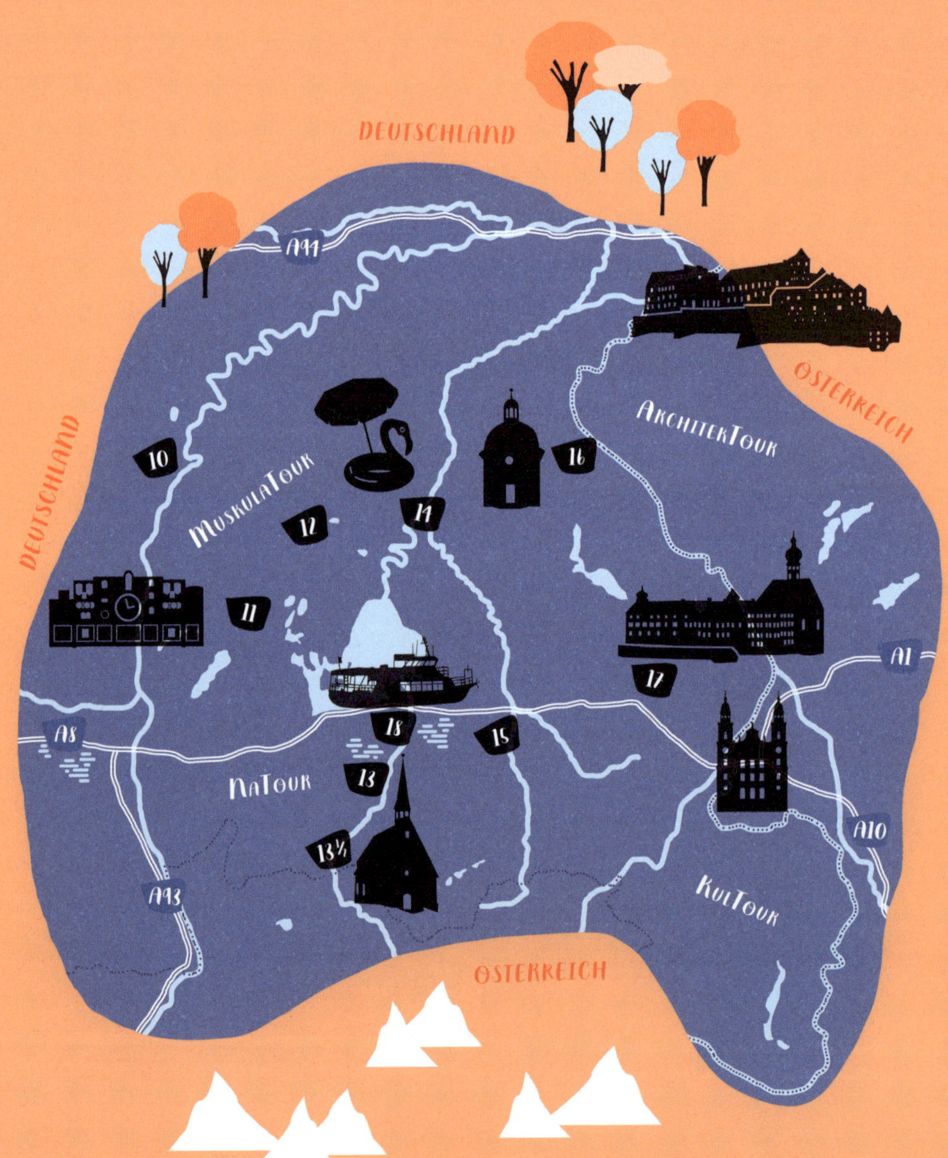

STILVOLLER GENUSS

Ich liebe Wasserburg! Die Stadt verbindet Stil mit Genuss. Sie ist nicht zu groß und nicht zu klein, traditionell und trendig zugleich. Einfach liebenswert.

➤ **1 /** Aus allen Richtungen gut erreichbar, auch per Auto: Bahnhof Wasserburg

➤ **2 /** Das Kloster Attel im Rokoko-Stil musst du dir ansehen

➤ **3 /** Beliebtes Restaurant Fischerstüberl, wo es nicht nur frischen Fisch gibt

➤ **4 /** Am Kloster Rott am Inn gibt es einen Rosengarten und Franz Josef Strauß' Ruhestätte

➤ **5 /** Ortsmitte Griesstätt: Freundlicher Ort mit Kirche, Denkmal und Café

➤ **6 /** Das Kloster Altenhohenau ist ein Kleinod abseits der Touristenströme

➤ **7 /** Vom Aussichtspunkt bietet sich ein wundervolles Alpenpanorama

➤ **8 /** Leckerer Kuchen und Bauernhofprodukte gibt es in Dirneckers Hofcafé und -laden

➤ **9 /** Schöne Aussicht vom Kellerberg auf die Altstadt von Wasserburg am Inn

➤ **10 /** Die Perle am Inn: Nimm dir Zeit für den Stadtbummel durch die Altstadt Wasserburgs

➤ **11 /** An der hübschen Schiffleut-Kapelle Maria Rast am Innradweg hinter Wasserburg anhalten

➤ **12 /** Gotische Filialkirche Zell in herrlicher Lage

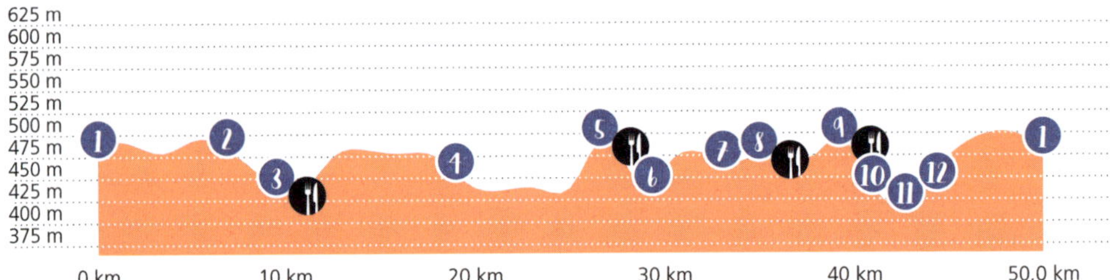

In(n)teressant

Drei Klöster und die Stadt Wasserburg am Inn

Der Inn ist einer der mächtigsten Alpenflüsse und der größte Fluss des südostbayerischen Voralpenlandes. Als Handelsweg prägte er die Region über viele Jahrhunderte. Am Fluss entstanden Burgen, Klöster und wohlhabende Städte wie Wasserburg. Wir besuchen die in(n)teressantesten Plätze!

50 Kilometer
310 Höhenmeter
4:15 Stunden
Rundtour

Beginn im Industriezeitalter

Start und Ziel ist am 1 / Bahnhof Wasserburg im Ort Reitmehring. Reitmehring wird vom Milchwerk der Firma Meggle dominiert, die hier ihre Firmenzentrale hat. Zwischen dem Reitmehringer Bahnhof und einem Stadtbahnhof in Wasserburg verkehrten bis 1987 Dieseltriebwagen. In jenem Jahr wurde die „Wasserburger Stadtbahn" durch ein Hochwasser zerstört. Wir fahren gerade in die Bahnhofstraße, folgen an ihrem Ende einem Radweg nach rechts, begleiten die B 304 und überqueren mit ihr die B 15. Durch einen Tunnel wechseln wir die Straßenseite und halten uns links. Wir fahren nördlich am großen Gelände des Inn-Salzach-Klinikums vorbei und biegen beim Kreisverkehr rechts ab auf den Wasserburger

Charakter

Sportlich	●●●●○
Abkühlung	●○○○○
Schlemmen	●●●●○
Panorama	●●●○○

< links / Wasserburg wird beinah vollständig vom Inn umflossen, die Altstadt liegt malerisch in der Flussschlaufe

Radrundweg, der gemeinsam mit dem Innradweg West über das Gelände des Inn-Salzach-Klinikums südwärts strebt. Hinter dem Sicherheitstrakt der psychiatrischen Klinik führt der Radweg bei einem Parkplatz rechts und gleich wieder links. Wir radeln über die ehemalige „Wasserburger Stadtbahn", links und rechts von unserem Schotterweg sind noch Gleise zu sehen. Ab dem Weiler Gern geht es bequem auf Asphalt südwärts. Über Reisach, Au, Kornberg und Limburg erreichen wir auf markierter Strecke das 2 / Kloster Attel. Auf dem Gelände der ehemaligen Benediktinerabtei befindet sich eine Einrichtung für Menschen mit Behinderungen. Wirf einen Blick in die Abteikirche St. Michael. Das barocke Gotteshaus wurde 1715 geweiht und in den folgenden Jahrzehnten im Stil des Rokokos aufwendig ausgestattet.

Durchs Atteltal und übers Rotter Land

Auf dem Wasserburger Radrundweg rollen wir steil hinab ins Inntal. Am Hochwasserschutzdamm halten wir uns rechts und kommen zur Mündung des Flusses Attel in den Inn – ein fotogener Ort. Hier liegt das bei Ausflüglern beliebte 3 / Restaurant Fischerstüberl (tgl. 11–24 Uhr, www.fischerstueberlattel.de). Es geht anschließend unter der B 15 hindurch und über den Fluss Ebrach. Direkt hinter der Brücke biegen wir ab nach „Atteltal Haus-Nr. 25–29". Über die als Jakobsweg markierte Strecke kürzen wir ein Stück des Wasserburger Radrundwegs ab. Bei Bruck überqueren wir die Attel und folgen wieder den Markierungen des Wasserburger Radrundwegs. Ab Anger strampeln wir steil bergan bis in den Ort Ramerberg. Hinter Maierbach treffen wir auf die Straße von Wasserburg nach Rosenheim. Wir nutzen den Straßenradweg zum 4 / Kloster Rott am Inn. Von herausragender kunsthistorischer

MYTHOS UND LEGENDE

Bis heute steht Franz Josef Strauß wie kein zweiter für bayerische Politik. Der ehemalige bayerische Ministerpräsident, Bundesminister und CSU-Vorsitzende wurde in der Familiengruft im 4 / Kloster Rott beigesetzt.

➤ rechts groß / Hinter dieser schlichten Fassade verbirgt sich eine der prächtigsten Rokoko-Kirchen Bayerns ➤ rechts klein / Das Kloster Rott hat einen gepflegten Rosengarten, der zu einer Pause einlädt

Km 19

Die Kirche St. Marinus und St. Anianus des ehemaligen 4 / Klosters Rott am Inn ist eines der schönsten Bauwerke des späten Rokokos in Bayern. Bestaune die Fresken der Kuppeln in den drei Zentralräumen und das reiche Stuckdekor. Am Hauptaltar, der auf einen Entwurf des berühmten Ignaz Günther zurückgeht, fällt besonders die Figur von Kaiser Heinrich II. auf, der ein Modell des Bamberger Doms in Händen hält. Gegenüber steht seine Gemahlin Kunigunde.

ArchitekTour

517 km

lang ist der Inn, einer der größten Alpenflüsse. Er entspringt im Oberengadin in der Schweiz und bringt mehr Wasser mit sich als die Donau, in die er bei Passau mündet. Die Schlaufe bei Wasserburg ist die engste im gesamten Flussverlauf.

Bedeutung ist die einstige Klosterkirche, heute Pfarrkirche. Davor lädt ein hübscher Rosengarten zum Verweilen ein.

Von Rott am Inn nach Griesstätt

Durch den grünen Auwald

Von Rott rollen wir Richtung Rosenheim mit 13 % Gefälle talwärts und passen auf, dass wir den Abzweig der Lengdorfer Straße linker Hand nicht verpassen. Dort finden wir auch die Radwegmarkierung Wasserburger Radrundweg. In Lengdorf geht es über die Eisenbahn, dann radeln wir links entlang der Bundesstraße B 15 und biegen nach dem Restaurant Adria Grill rechts ab Richtung Unterwörn. An einer Brücke über die Rott gibt es mehrere Radwegmarkierungen: Wir folgen „Griesstätt 5,1 km". Auf dem Hochwasserdamm und durch die Innauen fahren wir etwa 3,5 km nordwärts. Kurz vor einer Straße führt der Radweg nach rechts und unter der Straße hindurch. Nach der Brücke über den Inn fahren wir links durch den Wald, leicht bergan zu einem Feldkreuz und auf die Umgehungsstraße von Griesstätt zu. Unter dieser Straße hindurch führt uns der Innradweg Ost in die 5 / Ortsmitte von Griesstätt. Dort lohnt ein Blick in die Pfarrkirche St. Johann Baptist. In der

spätgotischen Kirche, die im 19. Jh. stark verändert wurde, gibt es eine Kreuzigungsgruppe aus der Werkstatt Ignaz Günthers. Neben der Kirche, beim Café, fällt ein stattliches Kriegerdenkmal mit dem Bildnis König Ludwigs II. ins Auge. Von dort folgen wir dem markierten Radweg, der uns nach Norden aus Griesstätt hinausführt.

Vom Kloster Altenhohenau nach Wasserburg

Bald folgen wir dem Radweg entlang der viel befahrenen Straße Richtung Wasserburg. Vor der Senke zweigt links die Straße zum ehemaligen 6 / Dominikanerinnenkloster Altenhohenau ab, es dient heute als internationale christliche Tagungsstätte. Die von Ignaz Günther gestaltete Kirche St. Peter und Paul gilt wie die Rotter Klosterkirche als eine der schönsten Rokoko-Kirchen Bayerns. Zur bemerkenswerten Ausstattung zählen neben Günthers Hochaltar verschiedene von ihm geschaffene Figuren sowie ein sogenanntes Gabelkreuz aus dem 14. Jh., das gegenüber der Kanzel hängt. In einem gläsernen Schrein aus dem 18. Jh. wird das „Kolumba-Jesulein" aufbewahrt, eine gotische Schnitzfigur, die dem unbekannten „Meister von Seeon" zugeschrieben wird. Zurück an der Hauptstraße folgen wir dem Straßenradweg und biegen am beginnenden Anstieg rechts ab nach Laiming. Wir strampeln bergan und kommen über Kerschdorf nach Spielberg. Dort machen wir

links / Das große Kriegerdenkmal in Griesstätt mit dem Bildnis König Ludwigs II. oben / Abgeschieden und anziehend zugleich: Das Kloster Altenhohenau am Inn ist einen Ausflug wert

einen Abstecher zum beschilderten 7 / Aussichtspunkt. Anschließend geht es kerzengerade nordwärts bis zu einer T-Kreuzung und links zu 8 / Dirneckers Hofcafé und -laden (www.dirneckers-hofcafe.de). Von der T-Kreuzung folgen wir der Radwegbeschilderung Richtung Hafenham. Am Stoppschild streben wir geradeaus nach „Bachmehring 1,0 km (Umfahrung Wasserburg)". Nach einer S-Kurve, vorbei an einem großen Sägewerk, überqueren wir eine Straße und fahren Richtung Weikertsham. Hinter einem zweiten, kleineren Sägewerk finden wir wieder eine Radwegbeschilderung. In Weikertsham radeln wir am kleinen Schloss vorbei bergan – nicht auf dem Radweg „Von Baum zu Baum" vorm Schloss links! An einem Vorfahrtsschild vertrauen wir dem ungewöhnlichen Radwegweiser, der uns in einer Schlaufe unter der großen Straße hindurchführt. Wir halten uns links und kommen zur 9 / Schönen Aussicht beim Huberwirt am Kellerberg. Nachdem wir das großartige Panorama auf Wasserburg am Inn in uns aufgenommen haben, ist es Zeit für einen Stadtbummel. Die 10 / Altstadt von Wasserburg am Inn findest du sicher ohne Beschreibung. Gehe am besten zur Tourist Info im Rathaus und hole dir dort einen kostenlosen Stadtplan und weitere Infos für den Altstadtrundgang.

Naturlehrpfad

Auf dem Weg nach Weikertsham kommst du am Startpunkt des 1,4 km langen Naturlehrpfads am Schwarzmoosbach vorbei. Entlang des Wegs erklären Infotafeln eine Vielzahl von Baum- und Straucharten.

Km 41

Die 10 / Altstadt von Wasserburg am Inn gehört zu den reizvollsten in Deutschland, obwohl Einheimische gern von der „nördlichsten Stadt Italiens" sprechen. Warum? Das findest du an einem lauen Sommerabend selbst heraus! Die bunten Häuser im Inn-Salzach-Stil mit ihren zahlreichen Cafés und Restaurants tragen sicherlich einen Teil zu diesem Flair bei.

Zum Ausspannen noch einmal übers Land

Nach unserer Pause in Wasserburg radeln wir auf dem Inn-Damm, der von einem Skulpturenweg gesäumt wird, bis zur 11 / Schiffleut-Kapelle Maria Rast. Ab da folgen wir weiter dem Innradweg West bis zur gotischen 12 / Filialkirche Zell. Allein schon ihre Lage macht die Kirche sehenswert, doch auch die Ausstattung ist recht wertvoll. Leider fehlte in den letzten Jahren das Geld für eine dringend notwendige Renovierung. Hinter Zell verlassen wir das Inntal, fahren kurz und knackig bergauf nach Graben, überqueren die B 15 und folgen der Radwegbeschilderung Richtung Albaching. An einem hölzernen Bushäuschen vorbei fahren wir nach Grasweg und dort weiter Richtung Hirschpoint. Direkt vor der Eisenbahn biegen wir links ab. Entlang der Gleise kommen wir zum 1 / Bahnhof Wasserburg.

BOHNEN-RÖSTER

Tipp für einen richtig guten Kaffee: Den besten der Stadt gibt's in der Wasserburger Bohnenrösterei gegenüber vom Rathaus (www.wasserburger-bohnenroester.de).

TOURENINFO / Eher sportliche Tour, da einige Höhenmeter überwunden werden müssen. Wer mag, kann ab Wasserburg den Radwegweisern zum Bahnhof Reitmehring folgen und dadurch die Runde um etwa 8 km verkürzen. Auch Stadtbusse verkehren regelmäßig zwischen dem Busbahnhof am ehemaligen Stadtbahnhof und dem Bahnhof Reitmehring.

< links / Die Inn-Salzach-Architektur prägt beinah die ganze Stadt
^ oben / Wasserburg am Inn: Blick durch die Färbergasse zur Burg

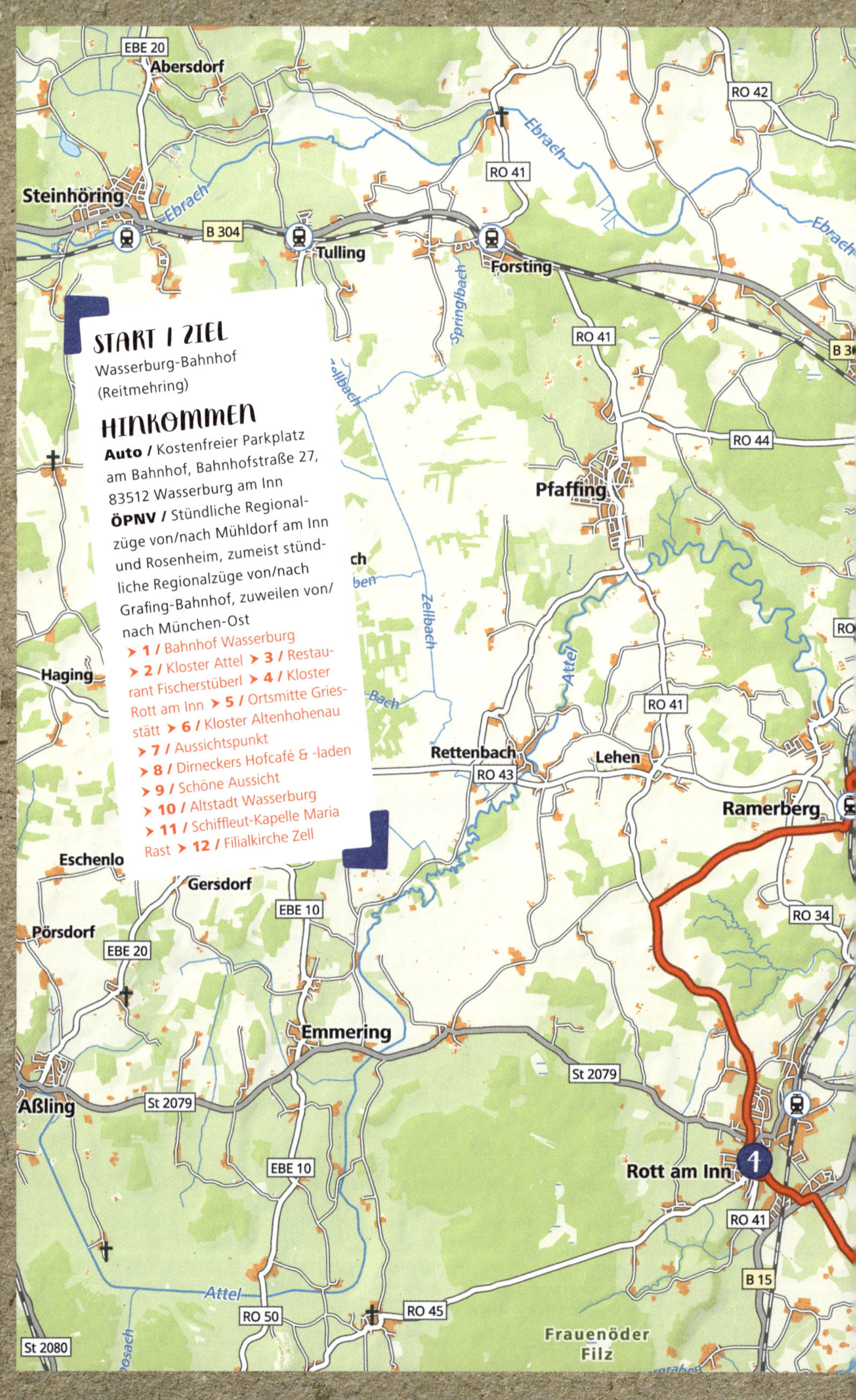
START | ZIEL
Wasserburg-Bahnhof (Reitmehring)
HINKOMMEN
Auto / Kostenfreier Parkplatz am Bahnhof, Bahnhofstraße 27, 83512 Wasserburg am Inn
ÖPNV / Stündliche Regionalzüge von/nach Mühldorf am Inn und Rosenheim, zumeist stündliche Regionalzüge von/nach Grafing-Bahnhof, zuweilen von/nach München-Ost
› 1 / Bahnhof Wasserburg › 2 / Kloster Attel › 3 / Restaurant Fischerstüberl › 4 / Kloster Rott am Inn › 5 / Ortsmitte Griesstätt › 6 / Kloster Altenhohenau › 7 / Aussichtspunkt › 8 / Dirneckers Hofcafé & -laden › 9 / Schöne Aussicht › 10 / Altstadt Wasserburg › 11 / Schiffleut-Kapelle Maria Rast › 12 / Filialkirche Zell
EBE 20
Abersdorf
RO 42
Ebrach
RO 41
Steinhöring
B 304
Tulling
Forsting
Springlbach
Zellbach
Pfaffing
RO 44
Haging
Attel
RO 41
Rettenbach
RO 43
Lehen
Ramerberg
Eschenlo
Gersdorf
EBE 10
Pörsdorf
EBE 20
RO 34
Emmering
St 2079
Aßling
St 2079
EBE 10
Rott am Inn
RO 41
B 15
Attel
RO 50
RO 45
St 2080
Frauenöder Filz

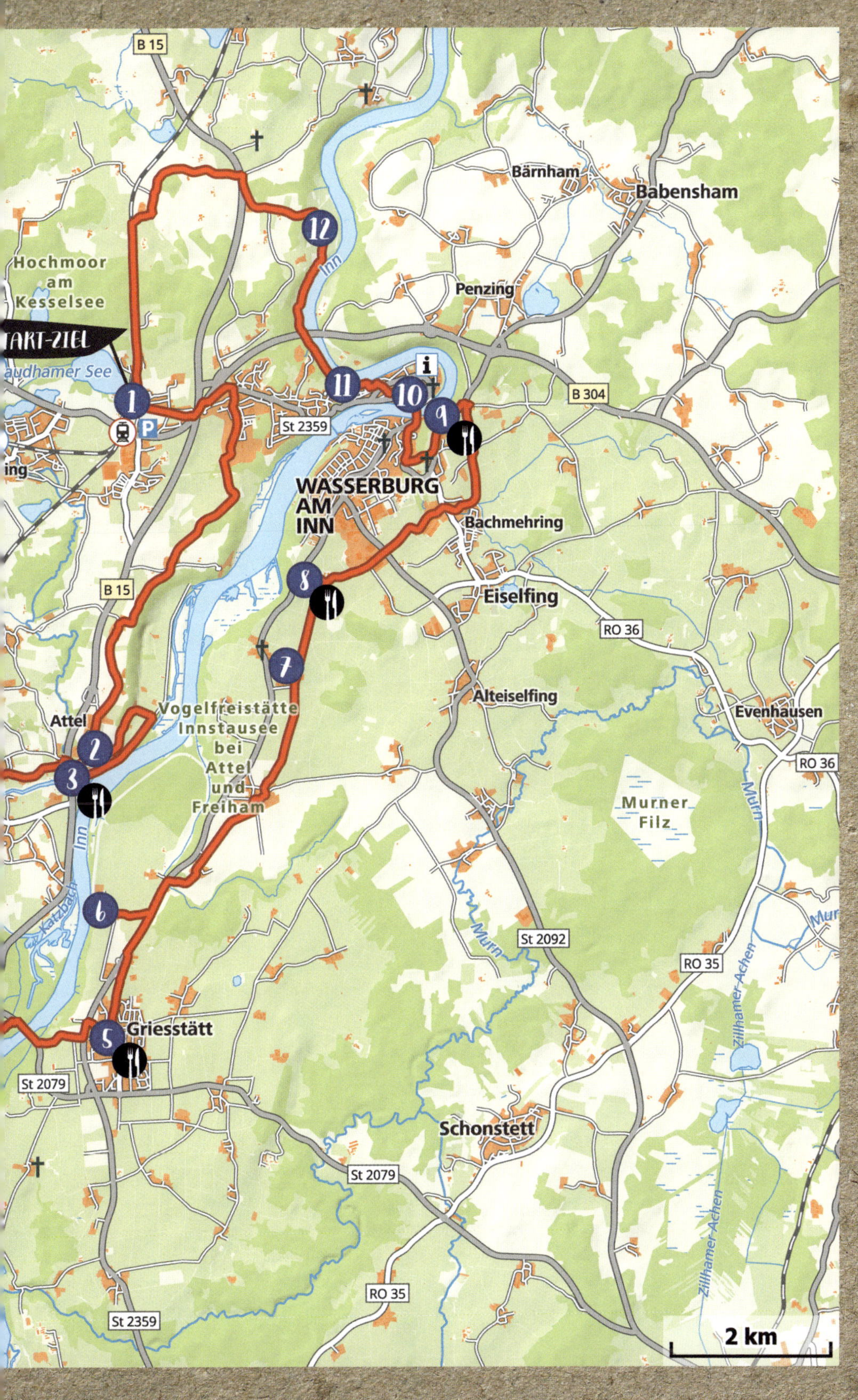

B 15
Bärnham
Babensham
Hochmoor am Kesselsee
START-ZIEL
Penzing
Inn
B 304
St 2359
WASSERBURG AM INN
Bachmehring
Eiselfing
B 15
RO 36
Alteiselfing
Evenhausen
Attel
Vogelfreistätte Innstausee bei Attel und Freiham
RO 36
Murner Filz
Murn
Katzbach
St 2092
RO 35
Griesstätt
St 2079
Schonstett
St 2079
Zillhamer Achen
RO 35
St 2359
2 km

Liebliches Landleben

Beschauliche Landschaft genießen, in historischen Ortschaften pausieren, lokale Spezialitäten probieren: Das nenne ich eine KulTour! Und ein schöner Badesee darf auch nicht fehlen.

> **1 /** Bahnhof Bad Endorf für umweltfreundliche An- und Abreise mit der Bahn

> **2 /** Orientierungspunkt in der Ortsmitte von Söchtenau: Kirche St. Margaretha

> **3 /** Lokale Bierspezialiäten des Weilers Rothmoos verkosten

> **4 /** Hübsches Örtchen Schonstett mit einem früheren Wasserschloss

> **5 /** Zillham: Wer würde hier eine Pastamanufaktur mit Laden erwarten?

> **6 /** Genügend Zeit einplanen für das Bauernhausmuseum Amerang

> **7 /** Kulinarische Entdeckungen in gepflegter Atmosphäre in der Ortsmitte von Amerang

> **8 /** Sehenswertes Schloss Amerang, nur offen bei Veranstaltungen

> **9 /** Der Gasthof „Schöne Aussicht" in Höslwang heißt nicht umsonst so

> **10 /** Abkühlung im klaren Wasser im Bad am Hartsee mit Liegewiese und Spielplatz

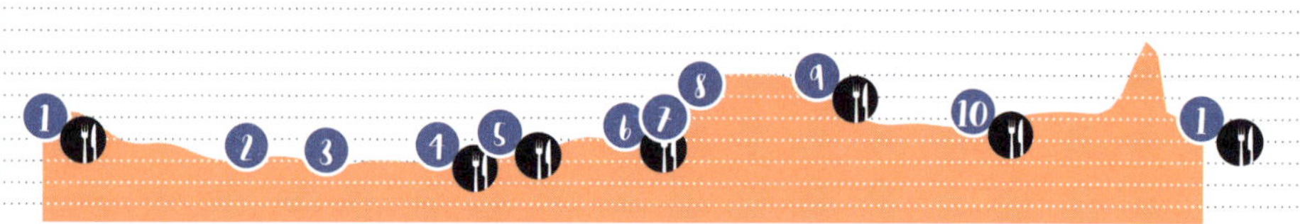

SOMMERFRISCHE

Eine Landpartie wie anno dazumal ab Bad Endorf

Vor etwa 150 Jahren brachte das neue Verkehrsmittel Eisenbahn die Menschen aus den Städten aufs Land – der Fremdenverkehr war geboren. Saubere Luft, klares Wasser, erholsame Ruhe: Die Sommerfrische war der Ausgleich zum Stadtalltag des beginnenden Industriezeitalters. Stell dir vor, es wäre damals …

41 Kilometer
260 Höhenmeter
3:15 Stunden
Rundtour

Wir schreiben das Jahr 1880

Mit der Eisenbahn kommst du am 1 / Bahnhof Bad Endorf an. Vor 20 Jahren, 1860, wurde die Strecke zwischen München und Salzburg eröffnet. Die Feierlichkeiten unter Anwesenheit des bayerischen Königs Maximilian II. und des habsburgischen Kaisers Franz Joseph dauerten drei Tage an. Gegenüber vom Bahnhof steht das große Bahnhofsrestaurant im Stil der Zeit, das Generationen später griechische Spezialitäten serviert. Auf deinem Drahtesel radelst du nordwärts. Die Bahnhofsstraße wird bald dicht bebaut sein – noch stehen nur ein paar Häuser. Bis zur Pfarrkirche St. Jakobus begegnen dir zwei Pferdefuhrwerke und ein Ochsenkarren. Vor 25 Jahren, das war 1855, wurde die barocke Kirche neu errichtet.

CHARAKTER

Sportlich	●●○○○
Abkühlung	●●●●○
Schlemmen	●●●●○
Panorama	●●●●○

< links / Auf der Sonnenseite: Landpartie beim Schloss Amerang

Von der älteren Kirche blieb nur der Turm erhalten. Hinter der Kirche schlägst du den Weg nach Rosenheim ein und blickst übers Land …

Zurück in die Gegenwart

Kaum zu glauben, dass Bad Endorf wirklich mal ein Dorf war, wie es der Name verspricht. Selbst die Eisenbahn nach Obing gab es im späten 19. Jh. noch nicht, und damit auch nicht die Bahnbrücke über die Rosenheimer Straße. Am Parkplatz vor dieser Brücke biegen wir rechts ab, treten bergan, überqueren die Gleise und fahren Richtung Nordwesten bis zu einer Straße. Dort geht es nach links: Wir befinden uns auf dem Wasserburger Radrundweg, dem wir durch den Bad Endorfer Ortsteil Landing weiter folgen. Nach Passage der Anwesen Anzing und Engling zweigt der Wasserburger Radrundweg links ab – wir fahren jedoch geradeaus. Die gut ausgebaute Straße führt uns bis an den Ortsrand von Söchtenau. Kurz nach den Sportplätzen biegen wir links ab in die Lagerhausstraße, auf der wir bis zum Vorfahrtsschild fahren. Wir zweigen rechts ab und kommen zur 2 / Kirche St. Margaretha. Das Gotteshaus soll wesentlich älter sein, als sein überwiegend barockes Erscheinungsbild vermuten lässt. Unweit der Kirche gibt es ein Gasthaus. Von der Hauptstraße biegen wir nördlich der Kirche in die Schulstraße ab und fahren leicht bergan nach Haid. An der abbiegenden Hauptstraße im Ort treffen wir auf die Markierung Wasserburger Radrundweg und folgen ihr nach 3 / Rothmoos. Hier wird seit ungefähr 100 Jahren das Rothmooser Bier gebraut, eine lokale Spezialität. Damals wurde pro Kopf weitaus mehr Bier konsumiert als heute. Historische Reiseführer empfehlen Sommerfrischlern gern eine Maß, egal ob sie zu Fuß oder mit dem Rad unterwegs sind. Im Hinblick auf die Straßenverkehrsordnung

IM JAHRE 1988

erhielt Endorf die Zusatzbezeichnung „Bad", nachdem der Ort ein Jahr zuvor als staatliches Heilbad anerkannt wurde. Das 35 °C warme Thermalwasser der Chiemgau-Thermen wird aus einer Tiefe von 5.000 Metern gefördert. Es ist stark jodhaltig und laut Analysen heilsam für Immunsystem, Muskeln und Gelenke.

➤ rechts groß / Der um 1725 erbaute Bernöderhof aus Waldhausen im Landkreis Traunstein hat im Bauernhausmuseum Amerang eine neue Heimat gefunden ➤ rechts klein / Taubenhaus und Abtritt des Bernöderhofs

Km 20,9

Das 6 / Bauernhausmuseum Amerang beschäftigt sich mit dem historischen ländlichen Alltag des Chiemgaus und des Rupertiwinkels. Besucher erleben originale Bauernhäuser inmitten von Gärten und Streuobstwiesen sowie historische Werkstätten. Ein Gasthaus lädt zur Einkehr ein. Im Dezember gibt es einen Adventsmarkt.

Hofladen und Café

Am Ortseingang 5 / Zillham lohnt der Besuch des Finkennests: Der Hofladen mit eigener Bäckerei und Café ist Mitglied der Slow-Food-Initiative (www.finkennest-zillham.com).

können wir solche Tipps heutzutage nicht mehr geben. Aber vielleicht kaufst du dir eine Flasche Rothmooser für nach der Tour.

Ein ehemaliges Wasserschloss & ein Dorf voller Leckereien

Hofprodukte & Pasta

Wir folgen dem Wasserburger Radrundweg über Sonnendorf und Gunzenham bis 4 / Schonstett. An der Umgehungsstraße von Schonstett treffen wir auf einen Verkaufsstand für Hofprodukte. Im Ort locken auch ein Dorfladen und ein Gasthof. Kulturhistorisch interessant ist das ehemalige Wasserschloss mit kleinem Schlosspark. Das gotische Turmschloss war ursprünglich von einem Wassergraben umgeben. Die Besitzer des Schlosses wechselten oft. Seit den 1970er Jahren gehört das Gebäude dem Caritas-Verband der Erzdiözese München-Freising und ist Wohneinrichtung für Menschen mit Behinderungen. Auf der Halfinger Straße, vorbei am Gasthof zur Post, verlassen wir Schonstett. Wir überqueren die Umgehungsstraße Richtung Schwöll, kreuzen die Staatsstraße St 2092 und gelangen durch Rieperting nach 5 / Zillham. Dort gibt es neben dem Hofladen und Café Finkennest einen weiteren

kulinarischen Tipp: Die Pastamanufaktur „Pasta fino" produziert und verkauft frische Ravioli und Gnocchi sowie getrocknete Pasta und hausgemachte traditionelle Nudelsaucen (Mo–Fr, Onlineshop: www.pastafino.bayern). Last but not least: Am Hof Zillham 5A steht ein Selbstbedienungsautomat für Hofprodukte und Getränke.

Ein Besuch im Bauernhausmuseum

Nachdem wir Zillham verlassen haben, halten wir uns bei nächster Gelegenheit rechts und radeln ostwärts zwischen Ameranger See und Zillhamer See bis zum Parkplatz, an dem die Rundwege durchs Halfinger Moos beginnen. Hier bitte Rücksicht darauf nehmen, dass sie Spazierwege sind. Es geht weiter nach Ullerting, wo wir nach einer ansteigenden Rechtskurve im Ort links abbiegen. Am Vorfahrtsschild in Sichtweite des Ortsschilds Amerang fahren wir links und beim grünen Schild „Pamering" rechts: Der Schotterweg führt uns zur Hauptstraße. Wir folgen ihr nach links und kommen zum 6 / Bauernhausmuseum Amerang (Juni–Nov. Di–So 10–17 Uhr, www.bhm-amerang.de).

Amerang: Kulinarik in feinem Ambiente

Nach dem Besuch des Bauernhausmuseums fahren wir südwärts bis zur 7 / Ortsmitte von Amerang. Dort gibt es einige alte oder nach historischen Vorbildern neu erbaute Bürger- und Bauernhäu-

CRAFTEYS

nennt Klaus Neumeyer aus 7 / Amerang sein hausgemachtes Eis. Das unvergleichlich leckere Gelato Bavarese wird stilecht gestrichen statt gekugelt. Der Autor sagt: „Wem es nicht schmeckt, der ist nicht länger mein Freund!" (Eisdiele: Frabertshamer Straße 1, Amerang, www.crafteys.de).

< links / Rothmoos: So sieht eine echte Landbrauerei in Oberbayern aus! ^ oben / Weites schönes Land: Unterwegs nördlich von Söchtenau

ser. Ein sehenswertes vermeintlich altes Gasthaus ist der „Wirth von Amerang", allerdings wurde die urige Atmosphäre erst neuzeitlich geschaffen. Vom Wirtshaus radeln wir am Edeka-Markt vorbei zum Bahnhof der Museumseisenbahn (www.chiemgauer-lokal bahn.com). Die historischen Dieseltriebwagen des „Leo" verkehren hauptsächlich an Sommerwochenenden zwischen Bad Endorf und Obing. Hin und wieder kommen auch Sonderzüge mit Dampflokomotiven auf die Strecke. Hinterm Bahnübergang halten wir uns bergan zum 8 / Schloss Amerang – wir befinden uns zugleich auf dem Benediktweg und dem Mozart-Radweg. Das hübsche Schloss Amerang ist in Privatbesitz und kann nur gelegentlich bei Führungen und Veranstaltungen besichtigt werden. Unterhalb befindet sich ein großes Arboretum, das in den letzten Jahren leider nicht mehr gepflegt wurde.

Abstecher: Fischzucht Jäckle

Vom 10 / Bad am Hartsee ist es nicht weit durch den Ort zur urigen Fischzucht Jäckle (Eggstätt, Haselbachweg, südlich der Ortsmitte ausgeschildert). Frische und geräucherte Fische werden direkt „bei den Teichen" serviert und zum Mitnehmen verkauft.

Die Panoramastrecke zum Hartsee

Von Amerang bis 9 / Höslwang folgen wir immer den offiziellen Radwegschildern. Mit dem Gasthof „Schöne Aussicht", der seinem Namen alle Ehre macht, dem Maibaum und dem Kriegerdenkmal bietet sich ein eindrucksvolles Ensemble. Kurz bergab, dann

Km 34,4

Der idyllische 10 / Hartsee ist einer von 17 Seen im Naturschutzgebiet Eggstätt-Hemhofer Seenplatte und verfügt über eine gepflegte öffentliche Badestelle mit Liegewiese, Spielplatz, Imbiss und Restaurant. Die Seen sind Relikte der letzten Eiszeit: Nach dem Rückzug der Gletscher blieb eine besondere Landschaft zurück (www.eiszeitseen.de).

geht es links Richtung „Eggstätt 5,7 km“ und weiter Richtung Eggstätt. Hinter Unterulsham mündet von links die Tour 12 ein, die sich mit dieser Runde kombinieren lässt. Die Straße und unser Radweg führen über den Zulauf, die Wöhrachen, zum Hartsee. Direkt nach der Brücke halten wir uns rechts in einen schmalen, unbefestigten Weg, der am Hartsee entlangführt zum 10 / Bad am Hartsee (frei zugängig, Imbiss in der Saison, Restaurant ganzjährig, www.hartseestueberl.de).

Ein herrliches Stück Natur zum Schluss

Nun folgen wir einem Teil des Hartsee-Rundwegs, den wir uns mit Fußgängern teilen, und beachten deshalb, dass das Fahrrad an manchen Stellen geschoben werden muss. Am Südende des Hartsees folgen wir der Beschilderung „Via Julia“. Nördlich von Stephanskirchen verlassen wir das Naturschutzgebiet Eggstätt-Hemhofer Seenplatte und halten uns an die Radwegbeschilderung über Teisenham nach Bad Endorf. Durch die Langbürgnerseestraße und über die Poststraße gelangen wir zum 1 / Bahnhof Bad Endorf.

TOURENINFO / Eine leichte Tagestour, die sich durchaus für Familien mit größeren Kindern eignet. Dank abwechselnder kultureller und kulinarischer Highlights wird es nicht langweilig. Badesachen nicht vergessen!

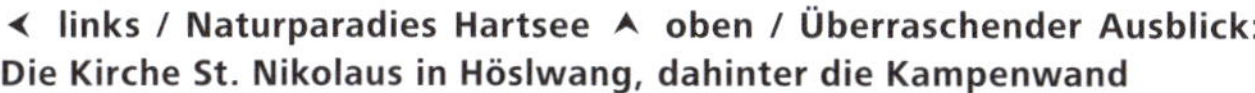

< links / Naturparadies Hartsee ^ oben / Überraschender Ausblick: Die Kirche St. Nikolaus in Höslwang, dahinter die Kampenwand

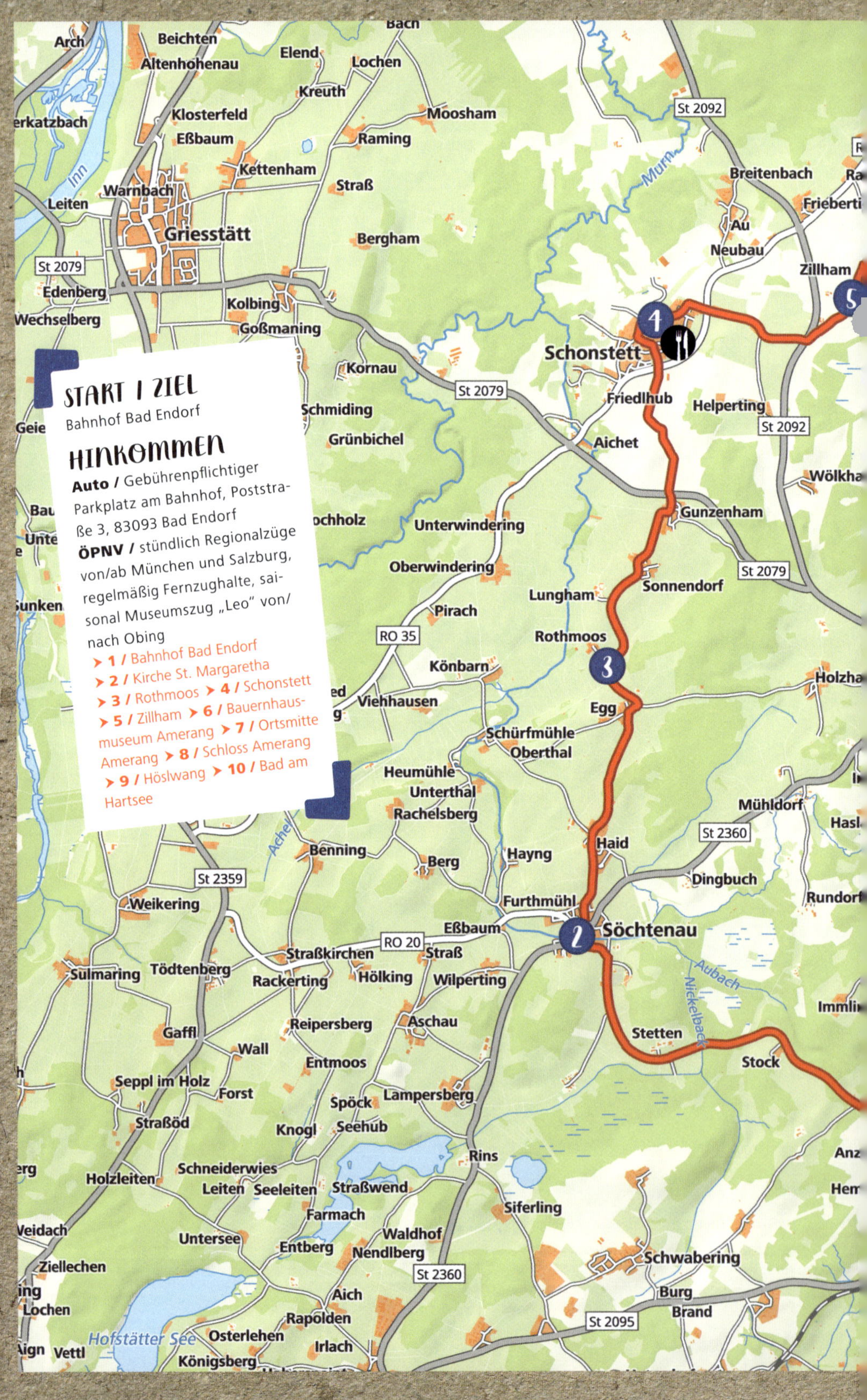
START I ZIEL
Bahnhof Bad Endorf
HINKOMMEN
Auto / Gebührenpflichtiger Parkplatz am Bahnhof, Poststraße 3, 83093 Bad Endorf
ÖPNV / stündlich Regionalzüge von/ab München und Salzburg, regelmäßig Fernzughalte, saisonal Museumszug „Leo" von/nach Obing
➤ 1 / Bahnhof Bad Endorf
➤ 2 / Kirche St. Margaretha
➤ 3 / Rothmoos ➤ 4 / Schonstett
➤ 5 / Zillham ➤ 6 / Bauernhausmuseum Amerang ➤ 7 / Ortsmitte Amerang ➤ 8 / Schloss Amerang
➤ 9 / Höslwang ➤ 10 / Bad am Hartsee
Arch
Beichten
Altenhohenau
Elend
Lochen
Kreuth
Moosham
Klosterfeld
Eßbaum
Raming
Kettenham
Inn
Warnbach
Leiten
Straß
Griesstätt
Bergham
St 2079
Edenberg
Wechselberg
Kolbing
Goßmaning
Kornau
Schmiding
Grünbichel
St 2092
Murn
Breitenbach
Au
Neubau
Zillham
Schonstett
Friedlhub
Helperting
St 2092
Aichet
Gunzenham
St 2079
Unterwindering
Oberwindering
Sonnendorf
Lungham
Pirach
RO 35
Rothmoos
Könbarn
Viehhausen
Egg
Schürfmühle
Oberthal
Heumühle
Unterthal
Rachelsberg
Mühldorf
St 2360
Haid
Benning
Berg
Hayng
Dingbuch
St 2359
Weikering
Furthmühl
Eßbaum
Söchtenau
RO 20
Straßkirchen
Straß
Sulmaring
Tödtenberg
Rackerting
Hölking
Wilperting
Aubach
Nickelbach
Reipersberg
Aschau
Gaffl
Stetten
Wall
Entmoos
Stock
Seppl im Holz
Forst
Lampersberg
Spöck
Straßöd
Knogl
Seehub
Rins
Schneiderwies
Holzleiten
Leiten
Seeleiten
Straßwend
Siferling
Farmach
Untersee
Waldhof
Entberg
Nendlberg
Schwabering
Ziellechen
St 2360
Aich
Burg
Lochen
Brand
Rapolden
St 2095
Hofstätter See
Osterlehen
Vettl
Irlach
Königsberg

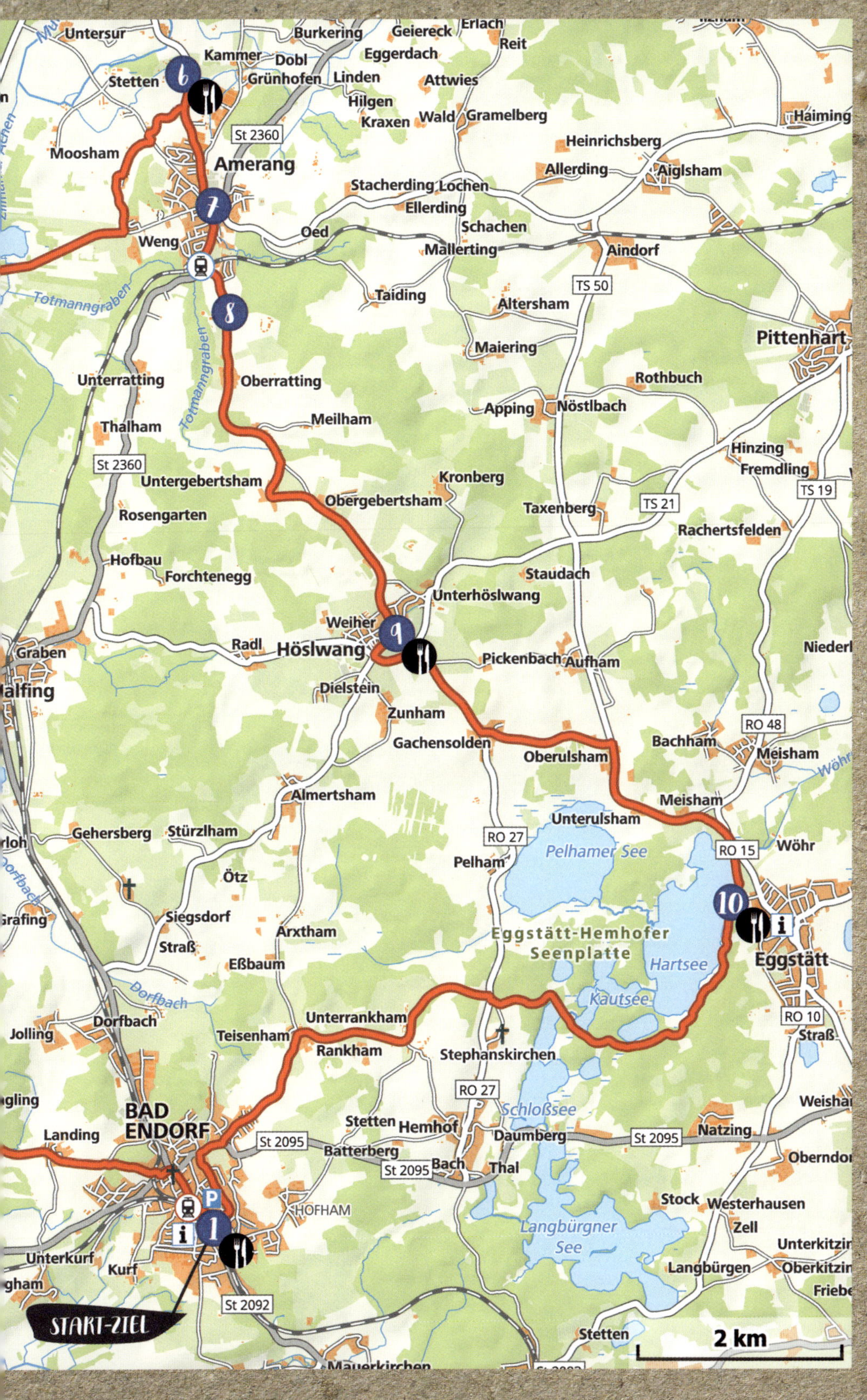

Untersur
Burkering
Geiereck
Erlach
Reit
Kammer
Dobl
Eggerdach
Stetten
Grünhofen
Linden
Attwies
Hilgen
Kraxen
Wald
Gramelberg
Haiming
St 2360
Moosham
Amerang
Heinrichsberg
Allerding
Aiglsham
Stacherding
Lochen
Ellerding
Schachen
Oed
Weng
Mallerting
Aindorf
Totmanngraben
TS 50
Taiding
Altersham
Maiering
Pittenhart
Unterratting
Oberratting
Rothbuch
Apping
Nöstlbach
Meilham
Thalham
Hinzing
Fremdling
St 2360
TS 19
Untergebertsham
Kronberg
Obergebertsham
Taxenberg
TS 21
Rosengarten
Rachertsfelden
Hofbau
Forchtenegg
Staudach
Unterhöslwang
Weiher
Höslwang
Radl
Graben
Pickenbach
Aufham
Niederl
alfing
Dielstein
Zunham
RO 48
Gachensolden
Bachham
Meisham
Oberulsham
Almertsham
Meisham
Unterulsham
Gehersberg
Stürzlham
RO 27
Pelhamer See
RO 15
Wöhr
Pelham
Ötz
Siegsdorf
Grafing
Arxtham
Eggstätt-Hemhofer Seenplatte
Straß
Eßbaum
Hartsee
Eggstätt
Dorfbach
Kautsee
RO 10
Dorfbach
Unterrankham
Jolling
Teisenham
Straß
Rankham
Stephanskirchen
RO 27
Weisha
BAD ENDORF
Schloßsee
Landing
Stetten
Hemhof
Natzing
St 2095
Daumberg
St 2095
Batterberg
Oberndo
St 2095
Bach
Thal
Stock
Westerhausen
HOFHAM
Zell
Langbürgner See
Unterkitzi
Unterkurf
Kurf
Langbürgen
Oberkitzi
Friebe
St 2092
START-ZIEL
Stetten
2 km
Mauerkirchen

SCHÖNSTE SEENRUNDE

Ich werde oft gefragt, welcher See im Chiemgau der schönste ist. Ich will mich nicht festlegen. Auf dieser Biketour stelle ich dir ein paar meiner Favoriten vor.

> **1 /** Obing liegt zentral im nördlichen Chiemgau an der B 304

> **2 /** Kurzer Stopp bei der Pestkapelle mitten im Wald

> **3 /** An der kleinen Badestelle Kesselsee ins saubere Wasser springen

> **4 /** Seebar Stock: Summer-Feeling, wie man es eher vom Chiemsee kennt

> **5 /** Im kinderfreundlichen Strandbad Breitbrunn mit flachem Kiesstrand entspannen

> **6 /** Für den tollen Ausblick auf den Beobachtungsturm Ganszipfel steigen

> **7 /** Wer eher Action als Ruhe sucht, ist im Strandbad Gstadt richtig

> **8 /** Das Strandbad Gollenshausen mit Restaurant und Imbiss liegt direkt neben dem Yachthafen

> **9 /** Die große 150 Jahre alte Kapelle Roitham mit schöner Ausstattung besichtigen

> **10 /** Rund ums Jahr lohnend: Besuch des Klosters Seeon, Wahrzeichen des Chiemgaus

> **11 /** Badeplatz Griessee: gepflegte Anlage mit FKK-Bereich, ganzjährig zugängig

> **12 /** Offizielle Badestelle mit Kinderspielplatz und Imbiss: Bad am Obinger See

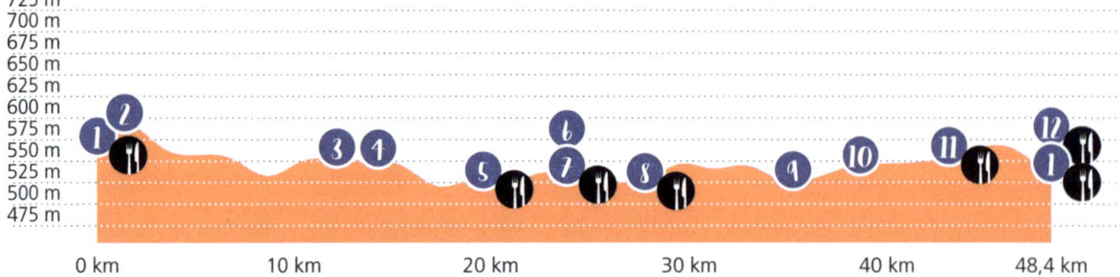

Natürlich gut

Runde zu glasklaren Seen in reizender Natur ab Obing

Der Chiemgau! Das sind aussichtsreiche Alpengipfel und sanfte grüne Hügel. Stattliche Bauernhöfe, altbayerische Kultur und Tradition. Und da sind Dutzende herrlicher Seen in großartiger Natur. Ohne sie wäre der Chiemgau wohl nur halb so attraktiv. Diese Rundfahrt verbindet die schönsten Seen.

49 Kilometer
290 Höhenmeter
3:45 Stunden
Rundtour

Von See zu See – doch erst mal hinkommen

Los geht's in der 1 / Ortsmitte Obing an der Kreuzung Wasserburger/Kienberger Straße. Vom Kriegerdenkmal folgen wir dem Mozartradweg nach „Pittenhart 3,2 km". Er führt über die Bahnhofstraße in die Poststraße (vor dem Edeka-Markt unauffällige Markierung an der linken Straßenseite). Auf der Pestkapellenstraße gelangen wir in den Wald und zur 2 / Pestkapelle. Sie wurde um 1860 zum Gedenken an die Pesttoten des 30-jährigen Krieges errichtet. Bei ihr orientieren wir uns am Schild „Pittenhart 1,8 km". Vom Waldrand haben wir einen schönen Ausblick. In Pittenhart verlassen wir den Mozartradweg und folgen „Eggstätt 7,5 km". Wundere dich nicht, dass es 30 m weiter nur noch 7,2 km nach Eggstätt sein sollen – die Richtung stimmt auf jeden Fall! Aufgepasst: Hinter

‹ links / Genussradeln am Chiemsee: Blick auf die Fraueninsel in der Nähe von Gstadt

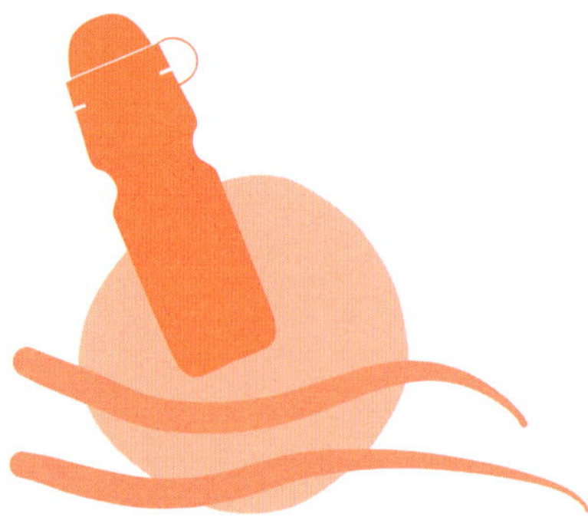

der Grundschule biegen wir links ab in die Chiemseestraße – dort fehlt die Markierung. Bei einem Feldkreuz ist sie wieder vorhanden. Wir radeln nach „Eggstätt 7,0 km", geradeaus an der schönen Hofkapelle von Fremdling vorbei und durch Meisham, von wo aus wir bereits den Turm der Eggstätter Pfarrkirche St. Georg sehen. Hier können wir einen Abstecher zum Bad am Hartsee (s. Tour 11) machen: Beim Bushäuschen in einer steilen Linkskurve nach Meisham fährst du links, vorbei am kleinen Eglsee zur Hauptstraße und folgst nach der Brücke dem schmalen Pfad entlang des Hartsees.

Durch die Eggstätt-Hemhofer Seenplatte

Unsere Tour verläuft beim Bushäuschen geradeaus zur Hauptstraße. Beim Vorfahrtsschild biegen wir vorsichtig links ab, denn die Stelle ist unübersichtlich! Nach wenigen Metern entlang der viel befahrenen Straße zweigen wir rechts ab in den als Hartsee-Rundweg markierten Wanderweg (grünes Schild). Der für Radfahrer erlaubte Wanderweg führt am Nordufer des Hartsees hinter der Schilfzone entlang und südwärts durch den angenehm schattigen Laubmischwald zwischen Hartsee linker Hand und Pellhamer See rechter Hand. Zwischen beiden Seen, zu denen es in diesem Bereich keinen Badezugang gibt, fließt ein breiter Bach, den wir auf einem Holzsteg überqueren. Mit etwas Geduld kann man dort Fische beobachten, vor allem Rotfedern und Hechte. An der folgenden Kreuzung halten wir uns links. Eine weitere Brücke führt uns über die Verbindung zwischen Hartsee und Kautsee. Nach der Engstelle zwischen Einbessee und Hartsee-Südufer erreichen wir die Via Julia und radeln auf diesem markierten Weg nach rechts, wie bei Tour 11. Nach etwa 500 m verlassen wir die Via Julia jedoch nach links Richtung Hartmannsberg und kommen rund 300 m weiter zur „wilden" 3 / Badestelle Kesselsee (Bänke, keine Liegewiese).

SCHWIMMEN IM WALD

An der 3 / Badestelle Kesselsee im Naturschutzgebiet Eggstätt-Hemhofer Seenplatte wird „wild" gebadet – verboten ist es nicht. Der See hat besonders klares Wasser.

➤ rechts groß / Der Chiemsee ist ein Paradies für Wassersportler
➤ rechts klein / Viele attraktive Badeplätze erwarten uns am Chiemsee

50

Seen soll es laut dem Verein Chiemgau Tourismus e.V. in der Region geben. Und wahrscheinlich sind das nur die größten. Ein paar meiner liebsten Badeseen kannst du auf dieser Runde entdecken: den Hartsee, den Kesselsee bei Eggstätt, den Langenbürgner See, den Griessee und natürlich den Chiemsee.

Halbinsel Urfahrn

Der **Chiemsee-Radweg** umgeht die schmale Halbinsel Urfahrn. Ein Spaziergang um sie herum lohnt sich jedoch sehr. Beim Gedenkstein für König Ludwig II. an der Südspitze bietet sich ein prächtiger Ausblick.

Kesselsee, Langbürgner See und Chiemsee

Vom Kesselsee rollen wir südwärts durch ein besonders schönes eiszeitliches Tal mit Resten eines Moores. Darin gedeihen Orchideen und andere seltene und geschützte Pflanzen wie das Sumpfblutauge. Pflücken ist streng verboten und wie überall im Naturschutzgebiet gilt: Wege nicht verlassen! Die Straße hinterm Parkplatz links bergan verlassen wir nach etwa 300 m rechts in einen Feldweg (beim Naturschutzgebietsschild). Wir kommen zur 4 / Seebar Stock (laut Betreibern „geöffnet, wenn die Sonne lacht", www.instagram.com/seebar.stock). In den Liegestühlen mit fantastischem Blick auf den Langbürgner See lässt es sich bei einem kühlen Drink lange aushalten. Zum Baden musst du die steile Liegewiese hinuntergehen – Leitern helfen beim Einstieg ins kühle Nass. An einer Kapelle unter alten Bäumen vorbei fahren wir nach Westerhausen und folgen beim Vorfahrtsschild der Radwegmarkierung nach rechts. Leider endet der Straßenradweg schon nach wenigen Metern und wir müssen auf der manchmal stark befahrenen Straße geradeaus talwärts weiterfahren. Bevor wir den tiefsten Punkt der Straße erreichen, müssen wir am leicht zu über-

Seeblick vom Liegestuhl

sehenden kleinen Holzschild „Naturweg" links abbiegen. Über den hin und wieder etwas ausgefahrenen und rutschigen Weg kommen wir nach Hochstätt, wo bei der Kapelle St. Koloman Asphalt beginnt und der Chiemsee schon in Sichtweite liegt. Beim Seecafé Toni erreichen wir den Chiemsee-Radweg, halten uns links entlang der Straße und biegen dann rechts nach Breitbrunn und Chieming ab.

Unsere Stationen auf dem Chiemsee-Radweg

Für den perfekt beschilderten Chiemsee-Radweg braucht es keine Beschreibung. Erster Badestopp könnte das 5 / Strandbad Breitbrunn sein (kein Eintritt, große Liegewiese, Spielplatz, Imbiss). Vom Holzpodest des 6 / Beobachtungsturms Ganszipfel 3 km weiter hast du einen wundervollen Blick zur Fraueninsel und kannst mit Geduld und Glück Wasservögel beobachten. Danach radelst du etwa 1,5 km bis zum quirligen 7 / Strandbad Gstadt (kein Eintritt, Liegewiese, Spielplatz, Restaurants und Einkaufsmöglichkeiten in der Nähe). Vom Schiffsanleger in Gstadt verkehren Fahrgastschiffe zur Fraueninsel, zur Herreninsel und nach Prien. Hinter Gstadt entfernt sich der Chiemsee-Radweg eine Weile vom See, an dem sich große Privatgrundstücke befinden. Dann gibt es bis Gollenshausen ein paar Stellen, an denen „wild" gebadet wird. Das ist nicht notwendig, denn bald erreichst du das 8 / Strandbad Gollenshausen (kein Eintritt, Liegewiese und Holzplattformen zum Liegen, Restaurant/Imbiss).

Km 23,9

Gleich neben dem Schiffsanleger in Gstadt befindet sich das quirlige 7 / Strandbad Gstadt mit einer großen Badeinsel. Außer einem Kinderspielplatz und Beachvolleyballplatz gibt es einen Boots- und Radverleih sowie eine Surfschule. Restaurants und Einkaufsmöglichkeiten befinden sich in nächster Nähe.

◂ links / Der Wander- und Radweg am Nordufer des Hartsees ▴ oben / Gähnende Leere an der Seebar Stock: Das wird sich bald ändern

Retour übers seenreiche Land

In Gollenshausen sagen wir dem Chiemsee „pfiat di" und folgen im Ort der Markierung Naturpalette Chiemsee zunächst Richtung Lienzing. Bei einem Stromhäuschen fahren wir nicht nach Lienzing, sondern folgen den Radweg-Schildern nach Chieming und Seebruck. In Söll vertrauen wir dem Schild „Seeon 8,9 km" – auch danach ist diese Richtung gut beschildert. Hinter Stetten blicken wir linker Hand auf das große Moorgebiet Weitmoos. Nach Fembach geht es auf einem gut befestigten Schotterweg lange Zeit durchs Grüne. Beim Abzweig nach Grafenanger orientieren wir uns am Schild „Seeon 5,1 km" und erreichen die Ortschaft Roitham. Vorbei an der Kunstmühle strampeln wir bergan zur 9 / Kapelle Roitham. Wir folgen weiter den Radwegweisern nach Seeon. Am malerischen Bansee (kein Badesee) und der Staatsstraße St 2094 entlang erreichen wir den Parkplatz von 10 / Kloster Seeon. Nach einem Rundgang über das Gelände und Besichtigung der Kirche empfiehlt sich die Fahrt um den Klostersee, auch wenn der Weg über den Klostersteg hinüber zur Kirche St. Maria kürzer ist. Wir nehmen also bei der St.-Walpurgis-Kapelle am Friedhof den seeseitigen Weg, er führt

Abstecher zum Weinbergblick

Beim nördlichsten Haus von 10 / Seeon, nachdem der Anstieg geschafft ist, führt ein Schotterweg westwärts an einer Ruhebank vorbei. Am Ende des Schotterwegs geht es zu Fuß weiter. Der Weinbergblick ist ausgeschildert, es ist ein lohnender Aussichtspunkt.

Km 38,6

Die ehemalige Benediktinerabtei 10 / Kloster Seeon ist ein Wahrzeichen des Chiemgaus. Das über 1.000 Jahre alte Kloster war zeitweise in Besitz der Fürsten von Leuchtenberg. Einige Familienangehörige gehörten dem russischen Zarenhaus und dem schwedischen Königshaus an. Beachte die russisch-orthodoxen Gräber auf dem Klosterfriedhof.

zur Mozarteiche und zur Kapelle St. Florian. Dann radeln wir auf der Weinbergstraße ostwärts bis zur Kirche St. Maria.

Schlussspurt mit Abkühlungen

An der Kreuzung hinter St. Maria folgen wir der 16-Seen-Runde bergan. Wegweiser nach Obing und zum Griessee helfen uns ebenfalls, sodass wir uns nicht verfahren können. Bei einem Parkplatz geht es zum 11 / Badeplatz Griessee (Eintrittsgebühr in der Saison, große Liegewiese, Imbiss). Es gibt einen Textil- und einen FKK-Bereich. Am „Landhaus Griessee" in Großbergham musst du aufpassen: Dort geht es rechts (Markierung: Jakobsweg). Vor einem großen Stall findest du wieder ein Radwegschild. An der nächsten Straßenkreuzung hilft der Radwegweiser „Obinger See 0,6 km". So kommst du auf dem Mozartradweg zum 12 / Bad am Obinger See (Mai–Sept. 9–18 Uhr, Eintrittsgebühr, Imbiss) und schließlich zurück zur 1 / Ortsmitte in Obing. Alternativ radelst du an der Straßenkreuzung geradeaus und kommst auf kürzestem Weg nach Obing.

TOURENINFO / Sportlich gesehen keine große Herausforderung, daher auch für raderfahrene ältere Kinder geeignet. Die vielen Badestopps (Badesachen einpacken) kosten Zeit, daher früh starten, um den ganzen Tag zu genießen.

< links / Ein Wahrzeichen des Chiemgaus: Kloster Seeon liegt malerisch auf einer Halbinsel im Seeoner See, der daher auch Klostersee genannt wird ^ oben / Der Griessee im Herbst: Er ist einer der wärmsten Seen im Chiemgau und lädt daher auch noch spät im Jahr zum Baden ein

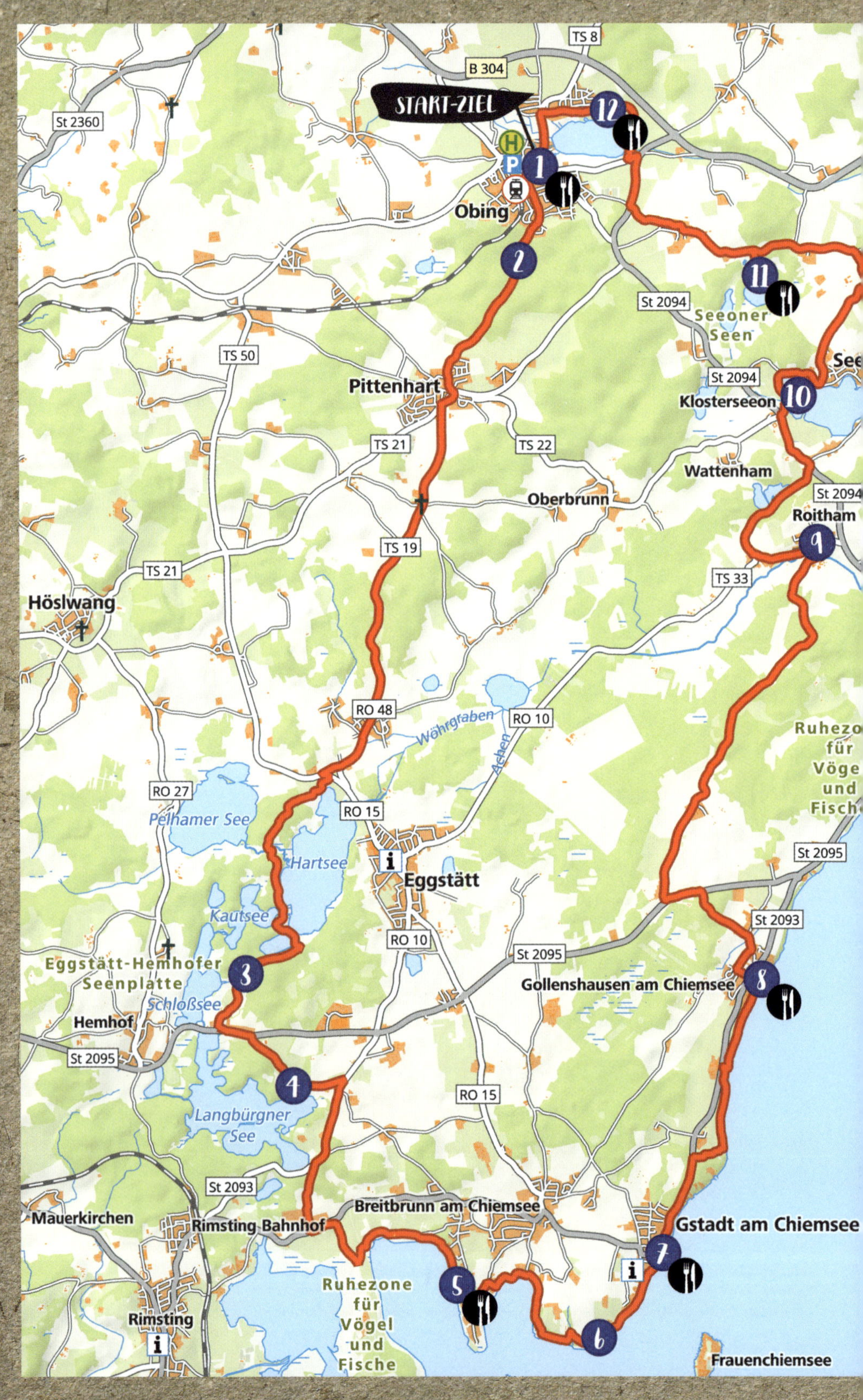
START-ZIEL
TS 8
B 304
St 2360
Obing
Pittenhart
TS 50
TS 21
TS 22
Oberbrunn
TS 19
Höslwang
St 2094
Seeoner Seen
Klosterseeon
Wattenham
Roitham
TS 33
RO 48
Währgraben
RO 10
Achen
RO 27
Pelhamer See
Hartsee
RO 15
Eggstätt
Kautsee
Eggstätt-Hemhofer Seenplatte
Schloßsee
Hemhof
St 2095
St 2093
Gollenshausen am Chiemsee
Langbürgner See
Mauerkirchen
Rimsting Bahnhof
Breitbrunn am Chiemsee
Gstadt am Chiemsee
Ruhezone für Vögel und Fische
Rimsting
Frauenchiemsee

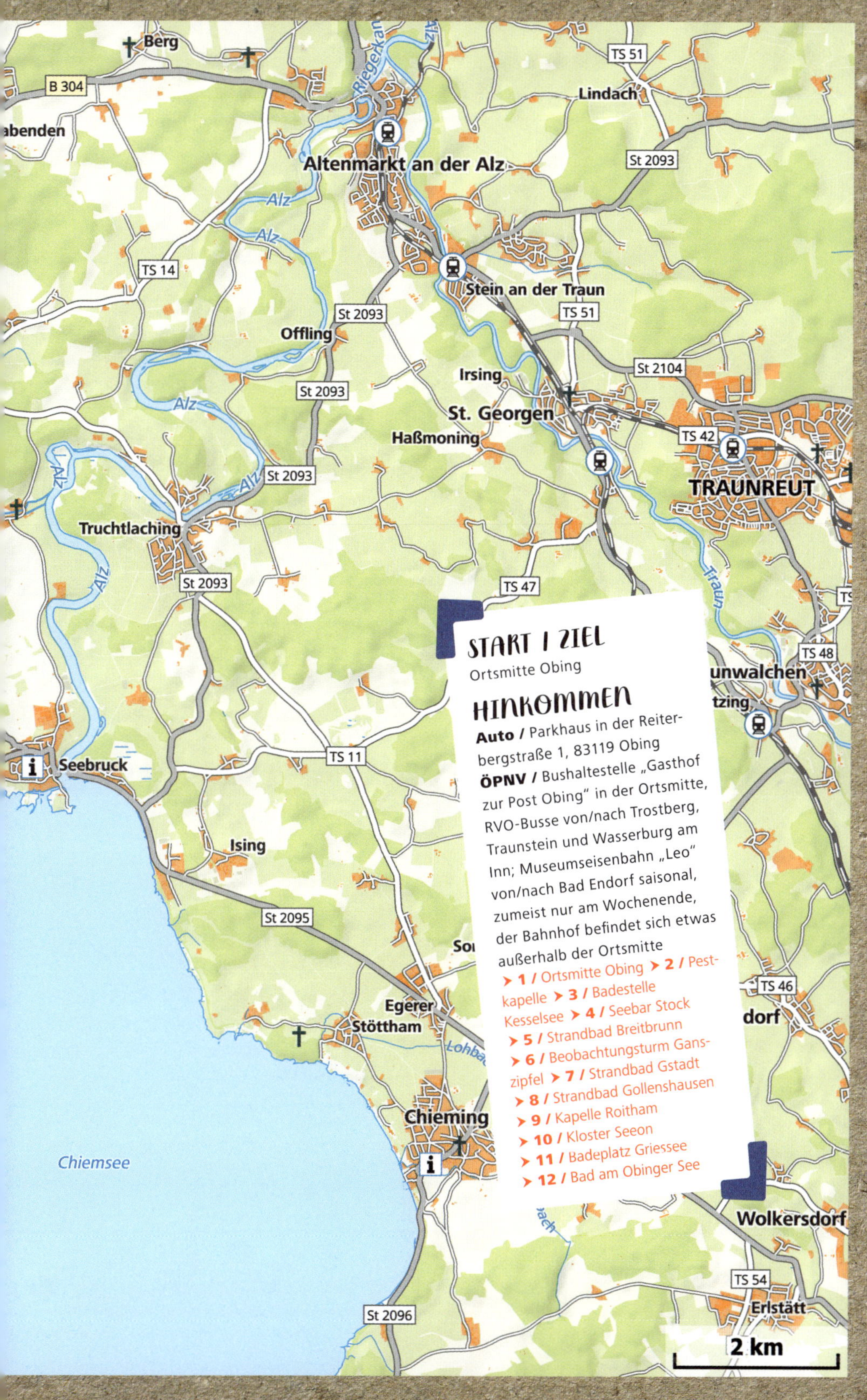
START / ZIEL
Ortsmitte Obing
HINKOMMEN
Auto / Parkhaus in der Reiterbergstraße 1, 83119 Obing
ÖPNV / Bushaltestelle „Gasthof zur Post Obing" in der Ortsmitte, RVO-Busse von/nach Trostberg, Traunstein und Wasserburg am Inn; Museumseisenbahn „Leo" von/nach Bad Endorf saisonal, zumeist nur am Wochenende, der Bahnhof befindet sich etwas außerhalb der Ortsmitte
➤ 1 / Ortsmitte Obing ➤ 2 / Pestkapelle ➤ 3 / Badestelle Kesselsee ➤ 4 / Seebar Stock
➤ 5 / Strandbad Breitbrunn
➤ 6 / Beobachtungsturm Ganszipfel ➤ 7 / Strandbad Gstadt
➤ 8 / Strandbad Gollenshausen
➤ 9 / Kapelle Roitham
➤ 10 / Kloster Seeon
➤ 11 / Badeplatz Griessee
➤ 12 / Bad am Obinger See
Berg
B 304
Lindach
TS 51
Altenmarkt an der Alz
St 2093
Alz
TS 14
Stein an der Traun
Offling
Irsing
St 2104
St. Georgen
Haßmoning
TS 42
TRAUNREUT
Truchtlaching
TS 47
Traun
TS 48
Seebruck
TS 11
Ising
St 2095
Egerer
Stöttham
TS 46
Chieming
Chiemsee
Wolkersdorf
TS 54
Erlstätt
St 2096
2 km

BAYERISCHES BILDERBUCH

Herausgeputzte Dörfer, traditionelle Gasthöfe, prunkvolle Kirchen – und die Berge! Diese Tour ist Chiemgau pur. Ich könnte es mir nicht besser vorstellen.

➤ **1 /** Start und Ziel: der belebte Urlaubsort Grassau mit vielen Einkehrmöglichkeiten

➤ **2 /** Abstecher ins hübsche kleine Ortszentrum von Marquartstein

➤ **3 /** Die Alpen-Segelflugschule machte Unterwössen bekannt

➤ **4 /** Die Mettenhamer Filze sind eines der wenigen intakten Hochmoorgebiete in Bayern

➤ **5 /** Der Anstieg lohnt sich: Die bedeutende Streichenkirche in Traumlage

➤ **6 /** Halt an der Kapelle Ettenhausen mit traditioneller Holzdeckung

➤ **7 /** Im kleinen Urlaubsort Schleching gibt es einige Einkehrmöglichkeiten

➤ **8 /** Vom Filzenblick den Ausblick auf die Mettenhamer Filze bestaunen

➤ **9 /** Wallfahrtskirche Raiten, eines der Wahrzeichen des Achentals

➤ **10 /** Wo angeblich die Grassauer Kirche gebaut werden sollte: Hofkapelle

➤ **11 /** Auf ins griechische Restaurant mitten im bayerischen Dorf Piesenhausen

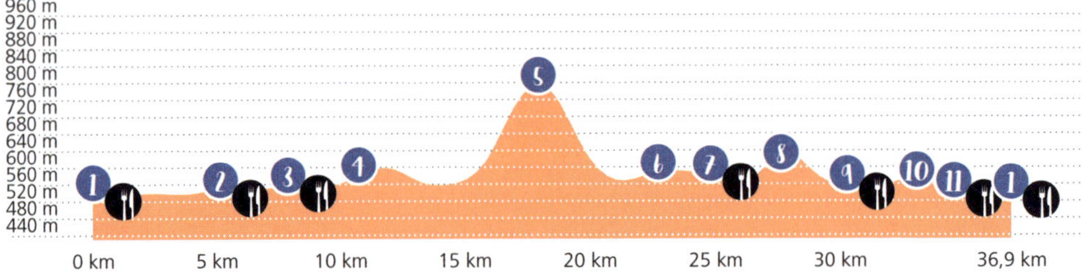

Ach, wie schön!

Die schönsten Plätze des Achentals: Von Grassau zur Streichenkirche

Die Tiroler Achen versorgt den Chiemsee mit frischem Wasser aus den Alpen. Zwischen der bayerisch-tirolerischen Landesgrenze und den nördlichsten Alpengipfeln formte der Fluss ein malerisches Tal, in dem es sich bequem radeln lässt. Sportlich ist dagegen die Auffahrt zur Streichenkirche.

37 Kilometer
510 Höhenmeter
3:45 Stunden
Rundtour

Eine Tour, mehrere Varianten

Die Rundfahrt im Tiroler Achental verläuft ohne nennenswerte Höhenunterschiede und eignet sich deshalb auch für Familien mit Kindern oder als Feierabendtour. Wer nicht zur Streichenkirche hinauffährt, spart 5,6 km Strecke und 240 Höhenmeter. Die Anstrengung lohnt sich jedoch: Oben wartet der Berggasthof auf hungrige Biker (Wiedereröffnung voraussichtlich Sommer 2022). Die Streichenkirche gehört zu den sehenswertesten Gotteshäusern im Chiemgau und vom Ruheplatz vor der Kirche bietet sich ein einzigartiger Ausblick auf das Achental. Sportliche Radler, die auch gut zu Fuß sind, stellen ihr Bike beim Berggasthof ab und folgen unserer Zusatztour ab Seite 122: Sie wandern zum Taubenseehaus und zurück, bevor sie die Radrundfahrt fortsetzen.

Sportlich ●●●●○
Abkühlung ●●○○○
Schlemmen ●●●●○
Panorama ●●●●●

◄ links / Ein Paradies für Radler: Das Achental bietet gut beschilderte Radwege in traumhafter Kulisse

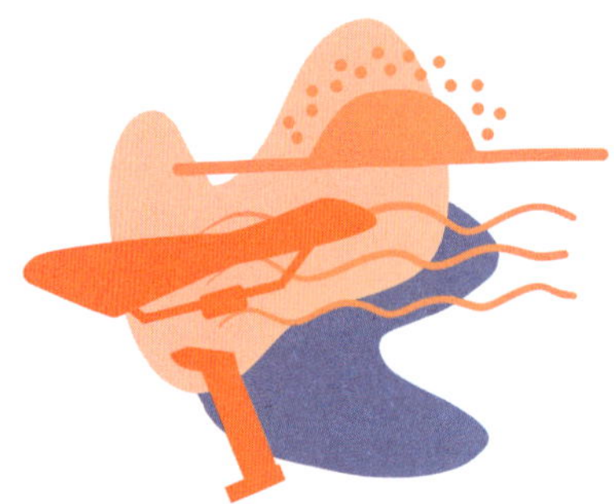

Los geht's in Grassau

Unsere Radtour beginnt in der Ortsmitte von 1 / Grassau bei der ursprünglich gotischen und später barockisierten Pfarrkirche Mariä Himmelfahrt. Auf dem Kirchplatz befand sich früher ein Richtplatz, heute ziert ihn ein interessanter Brunnen mit einer Statue von König Ludwig II. von Bayern. In der Rechtskurve der Hauptstraße vor der Kirche halten wir uns links in den Birkenweg (keine Radwegzeichen). Hinterm Kindergarten fahren wir geradeaus in einen kombinierten Fuß- und Radweg. Wir folgen dem Schild „Wanderwege" und fahren erneut auf einem Fuß- und Radweg. Bei einer Bushaltestelle nutzen wir die Unterführung. Wir nehmen die Kramerstraße bis zum Ende, biegen links ab und fahren bei fünf Garagen gleich wieder rechts. Damit befinden wir uns auf dem markierten Salinen-Radweg. An der Hauptstraße folgen wir dem Radweg nach links zum Kreisverkehr und überqueren gleich anschließend die Tiroler Achen. Unmittelbar nach der Brücke biegen wir rechts ab und vertrauen den Radwegweisern nach „Unterwössen 5,5 km" und „Marquartstein 2,8 km". Bis 2 / Marquartstein rollen wir eben auf dem Hochwasserschutzdamm der Tiroler Achen dahin. Wenn du das kleine Zentrum des hübschen Orts erkunden willst, musst du über die Achenbrücke fahren und sofort rechts in die Staudacher Straße abzweigen.

BURG MARQUARTSTEIN

Die vom Grafen Marquart von Marquartstein errichtete Höhenburg überwacht seit dem Jahr 1075 das Achental. Heute ist sie in Privatbesitz und kann nicht besichtigt werden.

Von Marquartstein Richtung Schleching

Unsere Route verläuft vorerst weiter östlich der Tiroler Achen: Wir folgen der Alten Dorfstraße südwärts. Wenige Meter vor der B 305. weist uns die Radwegbeschilderung „Unterwössen 1,4 km" den Weg. Der Achentalradweg führt unter der Bundesstraße hindurch und begleitet dann den Fluss, bevor er entlang einer Baumreihe

---

➤ rechts groß / Die kunsthistorisch wertvolle Streichenkirche steht 800 m Seehöhe hoch über dem Achental ➤ rechts klein / Die gotische Originalausmalung aus dem 14. Jh. wurde bei Renovierungsarbeiten freigelegt

Km 18

Die 5 / Streichenkirche, eigentlich Filialkirche St. Servatius, wurde vermutlich Ende des 13. Jh. errichtet und war früher eine Wallfahrtskirche. Das Gotteshaus auf dem Schlossberg hoch überm Achental zeigt eine beeindruckende spätgotische Innenausstattung. Die Originalausmalung stammt aus dem 14. Jh.

Segelflugdorf

In 3 / Unterwössen gibt es einen großen Segelflugplatz. In der Alpen-Segelflugschule finden Flugausbildungen statt. Die Segler ziehen oft überm Achental ihre Runden.

Richtung 3 / Unterwössen zieht. Kurz vor der Pfarrkirche St. Martin, die spätbarocke und klassizistische Baustilmerkmale vereint, erreichen wir erneut die B 305. Direkt gegenüber der Kirche fahren wir rechts in die Alte Dorfstraße – an der Ecke gibt es eine Eisdiele. Wir orientieren uns an der Radwegbeschilderung Richtung Schleching und überqueren am Ortsausgang Unterwössen die Tiroler Achen. Am Ende der Brücke geht es links nach „Schleching 4,4 km".

Das Naturschutzgebiet Mettenhamer Filze

Naturparadies

Bald führt der Achentalradweg entlang der 4 / Mettenhamer Filze. Versteckt hinter einem dichten Gürtel aus Latschenkiefern befindet sich ein echtes Naturparadies, das zurecht Naturschutzgebiet ist. Im Gegensatz zu vielen anderen Hochmooren blieben die Mettenhamer Filze von menschlichen Eingriffen weitestgehend verschont und sind bis heute Lebensraum für eine speziell angepasste Gemeinschaft von Pflanzen und Tieren. Im nährstoffarmen Hochmoor gibt es zum Beispiel den Rundblättrigen Sonnentau, eine fleischfressende Pflanze. Sie verdaut Insekten, die an ihren Fangblättern kleben bleiben.

Über den Achendamm Richtung Ettenhausen

Bei einem Parkplatz kommen wir erstmals der B 307 nahe. Dort folgen wir dem Schild „Ettenhausen über Achendamm 4,5 km". Neben uns plätschert zuerst der Mühlbach und dann die Tiroler Achen. Nach mehr als 2 km Fahrt auf dem Achendamm erreichen wir die Brücke der B 307 über die Tiroler Achen. Wer nicht zur Streichenkirche hinauf will, kann nun gleich Richtung Ettenhausen weiterfahren.

Die Bergetappe: Hinauf zur Streichenkirche

Wir überqueren mit der Bundesstraße die Tiroler Achen und folgen der viel befahrenen B 307 noch ein Stück, bevor wir links abbiegen. Die Auffahrt zur Streichenkirche ist eindeutig beschildert. Nach den ersten 120 Höhenmetern hört der Asphaltbelag auf und wir strampeln auf einer breiten Schotterstraße noch einmal etwa 120 Höhenmeter bergan. Schließlich endet unsere Bergetappe am Berggasthof Streichen – dort beginnt die Wanderung zum Taubensee (s. Seite 122). Die letzten hundert Meter zur 5 / Streichenkirche, die auf über 800 m Seehöhe liegt, muss man zu Fuß gehen.

Weiter nach Ettenhausen und Schleching

Von der Streichenkirche rollst du auf bekanntem Weg talwärts zur Tiroler Achen. Am Ostufer, direkt bei der Brücke, gibt es eine grö-

Km 27,6

Im Vorbeifahren sieht man nicht viel vom Hochmoor 4 / Mettenhamer Filze. Deshalb lohnt sich der Abstecher zum 8 / Filzenblick, auch wenn man das Rad die letzten paar Meter stehen lassen muss.

< links / Auf dem ebenen Achendamm ist kaum Anstrengung notwendig
^ oben / Unterwössen mit der Pfarrkirche St. Martin liegt malerisch im Achental

ßere Kiesbank. Bei Niedrigwasser kannst du dort deine Füße abkühlen und rasten. Am westlichen Brückenende biegen wir rechts auf den Weg, den wir gekommen sind, und dann sofort links ab, sodass wir unter der Bundesstraße hindurch gelangen. Auf dem asphaltierten Achentalradweg geht es südwärts auf zwei Feldscheunen zu. Dort angekommen, halten wir uns rechts und später nochmals rechts. So erreichen wir am Ortsrand von Ettenhausen eine Kreuzung von fünf Wegen. Dort folgen wir der Radwegmarkierung, später dem Schild „Schleching 1,7 km". Achte auf die 6 / Kapelle Ettenhausen mit traditioneller Holzdeckung, bevor du auf dem gut gekennzeichneten Achentalradweg bis in den kleinen Urlaubsort 7 / Schleching mit mehreren Einkehrmöglichkeiten braust.

DIE HOFKAPELLE

steht an einem Platz namens „Gras-Au", von dem sich vermutlich der Ortsname Grassau ableitet. Zum Bau der Grassauer Kirche an dieser Stelle kam es nicht. So errichtete man „wenigstens" eine 10 / Kapelle.

Zum Aussichtspunkt auf die Mettenhamer Filze

In Schleching düsen wir nur kurz an der Bundesstraße entlang, bevor die Radwegbeschilderung nach Mühlau weist. Hinterm Mühlbach rechts und kurz darauf wieder links Richtung Mettenham. Dort halten wir uns an einer T-Kreuzung links in die Brandlstraße (der Radweg führt nach rechts zur B 307). Hinter dem letzten Haus am Waldrand geht es nach links

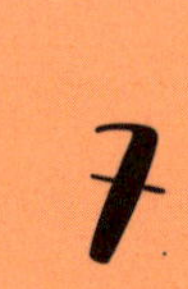

Linden standen früher oft an besonderen Orten, wo Menschen Kraft schöpften. Bei den sieben Linden in 9 / Raiten soll einst eine weibliche Holzfigur von der Tiroler Achen angeschwemmt worden sein, die vor allem von Frauen verehrt wurde. Im 16. Jahrhundert wurde das Ritual unterbunden: Das Stift Herrenchiemsee beschlagnahmte die Figur und förderte fortan die Marienwallfahrt.

bergauf zum 8 / Filzenblick (etwa 300 m einfache Strecke und rund 50 Höhenmeter). Die letzten Meter zum Aussichtspunkt musst du zu Fuß gehen. Nach dem Abstecher geht es beim letzten Haus geradeaus, vorbei am Campingplatz Zellersee erneut zur B 307.

Wir bleiben auf dem Achentalradweg

Für die nächsten 1,4 km nutzen wir den Straßenradweg, anschließend führt uns der Achentalradweg nach Raiten. Gleich am Ortseingang erhebt sich die 9 / Wallfahrtskirche Raiten. Die Marienkirche „Unserer Lieben Frau zu den sieben Linden" ist im Kern ein romanischer Bau aus dem 12. Jahrhundert, der Chor stammt aus der Spätgotik um 1440. An Christi Himmelfahrt ist die Kirche alljährlich Ziel einer Wallfahrt aller Trachtenvereine des Achentals. Ab Raiten finden wir Radwegschilder Richtung 1 / Grassau und können uns nicht verfahren. Wir kommen noch an zwei sehenswerten Kapellen vorbei: Der St.-Wolfgang-Kapelle bei Süssen und der 10 / Hofkapelle nördlich von 11 / Piesenhausen, wo wir bei einem Griechen einkehren können. Zurück nach 1 / Grassau sind es noch gut 2 km.

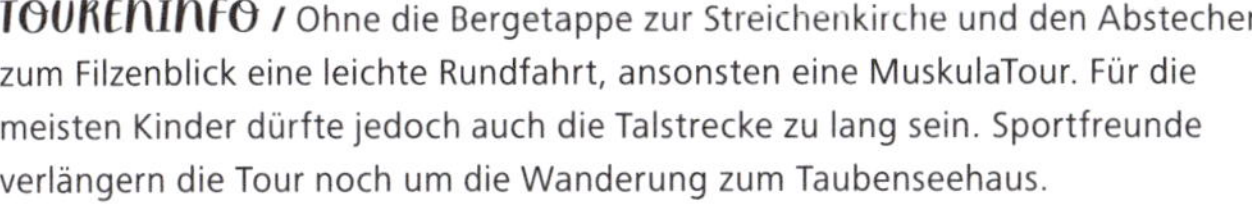

TOURENINFO / Ohne die Bergetappe zur Streichenkirche und den Abstecher zum Filzenblick eine leichte Rundfahrt, ansonsten eine MuskulaTour. Für die meisten Kinder dürfte jedoch auch die Talstrecke zu lang sein. Sportfreunde verlängern die Tour noch um die Wanderung zum Taubenseehaus.

‹ links / Wallfahrtsziel: Stift Herrenchiemsee auf gleichnamiger Insel
^ oben / Nach der Bergetappe: Füße kühlen in der Tiroler Achen

HÖHENRAUSCH

Bergwanderung zum Auge des Chiemgaus

9 Kilometer
490 Höhenmeter
3:30 Stunden
Rundtour

Wer hoch hinaus will, muss sich anstrengen. Das gilt fürs wahre Leben wie für die Berge. Vom Achental zur Streichenkirche bist du schon 240 Höhenmeter hinaufgestrampelt. Nun brauchst du wirklich gute Kondition für den Weg zum Taubensee. Auf der Bergwanderung bringst du über 500 Höhenmeter hinter dich und legst fast neun Kilometer zu Fuß zurück. Nimmst du die Herausforderung an?

Zur Belohnung erwarten dich ein traumhafter Bergsee und eine echte Tiroler Einkehr mit Panoramablick. Los geht's am 1 / Berggasthof Streichen (Wiedereröffn. Sommer '22), wo wir unsere Bikes abschließen. Wir gehen auf dem Fahrweg 200 Meter zurück und steigen rechts über den als „Abkürzung" markierten Pfad zu einer höher gelegenen Fahrstraße auf. Dort nehmen wir den Weg Richtung Taubensee, gehen durch ein Gatter und folgen dem für Fahrräder gesperrten Wiesenpfad bis zur 2 / Peterer Alm (bewirtschaftet während der Almsaison, einfache Brotzeiten und – nach eigenen Angaben – „weltbester Kuchen"). Von hier führt uns ein breiterer Fußweg zu einer Almstraße.

Die Almstraße bis zur Chiemhauser Alm

In einer langen S-Kurve gehen wir auf dieser aufwärts – zuerst über eine Weidefläche mit altem Baumbestand und schönem Ausblick, später durch ein Waldstück. Dahinter erreichen wir flacheres Terrain entlang eines Grabens. Vorbei an einer Berghütte wandern wir zum 3 / Abzweig zur Chiemhauser Alm (bewirtschaftet während der Almsaison, einfache Brotzeiten, Kuchen und Getränke). Weiter Richtung Taubensee teilt sich kurz darauf bei einer 4 / Schranke der Weg: Geradeaus geht es für uns weiter Richtung Taubensee.

Auf steinigem Wurzelweg hoch hinauf

Gleich am Beginn des Steigs gibt es Infotafeln zum Naturwaldreservat, in dem wir uns nun bewegen. Wenige Meter weiter können

13 ½

wir rechts den auf Wanderkarten verzeichneten Geigelsteinblick genießen. Danach ist Schwitzen angesagt. Anfangs ist der Weg mäßig breit und steil, später wird er schmaler und steiler. An einer Stelle gibt es sogar ein Handseil. Insbesondere nach Regenfällen kann der Steig rutschig sein – hier bitte vorsichtig! In 1.200 m Seehöhe erreichen wir einen Sattel und steigen auf dem steinigen und mit Wurzeln überwachsenen Weg kurz und knackig hinab.

Am Ziel: Taubensee und Taubenseehütte

Der Querweg im Tal führt jeweils in wenigen Minuten zum 5 / Taubensee (links) und zur 6 / Taubenseehütte (rechts, Frühjahr bis Mitte Nov., Di–So, warme Küche, www.taubensee.at). Im Tal verläuft die Grenze Bayern-Tirol. Das „Auge des Chiemgaus" liegt jeweils zur Hälfte auf deutschem und österreichischem Staatsgebiet. Obwohl der Taubensee unter Naturschutz steht, wird darin gebadet. Eine Infotafel klärt jedoch auf, dass die empfindlichen Schwingrasen der Uferzonen nicht betreten werden sollten. Nach einer ausgiebigen Pause am See geht es auf bekanntem Weg zurück zur Streichenkirche. Mountainbike-Variante: Wer sich ein Stück des Fußwegs sparen will, kann mit einem Mountainbike bis zur 4 / Schranke strampeln. Danach ist der Weg auf gar keinen Fall fahrradtauglich! Anfangs musst du von der Streichenkirche talwärts bis zum Parkplatz P1 und dort rechts Richtung Taubensee (Mountainbike-Routen 41/42).

TOURENINFO / Bergwanderung für Leute mit guter Kondition. Passende Wanderschuhe, ausreichend Getränke und eventuell ein kleiner Snack sind angesagt.

▲ oben / Geschafft! Blick auf den Taubensee

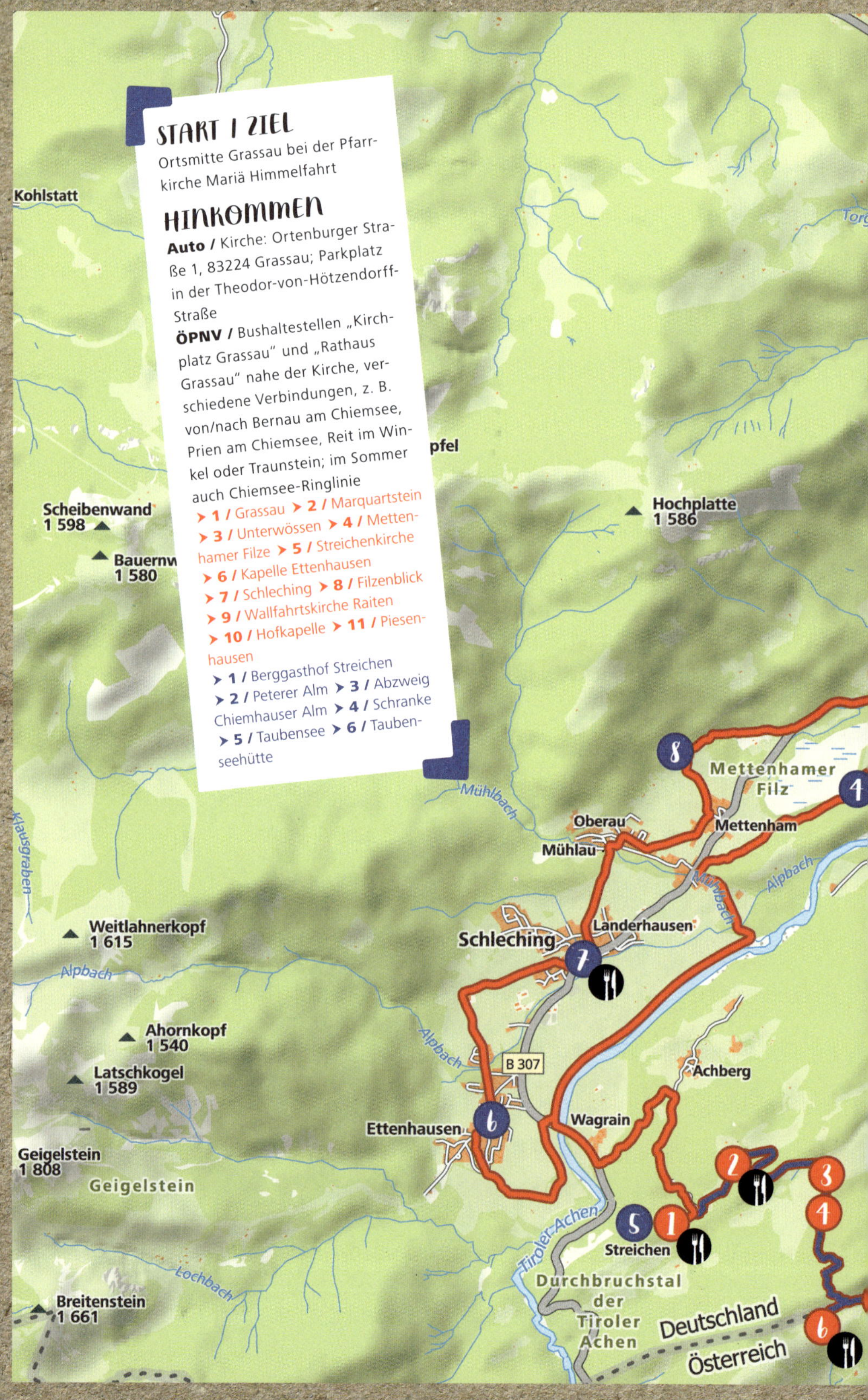
START I ZIEL
Ortsmitte Grassau bei der Pfarrkirche Mariä Himmelfahrt
HINKOMMEN
Auto / Kirche: Ortenburger Straße 1, 83224 Grassau; Parkplatz in der Theodor-von-Hötzendorff-Straße
ÖPNV / Bushaltestellen „Kirchplatz Grassau" und „Rathaus Grassau" nahe der Kirche, verschiedene Verbindungen, z. B. von/nach Bernau am Chiemsee, Prien am Chiemsee, Reit im Winkel oder Traunstein; im Sommer auch Chiemsee-Ringlinie
➤ 1 / Grassau ➤ 2 / Marquartstein ➤ 3 / Unterwössen ➤ 4 / Mettenhamer Filze ➤ 5 / Streichenkirche ➤ 6 / Kapelle Ettenhausen ➤ 7 / Schleching ➤ 8 / Filzenblick ➤ 9 / Wallfahrtskirche Raiten ➤ 10 / Hofkapelle ➤ 11 / Piesenhausen
➤ 1 / Berggasthof Streichen ➤ 2 / Peterer Alm ➤ 3 / Abzweig Chiemhauser Alm ➤ 4 / Schranke ➤ 5 / Taubensee ➤ 6 / Taubenseehütte
Kohlstatt
Scheibenwand
1 598
1 580
Hochplatte
1 586
Mettenhamer Filz
Mühlbach
Oberau
Mettenham
Mühlau
Alpbach
Klausgraben
Landerhausen
Schleching
Weitlahnerkopf
1 615
Alpbach
Ahornkopf
1 540
Latschkogel
1 589
B 307
Achberg
Ettenhausen
Wagrain
Geigelstein
1 808
Geigelstein
Streichen
Tiroler Achen
Lochbach
Durchbruchstal der Tiroler Achen
Breitenstein
1 661
Deutschland
Österreich

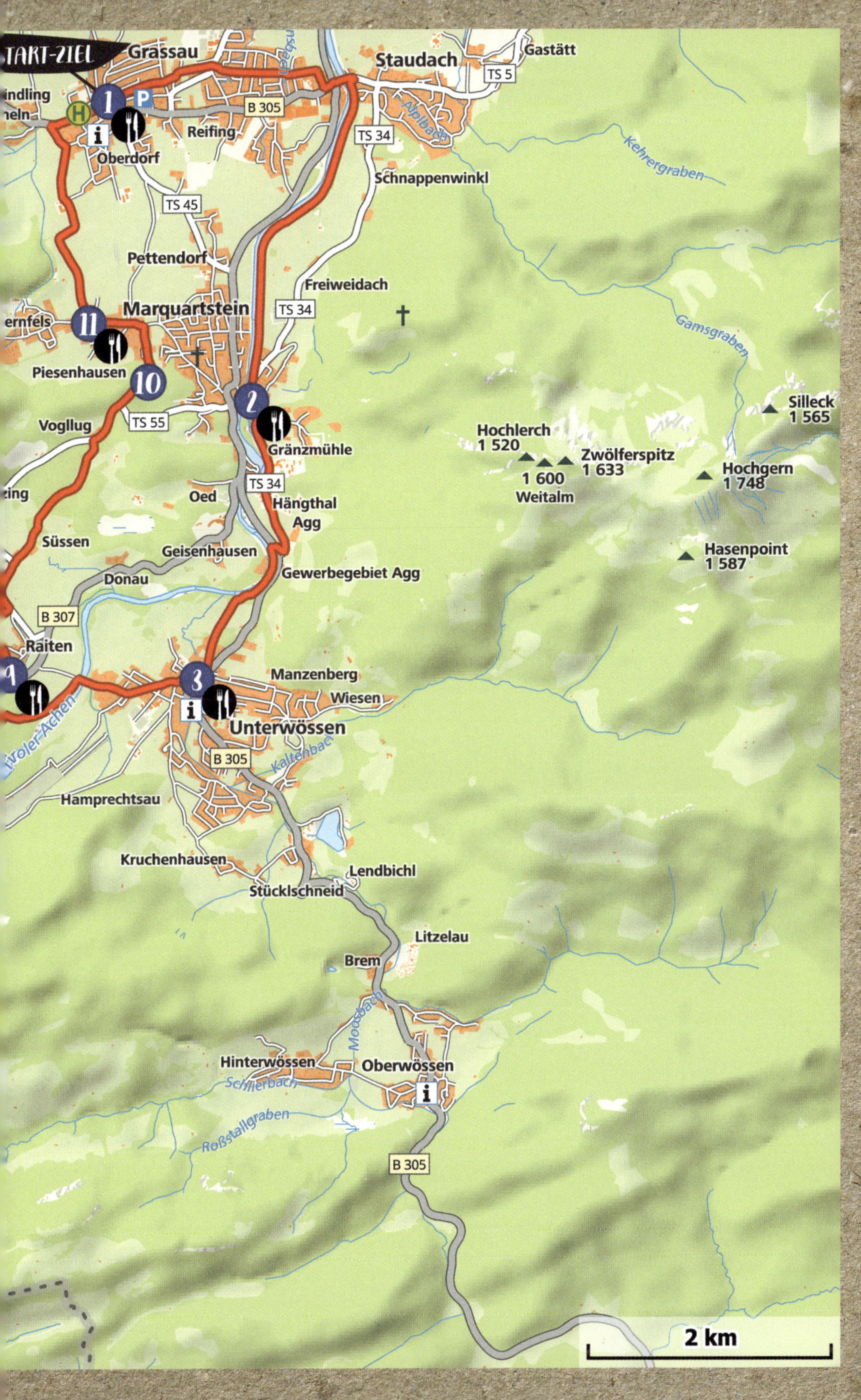

TART-ZIEL
Grassau
Staudach
Gastätt
TS 5
B 305
TS 34
Reifing
Oberdorf
Schnappenwinkl
Kehrergraben
TS 45
Pettendorf
Freiweidach
Marquartstein
TS 34
Gamsgraben
Piesenhausen
Vogllug
TS 55
Gränzmühle
Hochlerch
1 520
1 600
Weitalm
Zwölferspitz
1 633
Silleck
1 565
Hochgern
1 748
Oed
TS 34
Hängthal
Agg
Süssen
Geisenhausen
Donau
Gewerbegebiet Agg
Hasenpoint
1 587
B 307
Raiten
Manzenberg
Wiesen
Unterwössen
B 305
Kaltenbach
Hamprechtsau
Kruchenhausen
Lendbichl
Stücklschneid
Litzelau
Brem
Moosbach
Hinterwössen
Oberwössen
Schlierbach
Roßstallgraben
B 305
2 km

LEBENDIGE GESCHICHTE

Ich finde es eindrucksvoll, wie dass Alztal seit Jahrtausenden vom Menschen geprägt wurde – und dennoch recht natürlich geblieben ist.

> **1 /** Die Basilika St. Margareta des Klosters Baumburg ist ein Wahrzeichen der Region

> **2 /** Wundervolle Landschaft: Hinsetzen und genießen auf der Ruhebank an der Alz

> **3 /** Das Alzbad Truchtlaching ist die beste Alternative zu den schönen Chiemgauer Seen

> **4 /** Halt an der Frühmittelalterlichen Fluchtburg in abgeschiedener Lage

> **5 /** Sehenswerte Keltenschanze Truchtlaching mit Wällen und Gräben

> **6 /** Das Keltengehöft Stöffling ist ein Nachbau einer keltischen Siedlung

> **7 /** Wir erkunden Seebruck, Hafenort am Chiemsee und der Alz

> **8 /** Nachbau einer Römerstraße: anschauliche Ingenieurskunst

> **9 /** Spuren der Hochäcker-Kultur erlauben interessante Einblicke in den Feldbau unserer Ahnen

> **10 /** Altbajuwarisches Gräberfeld: Eine Infotafel erklärt das zufällig entdeckte Bodendenkmal

> **11 /** Durch ein „Fenster" ins Innere des Grabhügels von Steinrab gucken

> **12 /** Rast im Gasthaus Roiter mit schattigem Biergarten, traditionell mit moderner Küche

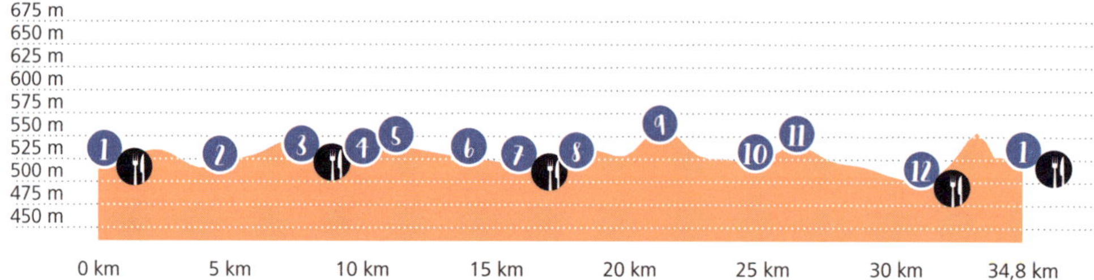

Kelten und Römer

Durch das Alztal an den Chiemsee

Die Alz ist der Abfluss des Chiemsees. Zwischen ihrem Ursprung bei Seebruck und Altenmarkt, wo sie das Wasser der Traun aufnimmt, durchfließt die Alz eines der letzten naturnahen Flusstäler Oberbayerns. Schon früh siedelten in dieser Gegend Menschen: Auf unserer Tour begegnen wir den Spuren der Kelten und der Römer.

35 Kilometer
190 Höhenmeter
2:45 Stunden
Rundtour

Eine KulTour durch viel schöne Natur

Wir starten am Parkplatz unterhalb vom 1 / Kloster Baumburg in Altenmarkt an der Alz, zu dem es kurz steil bergan geht. Durch den Torbogen beim Bräustüberl Baumburg kommen wir auf das Gelände des ehemaligen Augustiner-Chorherrenstifts, das im frühen 11. Jahrhundert gegründet wurde. Die kunsthistorisch wertvolle Basilika St. Margareta entstand als romanische Stiftskirche. Anlässlich ihres 600-jährigen Weihejubiläums wurde sie beinahe vollständig im Stil des Rokokos neu erbaut. Schon einige Jahrzehnte zuvor wurden die markanten Zwiebelhauben auf die Türme aufgesetzt. Die Besichtigung der Basilika solltest du auf keinen Fall versäumen. Sonstige Gebäude des ehemaligen Klosters sind in Privatbesitz.

Charakter

Sportlich	●○○○○
Abkühlung	●●●●○
Schlemmen	●●●●○
Panorama	●●●●○

◄ links / Bei strahlendem Sonnenschein erreichen wir Seebruck und genießen das Panorama

Die Zwiebeltürme als Radwegsymbol

Die Zwiebeltürme von St. Margareta erkennen wir auf einem Radwegschild wieder: Wir folgen dem gut beschilderten Klosterweg in Richtung Seebruck und Truchtlaching. Zunächst fahren wir auf dem Höhenrücken zwischen Alztal rechter Hand und Trauntal linker Hand südwärts und erspähen die Höhenburg Stein (s. Tour 21). An einer beschilderten Straßenkreuzung geht es rechts. Im Ort Offling bietet sich ein Tiefblick ins Alztal, am Ortsende halten wir uns rechts hinab. Im Weiler Niesgau bleiben wir links und kommen alsbald zur 2 / Ruhebank an der Alz mit Blick auf das einsame Anwesen Poing auf der anderen Flussseite. Noch ein Stück radeln wir am Fluss Richtung Südosten, dann steigt der Klosterweg leicht an. Wir queren eine Straße und fahren bis zu einem Feldkreuz bei Pattenham. Da biegen wir rechts ab und rollen hinab nach Truchtlaching. Über die Alzbrücke kommen wir zum 3 / Alzbad Truchtlaching (Eintritt frei, Spielplatz, Imbiss). Der Abstecher lohnt sich, selbst wenn du nicht im glasklaren Alzwasser planschen willst. Der Blick auf die Kirche St. Johann Baptist ist ihn ebenso wert.

Castrum im Chiemgau

Als Castrum werden befestigte Höhensiedlungen des Früh- und Hochmittelalters bezeichnet, aber auch römische Militärlager. Auf den 7 / Seebrucker Ortsteil Castrum könnte beides zutreffen. Für Oberbayern ist der Ortsname einzigartig.

Vom frühen Mittelalter zurück …

Bei der Kirche, gegenüber vom italienischen Gasthof, fahren wir in die Westenstraße und radeln auf dem Archäologischen Rundweg Bedaium zu einer Stelle, an der sich eine 4 / Frühmittelalterliche Fluchtburg befunden haben soll. Das Ende einer Halbinsel mit schwer zugänglichem Uferbereich bot einen gewissen natürlichen Schutz. Die Fluchtburg selbst bestand wohl aus Wällen und Palisadenreihen. Die ländliche Bevölkerung im Frühmittelalter zog sich bei drohenden Gefahren in derartige Bauwerke zurück, um sich zu verstecken und gemeinsam besser verteidigen zu können.

➤ rechts groß / Ein Wahrzeichen der Region: Die Zwiebeltürme der Basilika St. Margareta im Kloster Baumburg ➤ rechts klein / Rokoko vom Feinsten

Km 0,3

Das ehemalige 1 / Kloster Baumburg mit der Basilika St. Margareta thront seit Anfang des 11. Jahrhunderts auf dem hohen Sporn zwischen Alz- und Trauntal und ist ein von Weitem sichtbares Wahrzeichen an der historischen Grenze zwischen Chiemgau und Rupertiwinkel. Die Stiftskirche in ihrer heutigen Form zeigt eine prächtige Ausstattung im Rokoko-Stil.

Kirchners Skulpturen

Heinrich Kirchner (1902–1984) war ein Chiemgauer Künstler, der durch stark vereinfachte Menschen- und Tierplastiken berühmt wurde. Etliche seiner Werke stehen rund um Seeon-Seebruck in der Landschaft.

So wohnten die Kelten

… in die Zeit der Kelten

Von der Fluchtburg geht es ein Stück des bekannten Wegs zurück, dann rechts. Die nächste Station des Archäologischen Rundwegs Bedaium ist die 5 / Keltenschanze Truchtlaching. Sie stammt aus der späten Eisenzeit, der sogenannten La-Tène-Zeit, der Zeitspanne von etwa 450 v. Chr. bis Christi Geburt. Keltenschanzen sind im gesamten süddeutschen Raum bekannt und dienten vermutlich als befestigte Gutshöfe oder Siedlungen. Auch eine Nutzung als Kultplatz ist denkbar, wissenschaftlich jedoch nicht belegt. Von der Keltenschanze radeln wir südostwärts durch den Wald und auf Truchtlaching zu. Am Ortsrand geht es nach Süden und gemeinsam mit dem Mozartradweg auf einem Asphaltsträßchen bis zum 6 / Keltengehöft Stöffling. Es ist ein Nachbau einer keltischen Siedlung aus der La-Tène-Zeit. Tatsächlich belegen archäologische Funde eine noch frühere Besiedlung des Ortes, nämlich schon während der Urnengräberkultur (1.200–750 v. Chr.). Aus der La-Tène-Zeit wurden in der Umgebung von Stöffling Münzen und Fibeln gefunden – Spangen, mit denen die Menschen ihre Kleider zusammenhielten.

Nach Seebruck, dem römischen Bedaium

In Stöffling orientieren wir uns rechts und radeln bequem bis 7 / Seebruck. Passend zu unserem Motto „Kelten und Römer" kannst du dir das Römermuseum Badaium ansehen (Di, Fr 14–17 Uhr, So 15:30–18:30 Uhr, www.roemermuseum-bedaium.byseum.de). Die Ausgrabungen einer Römischen Darre sind frei zugänglich. An beiden Sehenswürdigkeiten kommst du vorbei, sobald du dem Chiemsee-Radweg westwärts durch Seebruck folgst. Zuvor lohnt sich ein Abstecher auf die Hafenhalbinsel mit dem Strandbad (Mai–Sept. 9–22 Uhr, Eintrittsgebühr).

Von den Römern zu den ersten Bayern

In Seebruck ist der Chiemsee-Radweg mit der Via Julia und dem Archäologischen Rundweg Bedaium identisch. Die viel frequentierte Route führt uns aus dem Ort hinaus zur Plastik „Friedensbote" des Künstlers Heinrich Kirchner und dem 8 / Nachbau einer Römerstraße. Dort halten wir uns auf dem Archälogischen Rundweg Bedaium nordwärts zum Ort Burgham und weiter zum einsam gelegenen Anwesen Grafenanger. An einer Stelle treffen wir kurz auf den Mozartradweg und Tour 12 – wir fahren allerdings nicht nach Roitham weiter, sondern Richtung Haimhilgen. Mitten im Wald finden wir Spuren der 9 / Hochäcker-Kultur – und bei Haimhilgen wurden bronzezeitliche Funde gemacht. Über die kleinen Orte Leiten und Ischl erreichen wir eine weitere interessante

LATSCHENKIEFERN

wachsen für gewöhnlich in den Alpen. Das Latschenfeld im Burghamer Filz ist das größte Vorkommen der Nadelbäume im Voralpenland. Zwischen Burgham und Grafenanger ist der Fußweg zur Aussichtsplattform auf das Latschenfeld markiert.

< links / Unterwegs bei Seebruck ^ oben / Treten mal anders: In Seebruck gibt es mehrere Bootsverleihe

Station des Archäologischen Rundwegs Bedaium. Das 10 / Altbajuwarische Gräberfeld nördlich von Ischl wurde 1880 zufällig beim Abfahren von Kies entdeckt. In einem Körpergrab eines bajuwarischen Kriegers aus dem 7. Jh. n. Chr. fand man Reste eines Schilds, auf dem neben zwei Adlern ein Löwe abgebildet war. Es gilt als eines der ersten Zeugnisse des „bayerischen Löwen".

Wie sieht es in einem Hügelgrab aus?

Nach dem Abstecher zum Gräberfeld wartet noch ein archäologisches Highlight auf uns. Die 11 / Grabhügel von Steinrab sind gut erhaltene Beispiele für die Körperbestattung der Kelten während der Eisenzeit. Ein rekonstruierter Grabhügel der Hallstattzeit (etwa 800–450 v. Chr.) ermöglicht den Einblick ins Innere bis zur Grabkammer. Von den Grabhügeln folgen wir dem Archäologischen Rundweg Bedaium noch ein Stück nordwärts. Gemeinsam mit dem Klosterweg führt er uns ostwärts bis zu einer markanten Kreuzung, wo sich ein sehr schöner Ausblick ins Alztal auftut. An dieser Stelle verlassen wir den Archäologischen Rundweg Bedaium und radeln geradeaus entlang des Flusses Richtung Höllthal. Wir bleiben auf dem Klosterweg und fahren am Anwesen

FÄHRMANN, HOL ÜBER!

Die Alzfähre beim 12 / Gasthaus Roiter ist eine besondere Attraktion: Sie ist die einzige handbetriebene Seilfähre im Chiemgau. Die Wirtsleute bedienen die Fähre nach Bedarf, den Fahrpreis bestimmen die Gäste durch ihre Spende.

KM 8,5

Das 3 / Alzbad Truchtlaching bietet ein besonderes Badevergnügen. Wer gut genug schwimmen kann, lässt sich vom glasklaren Fluss abwärts treiben und steuert eine von mehreren Ausstiegsstellen an, von denen der Fußweg zurück zur Liegewiese führt. Mit Luftmatratze macht das natürlich auch großen Spaß.

Mörn vorbei nach Massingmühle. Dort zweigen wir rechts ab und kehren ein im schattigen Biergarten des 12 / Gasthauses Roiter, das moderne Küche in traditionellem Ambiente bietet (www.roiter.de).

Zwei Varianten für die letzte Etappe

Wer eine Abkürzung sucht, setzt mit der Alzfähre zum anderen Ufer über und folgt der Straße von Garsch zum Parkplatz unterhalb des 1 / Klosters Baumburg. Wir fahren aber zurück nach Massingmühle und aus dem Alztal hinauf nach Massing. Der Klosterweg führt parallel zur Straße nordostwärts und verlässt sie durch Thalham nach rechts. Wir überqueren die Alz und radeln über die große Wiese zum Friedhof Altenmarkt. Am Soldatenfriedhof aufwärts gelangen wir zum Parkplatz.

TOURENINFO / Eine Rundfahrt ohne Anstrengungen und daher auch für ältere Kinder gut geeignet, sofern sie sich ein wenig für Geschichte begeistern lassen. Das Keltengehöft Stöffling ist auf jeden Fall für größere Kinder interessant – Baden in der Alz und im Chiemsee sowieso.

< links / Platsch, platsch im Alzwasser – das Alzbad Truchtlaching macht's möglich ^ oben / Herbst an der Alz in der Nähe von Truchtlaching

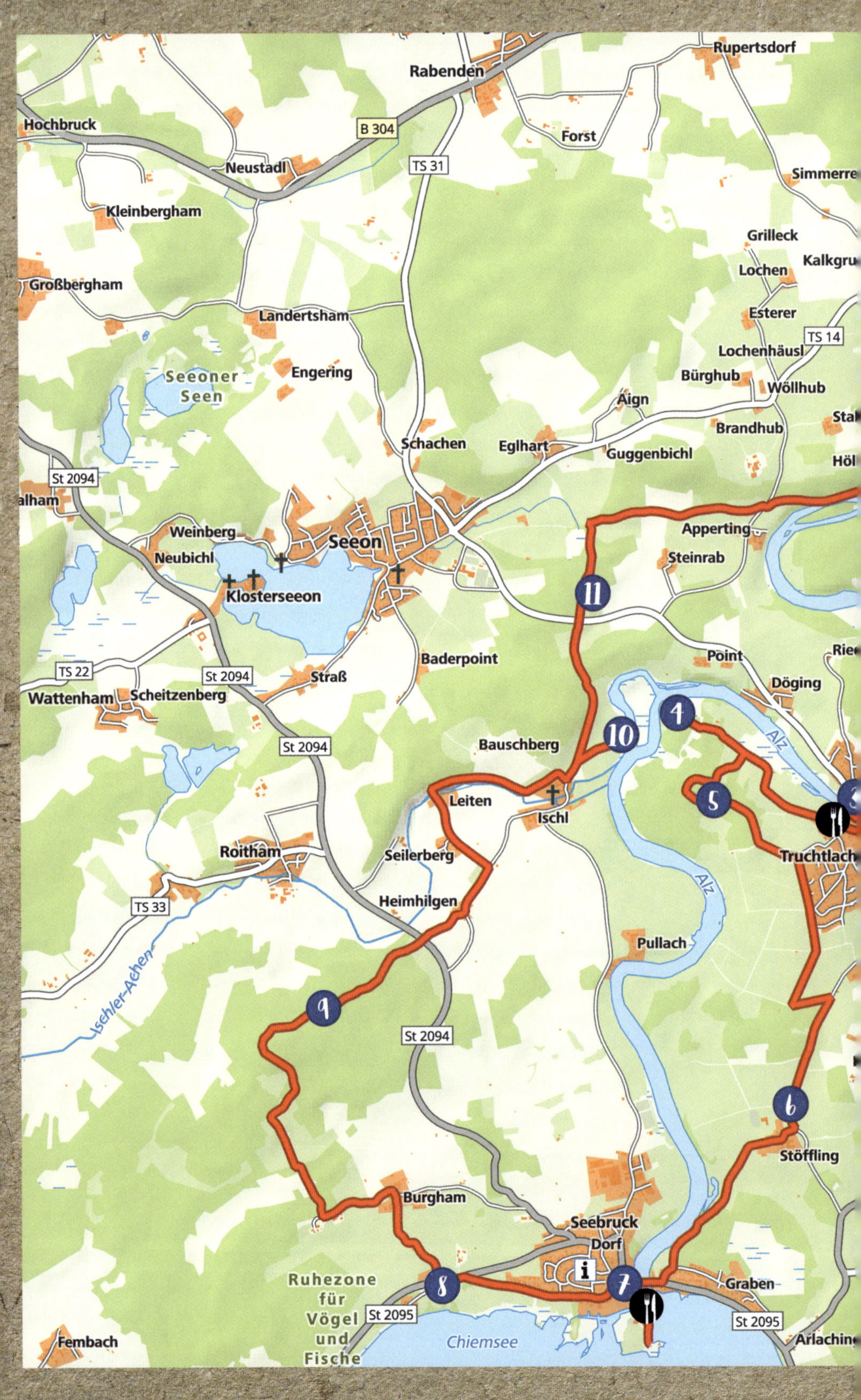

Rupertsdorf
Rabenden
Hochbruck
B 304
Forst
TS 31
Neustadl
Simmerre
Kleinbergham
Grilleck
Lochen
Kalkgru
Großbergham
Esterer
Landertsham
TS 14
Lochenhäusl
Seeoner Seen
Engering
Bürghub
Wöllhub
Aign
Brandhub
Schachen
Eglhart
Guggenbichl
St 2094
alham
Appering
Weinberg
Seeon
Neubichl
Steinrab
Klosterseeon
Baderpoint
Point
TS 22
St 2094
Straß
Döging
Wattenham
Scheitzenberg
Alz
St 2094
Bauschberg
Leiten
Ischl
Truchtlach
Roitham
Seilerberg
Heimhilgen
TS 33
Alz
Pullach
Ischler Achen
St 2094
Stöffling
Burgham
Seebruck
Dorf
Ruhezone für Vögel und Fische
Graben
St 2095
St 2095
Chiemsee
Fembach
Arlaching

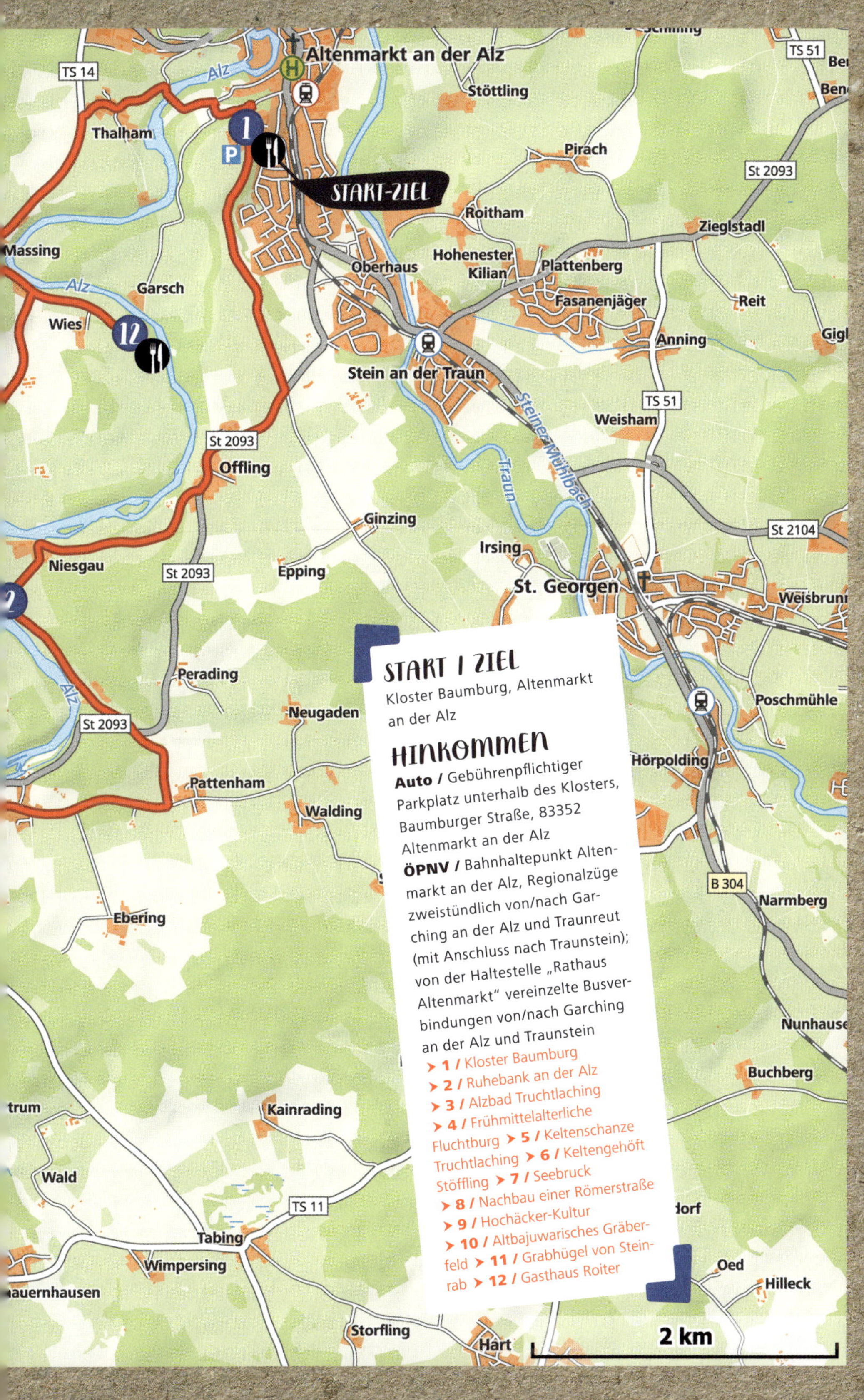

START I ZIEL

Kloster Baumburg, Altenmarkt an der Alz

HINKOMMEN

Auto / Gebührenpflichtiger Parkplatz unterhalb des Klosters, Baumburger Straße, 83352 Altenmarkt an der Alz

ÖPNV / Bahnhaltepunkt Altenmarkt an der Alz, Regionalzüge zweistündlich von/nach Garching an der Alz und Traunreut (mit Anschluss nach Traunstein); von der Haltestelle „Rathaus Altenmarkt" vereinzelte Busverbindungen von/nach Garching an der Alz und Traunstein

➤ **1 /** Kloster Baumburg ➤ **2 /** Ruhebank an der Alz ➤ **3 /** Alzbad Truchtlaching ➤ **4 /** Frühmittelalterliche Fluchtburg ➤ **5 /** Keltenschanze Truchtlaching ➤ **6 /** Keltengehöft Stöffling ➤ **7 /** Seebruck ➤ **8 /** Nachbau einer Römerstraße ➤ **9 /** Hochäcker-Kultur ➤ **10 /** Altbajuwarisches Gräberfeld ➤ **11 /** Grabhügel von Steinrab ➤ **12 /** Gasthaus Roiter

LIEBLICHE ALPENLANDSCHAFT

Die Gegend ist einfach wunderschön und die Tour bietet viel Abwechslung. Ich mag besonders die St.-Antonius-Kapelle, die Inzeller Filzen und Maria Eck.

> 1 / Mit der Bahn zum Bahnhof Siegsdorf oder dort kostenlos das Auto parken

> 2 / Sich mit regionalen Spezialitäten im Laden der Mühle St. Johann eindecken

> 3 / Im Traditionsgasthaus und Hotel Hammerwirt einkehren

> 4 / Oberbayern wie im Bilderbuch: St.-Antonius-Kapelle

> 5 / Hölzerne Lupe: Beginn des Erlebnispfads „Moorexpedition"

> 6 / Die mehr als 550 Jahre alte Frauenkirche Inzell besichtigen

> 7 / Den Ausblick im großen Gastgarten der Kesselalm genießen

> 8 / Im Geotop Marmorsteinbruch fühlen sich Kletterer zu Hause

> 9 / In Maria Eck lädt zwischen Kirche und Kloster der Gasthof zur Einkehr ein

> 10 / Ort der Andacht: Kleine Waldkapelle mit einer Mariengrotte

> 11 / Von der Ruhebank oder dem Picknicktisch des Chiemseeblicks das Panorama bestaunen

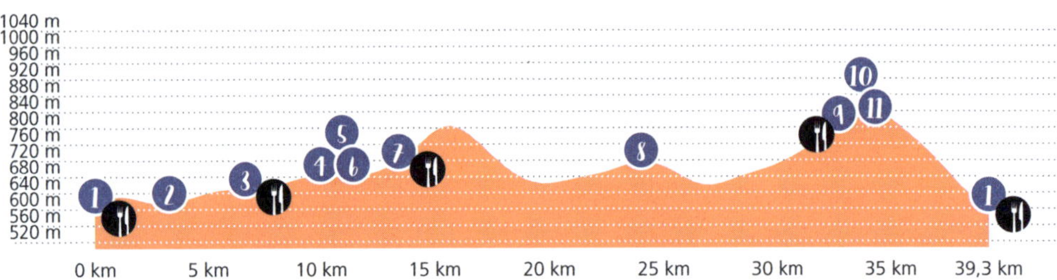

Marmor, Stein und Eisen

Die Highlights der beiden Trauntäler

Auf unserer Radtour treffen wir auf Spuren des Eisenerzbergbaus und der Hammerwerke, in denen das Eisen weiterverarbeitet wurde. Wir erleben das Hochmoor Inzeller Filzen, besuchen einen ehemaligen Marmorsteinbruch und besichtigen eine der bedeutendsten Wallfahrtskirchen des Chiemgaus.

40 Kilometer
550 Höhenmeter
4 Stunden
Rundtour

Ideal: An- und Abreise mit der Bahn

Die Rundfahrt, für die du einen ganzen Tag einplanen solltest, beginnt und endet am 1 / Bahnhof Siegsdorf der Strecke Traunstein–Ruhpolding. Am Bahnhof gibt es kostenfreie Parkplätze und einen Radsportladen mit Fahrradschlauch-Automat. Von hier folgen wir dem Radwegschild zur Hauptstraße und fahren auf ihr nach rechts. Nach dem Bahnübergang geht es am Rathaus vorbei bergan. Bei der Bushaltestelle kurz vor einem Kreisverkehr biegen wir rechts ab in die Wagnerstraße. Wir ignorieren alle abzweigenden Straßen und halten uns an ihrem Ende links. Es geht über die Staatsstraße St 2098 hinweg und den Radwegweisern Richtung Teisendorf und Inzell nach. Wir nutzen den Radweg neben der Bundesstraße B 306 und folgen dann der Beschilderung

Charakter
Sportlich ●●●●●
Abkühlung ●●○○○
Schlemmen ●●●○○
Panorama ●●●●●

◂ links / Ruhpolding liegt malerisch inmitten der Berge

zum „Ferienpark Vorauf". Die Straße verfügt über einen Radweg, auf dem wir ins Tal der Roten Traun hinabrollen. Nach Querung des Flusses nehmen wir den Abzweig nach rechts – Beschilderung: „Mühle St. Johann". Damit befinden wir uns auf dem Mozartradweg, auf dem wir etwa 17,5 km radeln. Erst an der Brücke über die Weiße Traun in Ruhpolding werden wir ihn verlassen.

Bayerisches Getreide, bayerisches Mehl

Als erster Stopp auf dem Weg nach Ruhpolding empfiehlt sich der Mühlenladen in der alten 2 / Mühle St. Johann (Mo–Fr 8–18 Uhr, www.muehle-st-johann.com). Die Getreidemühle wurde erstmals 1506 urkundlich erwähnt. Ursprünglich wurde sie nur von der Wasserkraft des Mühlbachs angetrieben, der Wasser von der Roten Traun abführt. Weil die Rote Traun regelmäßig zu wenig Wasser führt, wurde 1926 eine Turbinenanlage eingebaut, die bis heute funktioniert. Die Wasserkraft dient nur noch zur Stromerzeugung. Im Mühlenladen kann man neben anderen Naturprodukten mehr als 25 verschiedene Mehle, Schrote und Griese kaufen.

AUSSPANNEN UND ABKÜHLEN

Wer im 3 / Hammerwirt übernachtet, kann auf der Terrasse am liebevoll angelegten Naturschwimmteich ausspannen und sich nach der Radtour abkühlen.

Auf dem Mozartradweg nach Hammer

Der Mozartradweg folgt dem Tal der Roten Traun bis Hammer. Die Bischöfe von Salzburg betrieben am Teisenberg einen Eisenerzbergbau. Eine Schmelzhütte mit Hammerwerk wurde im 14. Jahrhundert errichtet – so kam Hammer zu seinem Namen. In der Schmiedstraße befindet sich der 3 / Hammerwirt (Hotel und Gasthof Hörterer, Do–Mo, www.der-hammerwirt.de). Bei der Kirche St. Rupertus auf der anderen Seite der Bundesstraße gibt es einen Dorfladen. Vom Hammerwirt radeln wir zur Bundesstraße und durch eine Unterführung.

➤ rechts groß / Die St.-Antonius-Kapelle vor der Bergkette zwischen Gamsknogel (1.750 m) und Hochstaufen (1.771 m) ➤ rechts klein / In der St.-Antonius-Kapelle: Statue des namensgebenden Heiligen Antonius

Km 10

Kapellen sind im Chiemgau und Rupertiwinkel wahrlich keine Seltenheit. Doch manche sind unvergleichlich. Farbige Holzkapellen sind viel seltener als weiß getünchte Steinkapellen. Und ich kenne keine Holzkapelle, die vor einer eindrucksvolleren Kulisse steht als die 4 / St.-Antonius-Kapelle. Sie ist ein wahres Kleinod!

SICH EIN FUSS-BAD TRAU(E)N

Die Rote Traun führt im Sommer nicht allzu viel Wasser – für ein erfrischendes Fußbad genügt es allemal. Ein paar gute Gelegenheiten bieten sich ab Hammer.

Durch Kanada über Wien nach Inzell

Wir folgen dem bequemen Asphaltsträßchen durch das Rote Trauntal. Im Spätsommer und Herbst könnte man sich wie in Kanada fühlen, wäre da nicht der Einödhof Wien mit der wundervollen 4 / St.-Antonius-Kapelle. Stell dein Fahrrad am Wegpunkt ab und steige das kurze Stück zu Fuß hinauf – es lohnt sich! Danach fährst du weiter auf dem Mozartradweg mit dem Hochmoor Inzeller Filzen linker Hand. Den Beginn des Inzeller Moorlehrpfads „Moorexpedition" markiert eine große 5 / Hölzerne Lupe. Ab da fahren wir südwärts bis zur 6 / Frauenkirche Inzell. Die Kirche „Zu unserer lieben Frau" ist mehr als 550 Jahre alt. Wenn du einen Abstecher in den Ort machen willst, folgst du vor der Kirche der Schmelzerstraße nach links – unser Weiterweg führt dort nach rechts (Schild: „Ruhpolding 9,5 km").

ZU FUSS INS MOOR

Von der Roten an die Weiße Traun

Die Beschilderung führt uns zuverlässig zur 7 / Kesselalm (Do–Di, www.kessel-lifte.de), wo wir drinnen in rustikalem Holz oder auf der Terrasse sitzen, von der man einen herrlichen Blick auf die um-

liegenden Berge, Inzell und das Skigebiet hat. Richtung Ruhpolding läuft der Mozartradweg durch das Windbachtal zunächst um den Auer Berg herum, folgt später dem Windbach und stößt auf die Weiße Traun, die wir auf einer aussichtsreichen Brücke beim Ruhpoldinger Ortsteil Fuchsau überqueren. Auf der Westseite des Flusses verläuft der Mozartradweg südwärts – dort verlassen wir ihn, radeln zur Hauptstraße und schlagen die Richtung „Urschlau 7,4 km" ein.

5,3 km

lang sind die beiden 5 / Moorlehrpfade „Moorexpedition" und „Zeitreise" durch das Hochmoor Inzeller Filzen. Es sind Fußwege, die nicht verlassen werden dürfen. An 27 Stationen erfährst du alles Wissenswerte über den Lebensraum Hochmoor und seinen Schutz.

Im Süden und Westen von Ruhpolding

Hinter Fuchsau nutzen wir den für den Motorverkehr gesperrten Weg („Landwirtschaftlicher Verkehr frei"). Wenn du dich umdrehst, hast du einen sehr schönen Blick auf den 1.671 m hohen Rauschberg, Ruhpoldings Hausberg. Markant sind die großen Geröllfelder aus verwittertem Wettersteinkalk, der am Rauschberg in bis zu 700 m Mächtigkeit auftritt. Vor allem Frost und Niederschlagswasser sorgt für die Verwitterung des Gesteins, das die steilen Hänge herabrutscht. Weiß-grüne Radwegschilder und die Markierung Chiemgau MTB-Marathon leiten uns in die Siedlung Gstatt, dort folgen wir der Beschilderung „Urschlau 5,6 km". Beim Vorfahrtsschild links und gleich wieder rechts: Über den Guglberg hinweg kommen wir nach Bärngschwendt und dann ins Tal der Ur-

‹ links / Forschender Blick: Bei der überdimensionalen Lupe beginnt die „Moorexpedition" ^ oben / Im ehemaligen Marmorsteinbruch Ruhpolding treffen sich regelmäßig Kletterfreunde

schlaucher Achen. Beim Stoppschild biegen wir rechts ab und kurz darauf links. An einem Mineralienladen vorbei geht es steil bergan zum 8 / Geotop Marmorsteinbruch Ruhpolding. Im Steinbruch wurde farbiger, vor allem roter und rotbrauner Kalkstein abgebaut. Er ist kein echter Marmor, war jedoch als Baumaterial sehr beliebt, zum Beispiel für die Ausstattung von Kirchen. Das Gestein entstand untermeerisch im Erdzeitalter Jura und enthält viele Fossilien. Der kurze Schotterweg hinauf zum Steinbruch ist steil, Tourenräder schiebt man besser. Die weitere Strecke nach und durch Maiergschwendt ist leicht. Hinter Maiergschwendt folgst du dem Chiemgau MTB-Marathon durch Obergschwendt und wirst mit einer tollen Aussicht auf Ruhpolding belohnt. Alternativ bleibst du auf der Maiergschwendter Straße. In jedem Falle halten wir uns an der Hauptstraße in Ruhpolding auf dem Straßenradweg nordwärts und folgen diesem eine ganze Weile.

NATURKUNDE- UND MAMMUT-MUSEUM SIEGSDORF

In 1 / Siegsdorf lohnt das Naturkunde- und Mammut-Museum einen Besuch. Highlight der Ausstellung ist das Skelett eines Mammuts, das in der Nähe von Siegsdorf gefunden wurde.

Das Finale: Von Ruhpolding nach Maria Eck

Den Straßenabzweig nach Neustadl darfst du nicht verpassen! Bei einem Holzlagerplatz in Neustadl orientierst du dich mit Hilfe des gelben Wanderwegschilds „Dieselbachstube 30 min/Maria

Km 33,7

Auf dem Weg von Maria Eck zur neu erbauten 10 / Waldkapelle bei der kleinen Mariengrotte genießt du den Blick auf die umliegenden Berge Halte bei der Kapelle inne und radle dann noch ein Stückchen weiter zum 11 / Chiemseeblick, wo es eine Bank mit Picknicktisch gibt.

Eck 1 h". Der Weg ist Teil der Mountainbike-Tour Chiemgau-King und bis zur Diesselbachstube mit Tourenrad gut befahrbar. Dann wird er für schmale Reifen etwas unbequemer – vielleicht musst du dein Bike schieben. Noch vor 9 / Maria Eck (Klostergasthof Di–So, www.klostergasthof-mariaeck.de) erreichen wir wieder Asphalt und schnaufen das finale Stück hinauf zur Wallfahrtskirche. Die Gründung geht auf eine Legende zurück, wonach Holzfäller in diesem Gebiet immer wieder Lichterscheinungen gesehen haben. Die erste kleine Kapelle anstelle der heutigen Kirche entstand zu Beginn des 30-jährigen Kriegs. Noch vor dessen Ende wurde die Kirche errichtet. Das Franziskaner-Minoritenkloster wurde ebenfalls im 17. Jahrhundert gegründet. Bevor du talwärts nach Siegsdorf rollst, kannst du noch einen Abstecher zur 10 / Waldkapelle und zum 11 / Chiemseeblick machen.

TOURENINFO / Sportliche Tour in den Bergen. Für Mountainbikes und E-Bikes problemlos, Tourenräder müssen vielleicht an wenigen Stellen geschoben werden. Mit Anhänger ist die Tour nicht zu empfehlen.

◀ links / Ein Ruhepunkt gegen Ende der Tour: Die hölzerne Waldkapelle bei Maria Eck ▲ oben / Berühmte Wallfahrtskirche: In Maria Eck soll Papst Benedikt XIV. viel Zeit verbracht haben

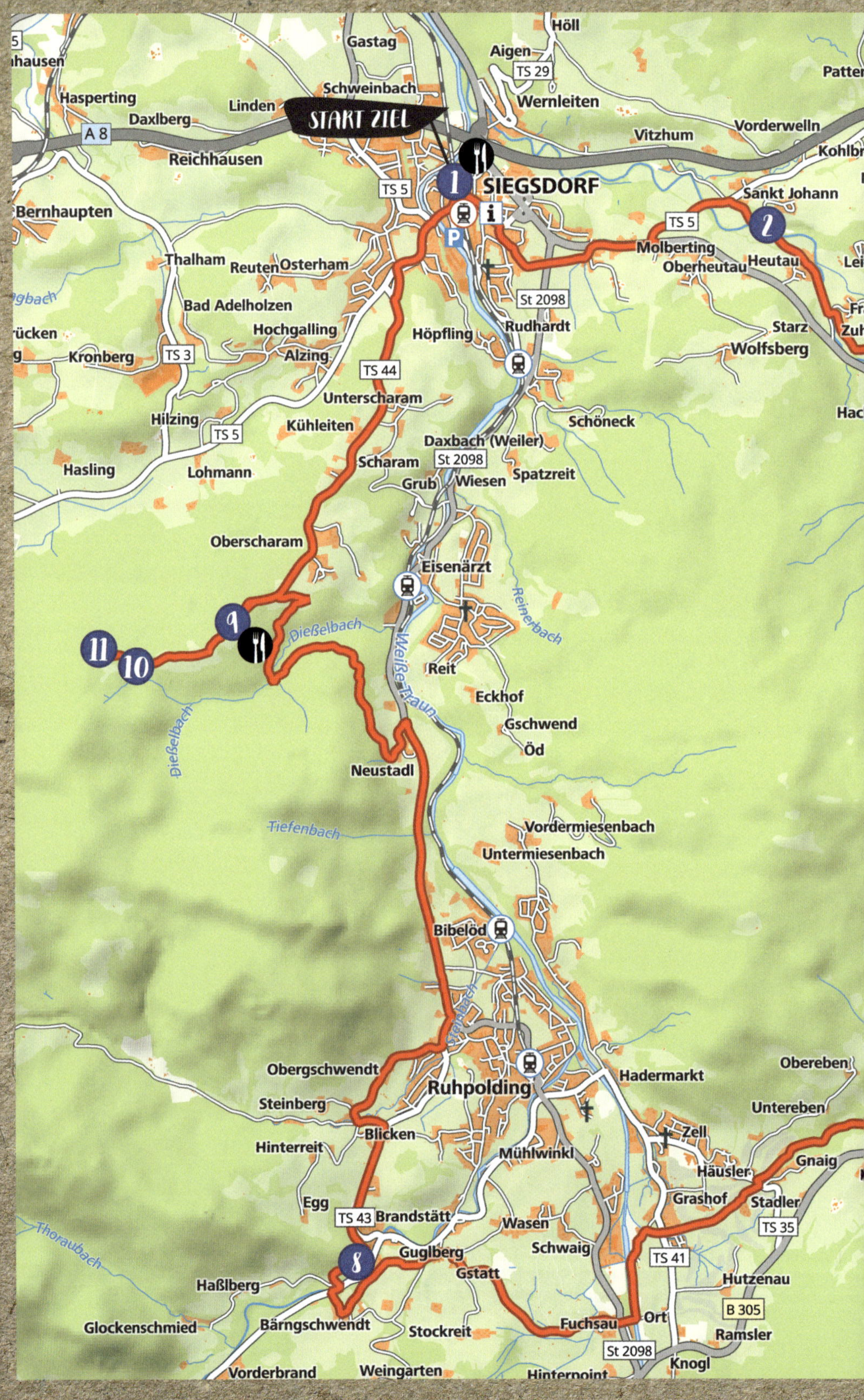

START ZIEL
Höll
Gastag
Aigen
TS 29
Patter
Hasperting
Schweinbach
Wernleiten
Linden
Daxlberg
Vorderwelln
A 8
Vitzhum
Kohlbr
Reichhausen
1
TS 5
SIEGSDORF
Sankt Johann
Bernhaupten
TS 5
2
Molberting
Oberheutau
Heutau
Thalham
Reuten
Osterham
St 2098
Bad Adelholzen
Rudhardt
Hochgalling
Höpfling
Starz
Wolfsberg
Kronberg
TS 3
Alzing
TS 44
Unterscharam
Hilzing
TS 5
Kühleiten
Schöneck
Daxbach (Weiler)
St 2098
Hasling
Lohmann
Scharam
Grub
Wiesen
Spatzreit
Oberscharam
Eisenärzt
9
Dießelbach
11
10
Reinerbach
Reit
Weiße Traun
Eckhof
Gschwend
Öd
Dießelbach
Neustadl
Tiefenbach
Vordermiesenbach
Untermiesenbach
Bibelöd
Steinbach
Obereben
Obergschwendt
Hadermarkt
Ruhpolding
Steinberg
Untereben
Zell
Blicken
Hinterreit
Mühlwinkl
Häusler
Gnaig
Grashof
Egg
Stadler
TS 43
Brandstätt
Wasen
TS 35
Thoraubach
Guglberg
Schwaig
TS 41
8
Gstatt
Haßlberg
Hutzenau
B 305
Glockenschmied
Bärngschwendt
Fuchsau
Ort
Stockreit
Ramsler
St 2098
Vorderbrand
Weingarten
Knogl
Hinterpoint

START I ZIEL
Bahnhof Siegsdorf
HINKOMMEN
Auto / Kostenloser Parkplatz am Bahnhof, Bahnhofstraße 2, 83313 Siegsdorf
ÖPNV / Regionalzüge mit Fahrradtransport stündlich ab/nach Traunstein
1 / Bahnhof Siegsdorf
2 / Mühle St. Johann
3 / Hammerwirt
4 / St.-Antonius-Kapelle
5 / Hölzerne Lupe
6 / Frauenkirche Inzell
7 / Kesselalm
8 / Geotop Marmorsteinbruch
9 / Maria Eck
10 / Waldkapelle
11 / Chiemseeblick
Neukirchen am Teisenberg
Bernbichl
Embach
A 8
Kressenberg
Gschwend
Sappl
Vogling
Obereck
Weitwies
Schwarzenberg
Loch
Fuchssteig
Spittenreut
Prüll
Häusern
Thal
Atzlbach
FEICHTEN
Oberunterberg
Feilenreit
Unterberg
Mauerriedl
Wald
Wimm
Mauer
Kaßgraben
Hammer
Farnbichl
Wagenau
Unterwagenau
Meisau
Thal
Unterau
Holzen
Rote Traun
Boden
Gschwall
Panholz
Hutterer
Vordergschwall
Ed
Eben
Windgrat
Schwarzberg
Brenner
Klaffeln
Pommern
Wien
Wald
Unterrain
Reith
Teisenberg
Eck
Breitmoos
TS 40
Kapell
Gschwendt
Kaitl
Inzell
Würau
Niederachen
Hausmann
Schmelzbach
Point
Sulzbach
Kranawitt
Vorderbichl
Kienau
Aschenau
Kohlgrub
See
B 305
B 306
Östliche Chiemgauer Alpen
2 km

ITALIENFLAIR

Wenn ich durch die Salzachstädte schlendere, fühle ich mich immer wie in Italien. Vielleicht liegt es an der Bauweise, vielleicht am Fluss. Es ist ein besonderes Lebensgefühl.

> **1 /** Am Marktplatz Tittmoning mit Häusern im Inn-Salzach-Stil startet und endet die Tour

> **2 /** Große Kirche in kleinem Dorf: Filialkirche St. Nikolaus

> **3 /** Ein kleines Bauernhofmuseum über das ländliche Leben

> **4 /** Der große Abtsdorfer See ist ein warmer Moor-Badesee mit tollem Panorama

> **5 /** Die Flusslage macht die Altstadt Laufen noch sehenswerter

> **6 /** Von Bayern nach Salzburg über die prunkvolle historische Länderbrücke

> **7 /** Auf den Spuren des weltberühmtesten Weihnachtslieds: die Stille-Nacht-Kapelle

> **8 /** Europasteg: Fußgänger- und Radbrücke von Oberndorf nach Laufen

> **9 /** Die Schifferkapelle ist Andachtsstätte der Schiffsleute seit dem 16. Jahrhundert

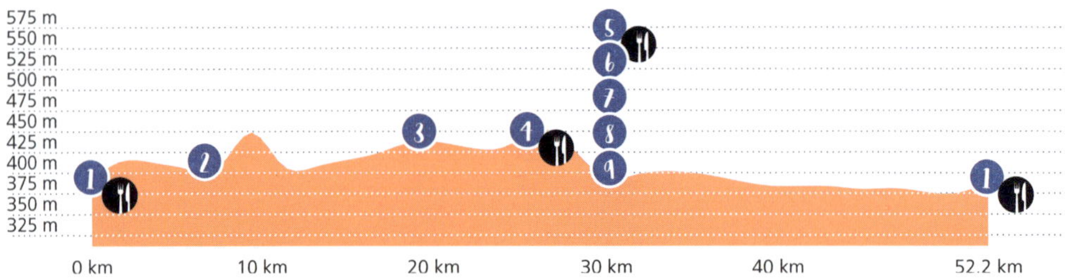

Radeln nach Laufen

Wir spielen Stadt, Land, Fluss: Von Tittmoning nach Laufen und entlang der Salzach retour

Wir erleben die schicken Städte Tittmoning und Laufen, besuchen die Nachbarn in Österreich und radeln an dem Fluss entlang, der die Region prägte: die Salzach. Durch den jahrhundertelangen Salzhandel entstanden bemerkenswerte Kulturdenkmäler.

52 Kilometer
170 Höhenmeter
4 Stunden
Rundtour

Tittmoning: Eine prächtige Salzachstadt

„Tief im Westen ist es besser, als man glaubt", singt Herbert Grönemeyer in seinem Lied „Bochum". Tief im Osten Oberbayerns sowieso – das merken wir schon am Start dieser Tour auf dem wunderschönen 1 / Marktplatz Tittmoning. Er zeigt die für die Salzachstädte typische Bebauung. Blendfassaden erzeugen ein besonders harmonisches Stadtbild: Hinter den hohen Giebeln der barocken und klassizistischen Häuser versteckt sich allerdings meist nur Luft. Das kann man besonders gut von oben erkennen, zum Beispiel von der 1234 erstmals erwähnten Burg aus, die sich über der Stadt erhebt. Ein besonders sehenswertes Gebäude am Markt ist das im 15. Jh. erbaute Rathaus mit seiner Prunkfassade aus dem 17. Jh. In den Nischen stehen nach italienischem Vorbild goldgefasste Porträtbüsten römischer Herrscher.

◂ links / Von der Burg Tittmoning überblicken wir die Stadt und die Landschaft

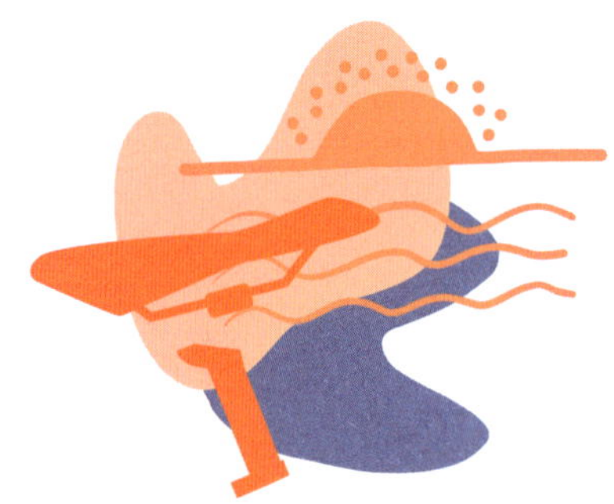

Auf dem Marktplatz sehenswert sind außerdem der Floriansbrunnen aus dem 18. Jh., die Mariensäule sowie eine Statue des heiligen Johann von Nepomuk. Die Form des Platzes ist einzigartig. Er ist 300 m lang und trapezförmig: Am südlichen Laufener Tor ist der Markt 30 Meter breit, am nördlichen Burghausener Tor 120 Meter. Der motorisierte Zugang zum Marktplatz ist bis heute nur durch die beiden Tore möglich.

BURG TITTMONING

Die 1 / Burg Tittmoning wurde 1234 als Grenzburg errichtet: Das angrenzende Burghausen war bayerisch, Tittmoning gehörte zu den Salzburger Ländereien. Während des „Salzkriegs" zwischen Bayern und Salzburg im 16. Jh. war die Burg stark umkämpft. Passend zu ihrer Geschichte beherbergt sie heute das Museum Rupertiwinkel (Mai–3. Okt. Di–So 14–17 Uhr, nur mit Führung).

Von der großen Volksfrömmigkeit …

Wir verlassen den Marktplatz an der schmalen Seite durch das Laufener Tor und fahren vor der Friedhofsmauer rechts in die Traunsteiner Straße. Hinterm Sportplatz halten wir uns links und folgen den Radwegschildern Richtung Trostberg und Waging (Bahnhof). Nach hinten bietet sich ein schöner Blick auf Stadt und Burg. Wir radeln an einem Gewerbegebiet entlang und dann rechts bergan Richtung Kay. Bei einem gusseisernen Feldkreuz halten wir uns links und folgen weiter den Wegweisern nach Waging (Bahnhof). So fahren wir durch Gramsam, Mayerhofen und Holzhausen und kommen zur sehenswerten, um 1500 erbauten 2 / Filialkirche St. Nikolaus im Weiler Hof. Leider ist sie meist verschlossen, doch links am Turm gibt es ein Fenster, durch das du einen Blick riskieren kannst.

… und dem Leben auf dem Lande

Wir bleiben noch ein Stück auf der Route nach Waging. Nach Querung eines Baches biegen wir links ab in den Benediktweg nach „Bf. Götzing 4,9 km". Vor Harmoning überqueren wir die Eisenbahngleise, nach dem Ort geht es bei einem Rettungstreffpunkt nach links („Bf. Götzing 3,0 km"). Hinter Gierling fahren wir unter

---

➤ rechts groß / Die Altstadt Laufen liegt malerisch auf einer lang gestreckten Halbinsel, die von der Salzach umflossen wird ➤ rechts klein / Laufen durch Laufen: Die Bikes sind geparkt, der Stadtrundgang kann beginnen

Km 29

Die Geschichte der 5 / Altstadt Laufen ist untrennbar mit der Salzschifffahrt verbunden. Das in Bad Reichenhall und Hallein abgebaute Salz wurde jahrhundertelang auf der Salzach transportiert – bis zur Donau und weiter. Auf dem Rückweg brachten die Schiffe Getreide, Wein und andere wertvolle Güter mit. Aufgrund der Flussschlaufe und eines Felsens, der bis ins 17. Jh. im Fluss stand, mussten in Laufen viele Schiffe umgeladen werden – die Stadt wurde ein großer Handelsplatz.

KulTour

Leben wie damals

Das kleine 3 / Bauernhofmuseum zeigt u.a. auch einen Getreidekasten, ein Brechlbad und 50 historische Traktoren. Ende August findet jährlich ein traditionelles Dampfdreschen statt. Für Gruppen gibt es nach Voranmeldung eine Jause mit Speckbrot und Krapfen.

Übers weite Land

der Eisenbahn hindurch und folgen ihr bis zum Bahnhof Götzing und weiter bis zum Vorfahrtsschild, an dem wir zuerst links und sofort rechts nach „Kirchanschöring 4 km" (Straßenschild) abbiegen. Damit haben wir den Radweg verlassen und radeln auf einer wenig frequentierten Landstraße. Bei einer Bushaltestelle geht es links nach Neunteufeln. Wir passieren ein Betriebsgelände und einen Bach, fahren leicht bergan und halten uns hinter Karlachöd Richtung Breitwies. Damit befinden wir uns auf dem Radweg Salzhandelsweg, der in dieser Gegend leider unzureichend beschildert ist. Wir ignorieren alle Abzweige und fahren stets geradeaus – die Wanderwegmarkierung „K5" hilft bei der Orientierung. Vor der Bannmühle, beim Schild „Mühlenstraße", biegen wir links ab und fahren zu einer breiteren Straße. Auf dem Straßenradweg geht es nach rechts, beim Opel-Autohaus zweigen wir links ab. Nach Kirchanschöring orientieren wir uns wieder an Radwegschildern: „Bf. Laufen 8,4 km" ist unsere Richtung. So erreichen wir den Weiler Hof mit dem kleinen 3 / Bauernhofmuseum (Juni–Aug. Mi–Sa 12–16 Uhr, für Gruppen ab 20 Personen auch nach Vereinbarung).

Abtsdorfer See: Ausruhen und Baden!

Von Hof sind es auf dem Salzhandelsweg laut Schildern 7,3 km bis zum Bahnhof Laufen. Wir machen jedoch noch einen Abstecher zum 4 / Abtsdorfer See. Im malerisch vor der Alpenkulisse gelegenen Leobendorf folgen wir am ersten Vorfahrtsschild der Radwegmarkierung nach links. Beim zweiten Vorfahrtsschild nutzen wir den Straßenradweg nach rechts und kurz darauf halten wir uns links zum Abtsee. Eine kleine Badestelle gibt es beim Restaurant Seeterrasse. Weiter ostwärts erreichen wir das große Freizeitgelände des Landkreises Berchtesgadener Land, über den Parkplatz gelangen wir ans Seeufer.

Laufen: Altstadt in besonderer Lage

Nach einem erfrischenden Bad sind wir fit für den Besuch der Laufener Altstadt. Wir folgen der Straße über Oberheining nach Laufen – außer im Ort gibt es immer einen Straßenradweg. In Laufen fahren wir unter der Eisenbahnstrecke hindurch, beim Vorfahrtsschild rechts und bis zur Bundesstraße B 20. Sie führt uns bis vors Obere Stadttor, durch das wir in die 5 / Altstadt von Laufen kommen. Für einen ausführlichen Stadtrundgang solltest du dein Rad an einer sicheren Stelle abschließen. Die Altstadt liegt vollständig

Km 25,4

Der 4 / Abtsdorfer See, den Einheimische einfach Abtsee nennen, ist ein wunderschön gelegener Moor-Badesee inmitten eines Landschaftsschutzgebiets. Durch seine dunkle Farbe, die durch das umgebende Moor entsteht, erwärmt sich der Abtsee sehr schnell. Er gilt als einer der wärmsten Badeseen Oberbayerns.

‹ links / Seitenwechsel: Über die historische Salzachbrücke fahren wir von Laufen nach Oberndorf im Salzburger Land ^ oben / Das warme Wasser des malerischen Abtsees lädt zum Schwimmen ein

auf einer von der Salzach umflossenen Halbinsel. Steile Gassen und Treppenwege führen hinunter zum Fluss. Bei Niedrigwasser kannst du auf den Kiesbänken an der Spitze der Halbinsel spazieren und die vielen verschiedenen Steine bewundern, die durch Gletschereis und Fluss dahin verfrachtet wurden. Unbedingt sehenswert ist die Stiftskirche „Zu unserer Lieben Frau". Das älteste Gotteshaus der Stadt war eine herzogliche Eigenkirche des Erzherzogs Gerfried von Melk an der Donau.

WALLFAHRTSKIRCHE MARIA BRUNN

Ein etwa 2 km langer Spaziergang nach der Radtour führt durch das Ponlacher Bachtal zur Kirche Maria Brunn. Der Fußweg beginnt hinter der Tittmoninger Stiftskirche St. Laurentius. Wenn du über die Burg zurückgehst, wird ein lohnender Rundweg daraus.

Oberndorf: Stille Nacht, heilige Nacht!

Nach unserem Stadtrundgang verlassen wir Laufen und radeln über die 6 / historische Länderbrücke nach Oberndorf. Sie wurde 1901–1903 während der Herrschaft von Kaiser Franz Joseph I. und Prinzregent Luitpold von Bayern erbaut. Die Wappen und Verzierungen an der Brücke kann man als eine Machtdemonstration beider Herrscher deuten. Am Salzburger Brückenende halten wir uns links und rollen bequem auf dem Hochwasserschutzdamm die Flussschleife entlang. Ungefähr am nördlichsten Ende der Schlaufe nach etwa 600 m Fahrt führt rechts ein Treppenweg zum Stille-Nacht-Platz mit der berühmten 7 / Stille-Nacht-Kapelle. Wenn du

24.12.1818

An diesem Tag soll in der ehemaligen St.-Nikolaus-Kirche zu Oberndorf an der Salzach zum ersten Mal das berühmteste aller Weihnachtslieder gesungen worden sein. Anstelle der Kirche steht heute die 7 / Stille-Nacht-Kapelle und erinnert an das große Werk des Priesters und Dichters Joseph Franz Mohr.

mehr über die Geschichte des Lieds und der Region wissen willst, besuchst du am besten das Stille-Nacht-Museum (www.stillen-acht-oberndorf.com), das gleich ums Eck liegt.

An der Salzach: Ein klassischer Flussradweg

Kurz darauf, wo der 2006 errichtete 8 / Europasteg auf den Flussradweg trifft, können wir die Treppen hinauf zur Kalvarienbergkapelle mit schöner Aussicht auf Laufen erklimmen. Wir verlassen Oberndorf bei der historischen 9 / Schifferkapelle. Es folgt eine lange, aber einfache Fahrt entlang der Salzach: Der Tauernradweg führt immer am Fluss dahin. Nach etwa 22,5 km erreichen wir die Salzachbrücke bei Tittmoning, überqueren den Fluss und radeln an der Hauptstraßenkreuzung links auf den 1 / Marktplatz Tittmoning.

TOURENINFO / Zweifelsfrei eine Tagestour. Der Besuch der Städte Tittmoning, Laufen und Oberndorf steht im Mittelpunkt. Du solltest aber auch etwas Zeit für den Abtsdorfer See einplanen. Für Kinder ist die Strecke zu lang.

< links / Die berühmte Stille-Nacht-Kapelle in Oberndorf an der Salzach
^ oben / Der prächtige Marktplatz von Tittmoning mit bunten Häusern im Inn-Salzach-Stil

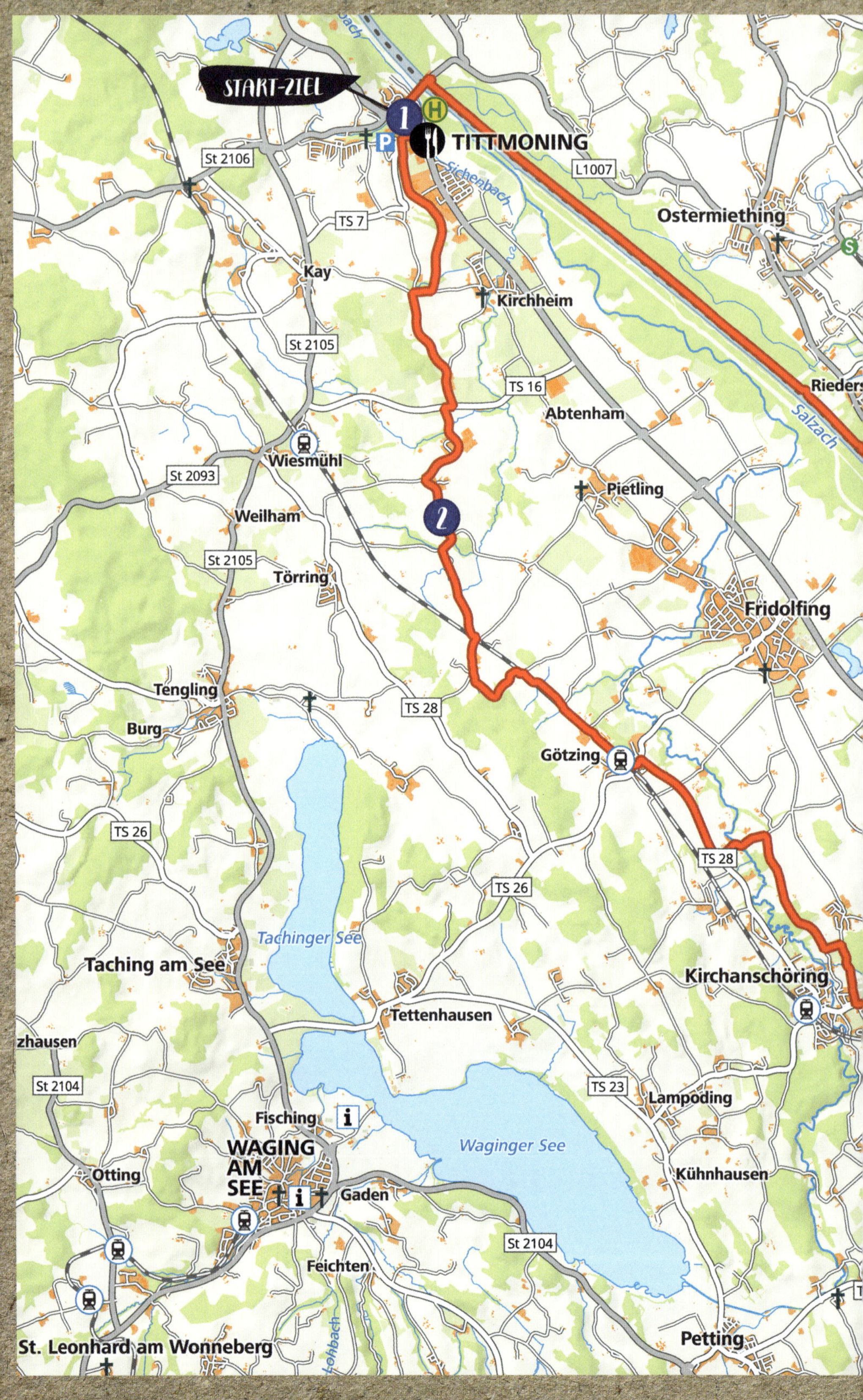
START-ZIEL
TITTMONING
L1007
Ostermiething
St 2106
TS 7
Kay
Kirchheim
St 2105
TS 16
Riedersbach
Abtenham
Salzach
Wiesmühl
St 2093
Pietling
Weilham
St 2105
Törring
Fridolfing
Tengling
TS 28
Burg
Götzing
TS 26
TS 28
TS 26
Tachinger See
Taching am See
Kirchanschöring
Tettenhausen
zhausen
St 2104
TS 23
Lampoding
Fisching
WAGING AM SEE
Waginger See
Otting
Kühnhausen
Gaden
St 2104
Feichten
Petting
St. Leonhard am Wonneberg
Lohbach
Sichenbach

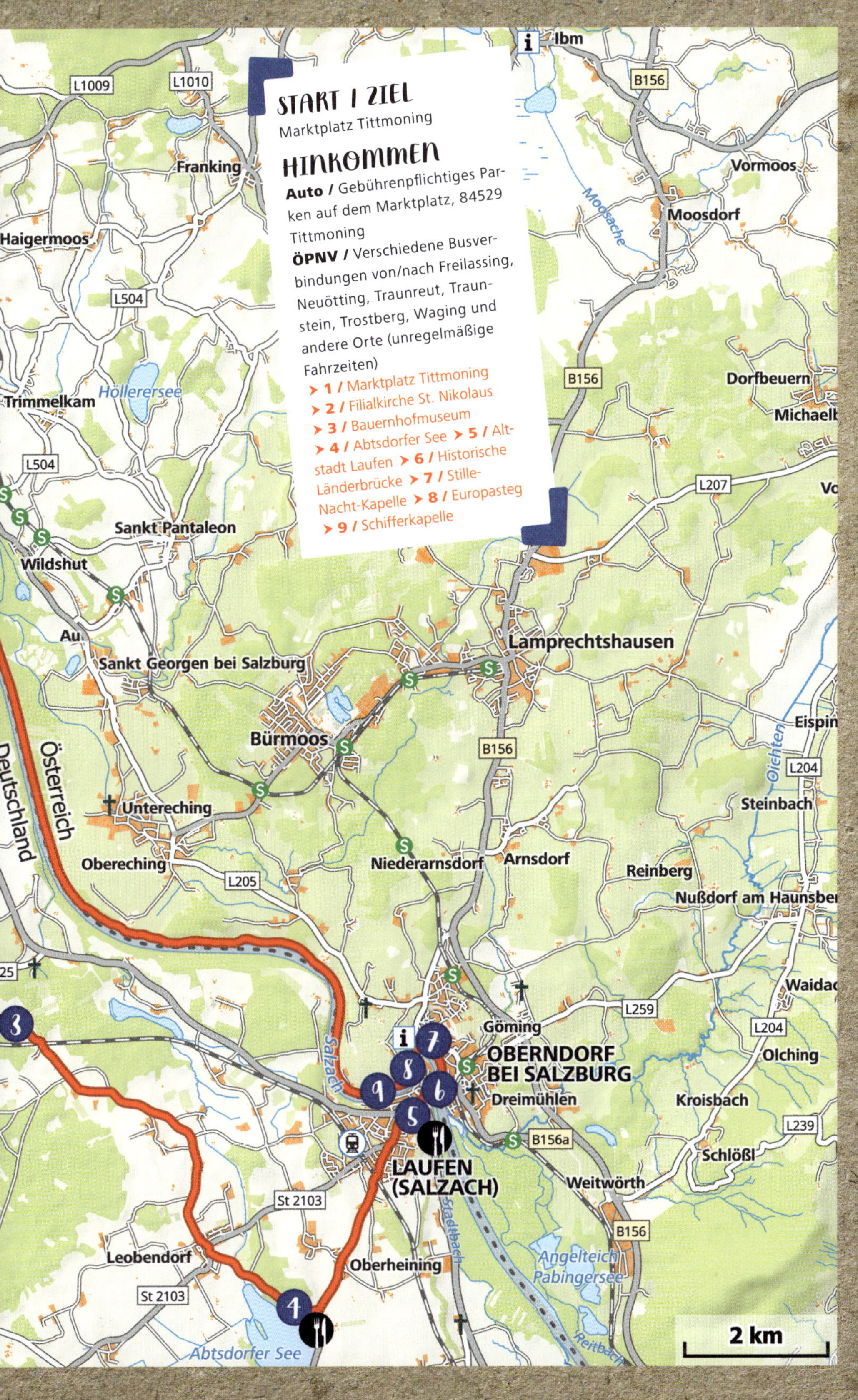
START / ZIEL
Marktplatz Tittmoning
HINKOMMEN
Auto / Gebührenpflichtiges Parken auf dem Marktplatz, 84529 Tittmoning
ÖPNV / Verschiedene Busverbindungen von/nach Freilassing, Neuötting, Traunreut, Traunstein, Trostberg, Waging und andere Orte (unregelmäßige Fahrzeiten)
1 / Marktplatz Tittmoning
2 / Filialkirche St. Nikolaus
3 / Bauernhofmuseum
4 / Abtsdorfer See
5 / Altstadt Laufen
6 / Historische Länderbrücke
7 / Stille-Nacht-Kapelle
8 / Europasteg
9 / Schifferkapelle
Ibm
L1009
L1010
B156
Franking
Vormoos
Moosach
Moosdorf
Haigermoos
L504
Trimmelkam
Höllerersee
Dorfbeuern
Michaelb
L207
Sankt Pantaleon
Wildshut
Au
Lamprechtshausen
Sankt Georgen bei Salzburg
Bürmoos
Eispin
Oichten
L204
Steinbach
Österreich
Deutschland
Untereching
Obereching
L205
Niederarnsdorf
Arnsdorf
Reinberg
Nußdorf am Haunsbe
Waida
L259
Göming
OBERNDORF BEI SALZBURG
Dreimühlen
Olching
Kroisbach
Salzach
B156a
L239
Schlößl
LAUFEN (SALZACH)
Weitwörth
St 2103
Stadtbach
Leobendorf
Oberheining
Angelteich
Pabingersee
Abtsdorfer See
Reitbach
2 km

NATÜRLICHE SCHÖNHEITEN

Die Eiszeit fasziniert mich. Hunderte Meter hoch sollen die Gletscher gewesen sein. Ihnen verdanken wir die hügelige Voralpenlandschaft mit Seen und Mooren.

> **1 /** Bahnhof Teisendorf, mühelos mit der Bahn erreichbar

> **2 /** Durch die Marktstraße Teisendorf mit bunten alpenländischen Häusern

> **3 /** Zum kleinen Stausee Surspeicher in schöner Umgebung (Baden verboten)

> **4 /** Schönram ist berühmt durch die Brauerei – das Bier gibt's im Gasthof

> **5 /** Auf dem Moorerlebnispfad das Hochmoor Schönramer Filz erkunden

> **6 /** Toller Blick vom Aussichtspunkt Haarmoos über das Wiesenbrütergebiet

> **7 /** Mehrere Einkehrmöglichkeiten warten in Saaldorf, z. B. ein Grieche

> **8 /** Interessantes Museum über den Torfabbau: Torfbahnhof Ainring

> **9 /** Auf dem Moosrundweg durch das Ainringer Moos spazieren

> **10 /** Einkehren oder schwimmen? Beim Kloster Höglwörth mit Wirtshaus und Badesee geht beides

> **11 /** Halt an der Bruder-Klaus-Kapelle aus dem späten 20. Jahrhundert

> **12 /** Zum Gedenken an zwei gefallene französische Soldaten: Wörlach-Kapelle

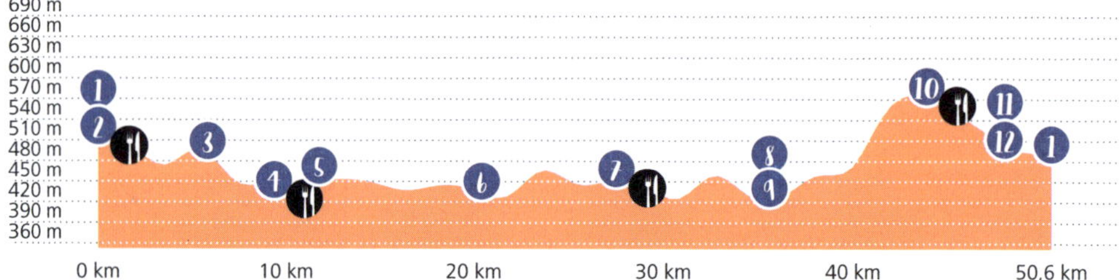

OHNE MOOS NIX LOS!

Auf den Spuren der letzten Eiszeit zum Schönramer Filz, Haarmoos und Ainringer Moos

Mehrere Hundert Meter hohe Gletscher bedeckten das Voralpenland während der letzten Eiszeit. Als das Eis schmolz, blieben Seen und Moore zurück. Im südlichen Rupertiwinkel besuchen wir Moore, die sich nach jahrzehntelanger menschlicher Nutzung wieder zu Naturlandschaften entwickeln. Ein großer Moorwassersee lädt uns zum Baden ein.

51 Kilometer
340 Höhenmeter
4:30 Stunden
Rundtour

Von Teisendorf ins Tal der Sur

Unsere Rundfahrt auf den Spuren der letzten Eiszeit beginnt am 1 / Bahnhof Teisendorf der Strecke München–Salzburg. Am Kreisverkehr vor dem Bahnhof fahren wir abwärts zur Bahnhofstraße und folgen der Beschilderung „Teisendorf Ortsmitte". Die 2 / Marktstraße Teisendorf überrascht mit einer Reihe hübscher Häuser, außerdem gibt es zahlreiche Einkehr- und Einkaufsmöglichkeiten. Kurz hinter der Marktapotheke biegen wir rechts in die Holzhauser Straße und folgen der Radwegbeschilderung nach Waging (Straßenschild: Wimmern). Bei den letzten Häusern überqueren wir den Fluss Sur. Vor der Eisenbahn halten wir uns rechts, dann fahren wir unter den Gleisen hindurch und radeln nordwärts bis Gumperding.

CHARAKTER

Sportlich	●●●●○
Abkühlung	●●●●○
Schlemmen	●●●●○
Panorama	●●●●●

◂ links / Im Naturschutzgebiet Schönramer Filz

Wir folgen dem mit einem Frosch-Symbol markierten Moor und Moos-Radweg über die Sur und radeln nach der Brücke links durch das Surtal zum 3 / Surspeicher. Die Mitte der 1960er Jahre erbaute Talsperre dient dem Hochwasserschutz und der Stromerzeugung.

Nach Schönram und ins Hochmoor Schönramer Filz

Über die Staumauer geht es Richtung Furt. Vor der Brücke über die Sur fahren wir rechts, sodann links ("Schönramer Filz 3,4 km"). Der "Frosch" begleitet uns durch Ammerberg bis zum Opel-Autohaus an einer Hauptstraße. Bis 4 / Schönram nutzen wir den Straßenradweg. Im Ort lädt der Brauereigasthof zur Einkehr ein, allerdings liegt noch eine lange Strecke mit vielen Highlights vor uns. Vom Bräustüberl folgen wir der Markierung Richtung Laufen – fahr bitte vorsichtig an der Straße! Beim Parkplatz nach Beginn des Waldes zweigt unser Radweg ab und führt am Rand des Hochmoors 5 / Schönramer Filz entlang. Hochmoore werden im süddeutschen Sprachraum als Filze bezeichnet. Wenn du den gesamten Moorlehrpfad erkunden willst (Wege nicht verlassen!), musst du dein Bike abstellen und zu Fuß gehen – der Fahrradweg folgt nur einem Teil des Moorlehrpfads. Wenn du am Start des Moorlehrpfads (unser Wegpunkt 5) zur Straße fährst, kurz nach rechts und bei erster Gelegenheit wieder links, kommst du zur ehemaligen Versuchsplantage der TU Weihenstephan. Dort kannst du amerikanische Cranberries pflücken (Hauptsaison Okt., www.schoenramer-beeren.de).

MOOS ODER FILZ?

Durch Verlandung von Wasserflächen entsteht ein Niedermoor (süddeutsch: Moos). Es hat Zu- und Abläufe. Torfmoose sorgen für ein Höhenwachstum des Niedermoors. Die Zu- und Abläufe werden unterbrochen und verschwinden. Es entsteht ein Hochmoor (süddeutsch: Filz), das nur noch von Regenwasser gespeist wird.

Zum Baden an den Abtsee

An der Grenze zwischen den Landkreisen Traunstein und Berchtesgadener Land stößt der geschotterte Moor und Moos-Radweg

---

➤ rechts groß / Herbststimmung: Zu Fuß auf dem lehrreichen Moorrundweg durch das Schönramer Filz ➤ rechts klein / Kleine Früchtchen: Im Schönramer Filz gibt es sogar amerikanische Cranberries

Km 11,6

Das 5 / Schönramer Filz ist eines der größten Hochmoore in Südost-Oberbayern. Von den 1920er Jahren bis beinah zur Jahrtausendwende wurde großflächig Torf abgebaut. Seitdem regenerieren sich die Moor- und Heideflächen langsam. Die Rückentwicklung zu einem natürlichen Hochmoorgebiet wurde durch das künstliche Anstauen des Moorsees unterstützt, an dem der Lehrpfad vorbeiführt.

VACHENLUEG

Der ungewöhnliche Ortsname bedeutet so viel wie „abwärts gelegener Platz mit guter Fernsicht", und das stimmt! Lohnend ist der Stopp bei der Wallfahrtskapelle, die idyllisch neben einem Weiher liegt. Sie steht an der Stelle einer ehemaligen Burg und enthält noch Elemente der Burgkapelle.

auf eine Straße, an der wir dem Wegweiser „Leobendorf 4,0 km" folgen. Hinterm Abzweig Gaisbach führt der Radweg nach links und dann gut beschildert bis Leobendorf, wo sich unsere Runde mit Tour 16 kreuzt. Auf dem Weg dorthin erfreuen wir uns am Ausblick auf den Haunsberg im Flachgau. An der Hauptstraße in Leobendorf fahren wir nach rechts und kurz darauf links Richtung Abtsee. Wenn du ein Bad in dem warmen Moorwassersee nehmen willst, fährst du geradeaus und nutzt am besten das Freizeitgelände (s. Tour 16).

AUF VOGEL-BEOBACHTUNG

Das Haarmoos: ein bedeutendes Wiesenbrütergebiet

Unsere Route führt an der Nordspitze des Abtsdorfer Sees nach rechts Richtung Haarmoos (in eine für den Motorverkehr gesperrte Straße – „Fahrräder und Anlieger frei"). Im Weiler Haarmoos treffen wir auf ein Asphaltsträßchen und folgen ihm nach links. Wir radeln südostwärts auf einem bewaldeten Höhenrücken zum 6 / Aussichtspunkt Haarmoos. Von der Holzplattform überblicken wir die letzte große Streuwiesenlandschaft im Berchtesgadener Land, die zugleich das größte Wiesenbrütergebiet Südostbayerns ist. Im Haarmoos brüten Bekassine, Braunkehlchen, Großer Brach-

vogel, Kiebitz, Wachtelkönig und Wiesenpieper – streng geschützte Vögel, die bayernweit auf der Roten Liste der vom Aussterben bedrohten Arten stehen. Nach dem Abschmelzen der letzten Gletscher vor etwa 10.000 Jahren war das Gebiet von einem flachen See bedeckt. Schilf, Seggen und Binsen wuchsen allmählich hinein, der See verlandete und wurde zu einem Niedermoor – süddeutsch: Moos. Ende des 18. Jh. wurde das Moor entwässert, um die Flächen für die Landwirtschaft nutzbar zu machen. Die Wiesenmahd wurde als Einstreu genutzt, daher der Begriff Streuwiese.

100.000

Jahre dauerte die Würmeiszeit. Die vorerst letzte große Kälteperiode in Mitteleuropa endete vor etwa 10.000 Jahren. Die durchschnittlichen Jahrestemperaturen waren um 10 °C niedriger als heute. Die mehrere Hundert Meter dicken Gletscher formten die Landschaft des südlichen Alpenvorlands.

Nach Saaldorf und zum Niedermoor Ainringer Moos

Es geht hinab vom Höhenrücken und rechts Richtung Leustetten. Wenige Meter vor einem Vogelbeobachtungsstand gegenüber einer Feldscheune orientieren wir uns erneut Richtung Leustetten. Dort angekommen, treffen wir den „Frosch" wieder und folgen ihm nach 7 / Saaldorf. Auf der Stalberstraße geht es südwärts aus dem Ort hinaus, beim Vorfahrtsschild rechts und kurz darauf links nach Sillersdorf. Das Frosch-Symbol des Moor und Moos-Radwegs führt uns sicher durch Sillersdorf, über die Sur und das Gelände der Golfanlage Berchtesgadener Land, an dessen Rand das Örtchen Weng mit Einkehr- und Übernachtungsmöglichkeiten liegt. Nach der Fahrt vorbei am Golfplatz, noch vor der B304, halten wir uns links. In Mühlreit fahren wir unter der Eisenbahn hinweg und kommen zum 8 / Torfbahnhof Ainring (Führungen nach Anm., www.ainringer-moos.de). Das Ainringer Moos ist ein Niedermoor,

---

‹ links / Auf dem Weg nach Schönram auf dem Moor und Moos-Radweg
^ oben / Lohnendes Ziel: Die Aussichtsplattform über das Haarmoos

an dessen Nordostrand sich bereits ein Hochmoorbereich gebildet hat. Zwischen den 1920er Jahren und 2003 wurde der Torf als Streu- und Brennmaterial abgebaut. Anfang der 1950er Jahre waren bis zu 60 Personen im Torfwerk angestellt. Die Gleise der Torfbahn hatten eine Gesamtlänge von etwa 13 km. An der Buswendeschleife vorm Torfbahnhof nehmen wir den Radweg, der unter der Bundesstraße hindurch und danach neben ihr entlangführt. Wir folgen der Straße nach Thundorf und kommen am 9 / Zugang zum Moosrundweg vorbei.

MOORENTSTEHUNG LIVE

Als typischer Schmelzwassersee ist der Höglwörther See kaum über sechs Meter tief. Er verlandet jährlich mehr, sodass in ein paar Tausend Jahren an seiner Stelle ein Moor sein wird. Die Halbinsel, auf der das 10 / Kloster Höglwörth steht, war noch Anfang des 19. Jh. eine Insel.

Von Thundorf zum Kloster Höglwörth

Der „Frosch" begleitet uns über Ottmaning nach Vachenlueg – in den Ort geht es recht steil bergauf. Der Moor und Moos-Radweg steigt weiter bis hinter Steinhögl, wo wir mit einem fantastischen Ausblick belohnt werden. Anschließend rollen wir hinab und dürfen den Abzweig der Thalstraße nicht verpassen – achte unbedingt auf ein Schild, das an einem Hauptstraßenschild angebracht ist! Wir ignorieren alle Abzweige und lassen uns nicht von einem kurzen Schotterabschnitt vor Eggenholz irritieren. Bei einem Buswartehäuschen treffen wir auf die Staatsstraße St2103, fahren nach links

Km 44,1

Das 10 / Kloster Höglwörth ist ein ehemaliges Augustiner-Chorherrenstift und den Aposteln Petrus und Paulus geweiht. Erzbischof Konrad I. von Salzburg gründete das Kloster 1125. Es blieb als einziges Stift in Bayern von der Säkularisation verschont, da es als Teil des Salzburgischen Rupertiwinkels erst 1810 an Bayern fiel. Die sehenswerte Rokoko-Kirche wurde im Jahr 1675 neu errichtet.

talwärts und biegen rechts ab Richtung 10 / Kloster Höglwörth. Eine Einkehr beim Klosterwirt gehört gewissermaßen zum Pflichtprogramm. Am Högelwörther See gibt es einen Badeplatz (Mai–Sept. bei schönem Wetter 9–19 Uhr, Eintritt frei).

Durch das Ramsauer Bachtal nach Teisendorf

Am Ende des Klosterparkplatzes folgen wir dem Bodensee-Königssee-Radweg. Gemeinsam mit dem Rupertiwinkel-Radweg führt er durch das Ramsauer Bachtal zur modernen 11 / Bruder-Klaus-Kapelle im Wald. Bald endet das schöne Tal, wir fahren unter der B 304 hindurch und kommen zum Waldschwimmbad Teisendorf, das Anfang 2022 wegen Sanierung geschlossen war. Vorm ersten Weiher halten wir uns rechts um das Schwimmbad herum und kürzen auf einem Wiesenpfad zur 12 / Wörlach-Kapelle ab. Auf dem Asphaltsträßchen fahren wir nach rechts ins Örtchen Grubenhaus, wo wir uns links zur Hauptstraße orientieren und ihr nach Nordwesten bis zum Abzweig zum 1 / Bahnhof Teisendorf folgen.

TOURENINFO / Lange Rundfahrt für Natur- und Kulturliebhaber, nichts für Kinder. Aufgrund des Geländeprofils kann man hin und wieder richtig ins Schwitzen kommen. Abkühlungs- und Einkehrmöglichkeiten sorgen für Ausgleich.

< links / Die Anlage des ehemaligen Klosters Höglwörth ^ oben / Alpenblick bei Höglwörth mit der Kirche Maria Himmelfahrt zu Anger

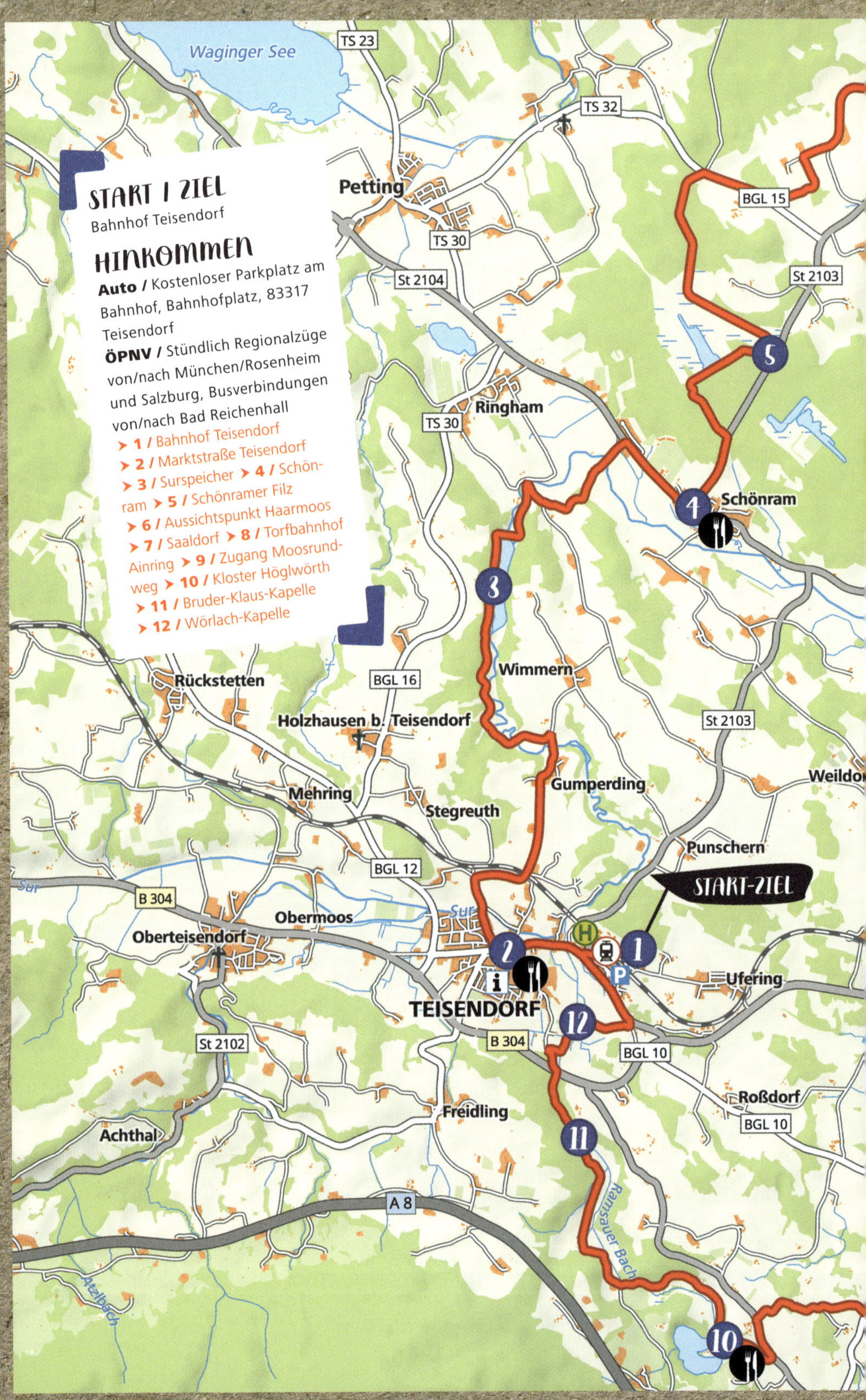

START | ZIEL
Bahnhof Teisendorf
HINKOMMEN
Auto / Kostenloser Parkplatz am Bahnhof, Bahnhofplatz, 83317 Teisendorf
ÖPNV / Stündlich Regionalzüge von/nach München/Rosenheim und Salzburg, Busverbindungen von/nach Bad Reichenhall
➤ 1 / Bahnhof Teisendorf
➤ 2 / Marktstraße Teisendorf
➤ 3 / Surspeicher ➤ 4 / Schönram ➤ 5 / Schönramer Filz
➤ 6 / Aussichtspunkt Haarmoos
➤ 7 / Saaldorf ➤ 8 / Torfbahnhof Ainring ➤ 9 / Zugang Moosrundweg ➤ 10 / Kloster Höglwörth
➤ 11 / Bruder-Klaus-Kapelle
➤ 12 / Wörlach-Kapelle
START-ZIEL
Waginger See
TS 23
TS 32
Petting
BGL 15
TS 30
St 2104
St 2103
Ringham
Schönram
Wimmern
Rückstetten
BGL 16
Holzhausen b. Teisendorf
St 2103
Gumperding
Weildo
Mehring
Stegreuth
Punschern
Sur
B 304
BGL 12
Obermoos
Oberteisendorf
Ufering
TEISENDORF
B 304
BGL 10
St 2102
Roßdorf
BGL 10
Freidling
Achthal
A 8
Ramsauer Bach
Atzlbach

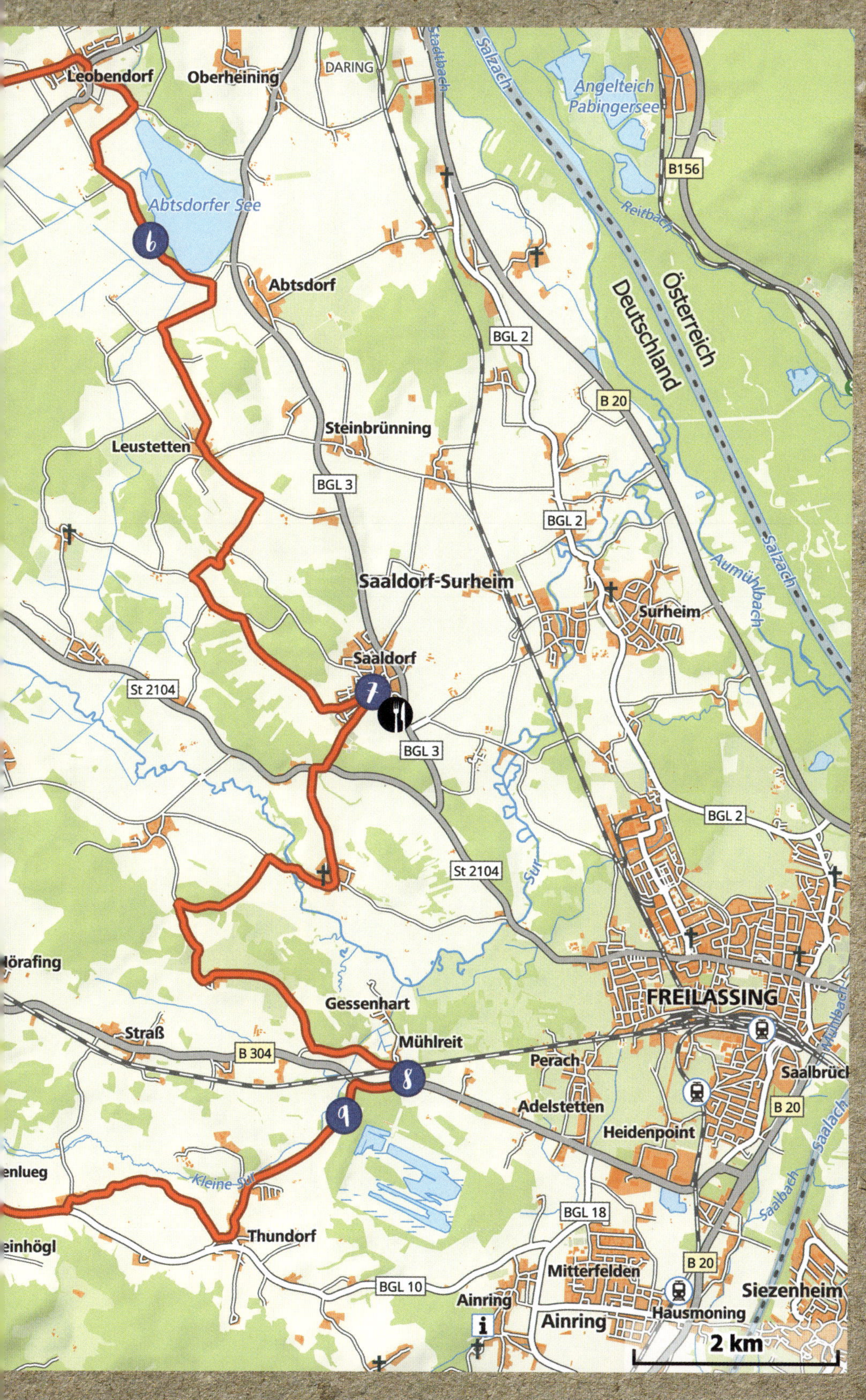
Leobendorf
Oberheining
DARING
Salzach
Angelteich
Pabingersee
B156
Abtsdorfer See
Reitbach
6
Abtsdorf
Österreich
Deutschland
BGL 2
B 20
Steinbrünning
Leustetten
BGL 3
BGL 2
Saaldorf-Surheim
Surheim
Saalach
Aumühlbach
Saaldorf
7
St 2104
BGL 3
BGL 2
St 2104
Sur
Hörafing
FREILASSING
Gessenhart
Mühlreit
Straß
B 304
8
Perach
Saalbrück
9
Adelstetten
B 20
Heidenpoint
enlueg
Kleine Sur
Saalbach
BGL 18
Thundorf
einhögl
B 20
Mitterfelden
BGL 10
Siezenheim
Ainring
Hausmoning
Ainring
2 km

Zeitloser Klassiker

Der Chiemsee – für mich ist er der schönste See der Welt! Und der Chiemsee-Rundweg ist ein Radtourenklassiker. Einfach zeitlos. Für diese Tour habe ich ihn „neu erfunden".

➤ **1 /** Unsere Tour startet und endet am Bahnhof Übersee

➤ **2 /** Beeindruckende Kirche St. Peter und Paul, eine der ältesten des Chiemgaus

➤ **3 /** Im Bayerischen Moor- und Torfmuseum über die Geschichte des Torfabbaus informieren

➤ **4 /** Irschener Winkel: Einer von fünf Vogelbeobachtungstürmen direkt am See

➤ **5 /** An der Uferpromenade Prien-Stock grüßt König Ludwig II. Touristen aus aller Welt

➤ **6 /** Leckere Steckerl- und Räucherfische in der Fischhütte Reiter

➤ **7 /** Wir halten an einem ehemaligen Römischen Gutshof

➤ **8 /** Grundloser See: Mystischer Moorsee am Rande des Lienzinger Hochmoors

➤ **9 /** Strandbad Gollenshausen: Kostenfreie Badestelle mit Restaurant und Imbiss nebenan

➤ **10 /** Seebruck: Das römische Bedaium ist einer der schönsten Orte am See

➤ **11 /** Chieming: Nach Seebruck der zweite große Ort, der einen Stopp lohnt

➤ **12 /** Einzigartiger Ausblick vom Vogelbeobachtungsturm Hagenau auf das Mündungsdelta der Tiroler Achen

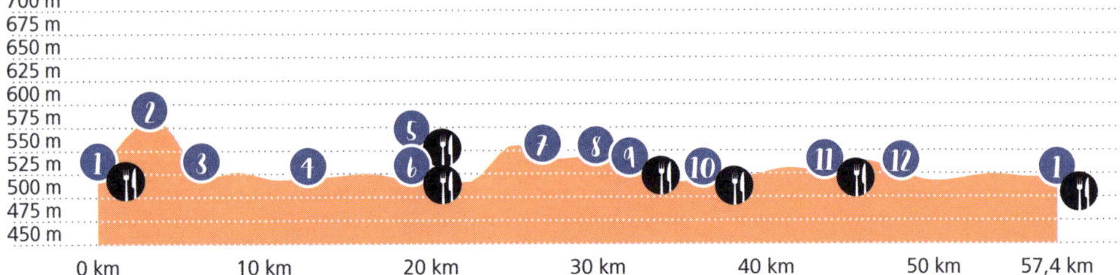

MOOR UND MEER

Die besondere Runde um den Chiemsee

TOUR, DIE DU SO NIE GEMACHT HÄTTEST

Der gut beschilderte Chiemsee-Radweg um das „Bayerische Meer" gehört zu den beliebtesten Biker-Zielen der Region. Die offizielle Tour lohnt sich sehr. Wir ändern sie dennoch ein wenig und besuchen ein paar Sehenswürdigkeiten im Chiemsee-Hinterland.

57 Kilometer
150 Höhenmeter
4:15 Stunden
Rundtour

CHARAKTER

Sportlich ●●●○○
Abkühlung ●●●●●
Schlemmen ●●●●○
Panorama ●●●●●

Aufwärmen: Auf den Westerbuchberg

Wir beginnen die Tagestour am 1 / Bahnhof Übersee. Auf der Bahnhofstraße fahren wir westwärts bis zum Kreisverkehr, den wir an der ersten Hauptausfahrt in die Dorfstraße verlassen. Wir radeln an einem kleinen Park vorbei, queren den Überseer Bach und biegen rechts ab zur neogotischen Pfarrkirche St. Nikolaus. An der T-Kreuzung beim Gasthaus Hinterwirt biegen wir links ab – und befinden uns jetzt auf dem Chiemsee-Radweg, der uns an der nächsten Kreuzung rechts in die Horlacher Straße leitet. Etwa 700 m nach dieser Kreuzung, ungefähr auf Höhe der Sportplätze, schwenkt der Chiemsee-Radweg südwestwärts und führt nördlich um den Westerbuchberg herum. Achtung: Wir fahren südwärts weiter (Horlacher Straße, Hadergasse). Es geht bergan. Nach zwei kurzen Waldpassagen halten wir uns beim

◂ links / Unterwegs auf dem gepflegten Chiemsee-Rundweg bei Übersee

Hof Westerbuchberg 41 scharf rechts und strampeln hinauf zur 2 / Kirche St. Peter und Paul. Das sehenswerte Gotteshaus gehört zu den ältesten des Chiemgaus. Die Tuffsteinmauern des Langhauses stammen noch aus romanischer Zeit, der Kirchenraum ist gotisch und überrascht mit schönen Fresken.

Moor und Meer gehören zusammen

Wir radeln auf breitem Weg weiter westwärts, bald leicht bergab, und treffen in einer steilen Kurve auf den Chiemsee-Radweg, der von rechts heraufkommt. Wir folgen ihm aber geradeaus, lassen den Westerbuchberg hinter uns und düsen schnurgerade entlang eines Entwässerungsgrabens durch das Verlandungsgebiet des Chiemsees. So kommen wir zum 3 / Bayerischen Moor- und Torfmuseum (Mai–Okt. Sa, So 11–16 Uhr, 30.6.–29.9. zusätzl. Mi, Feldbahnfahrten 12–15 Uhr zur vollen Std., www.museum-torfbahnhof.de). Vom Torfbahnhof folgen wir weiter dem gut beschilderten Chiemsee-Radweg, zunächst an der Eisenbahnstrecke München–Salzburg entlang, dann nordwärts und am Rande des Bernauer Ortsteils Eichet vorbei. Nach Unterquerung der A8 erreichen wir den Chiemseepark Felden mit Badestelle und den 4 / Beobachtungsturm Irschener Winkel.

DAS HOCHMOOR KENDLMÜHLFILZEN

Die Kendlmühlfilzen ist das größte zusammenhängende Hochmoor in Bayern. Es entstand aus der Verlandungszone des Chiemsees. Der Torf, der in den vergangenen Jahrhunderten abgebaut wurde, war bis zu acht Meter dick. Zum Abtransport wurde 1920 der Torfbahnhof an der Bahnstrecke München–Salzburg angelegt – heute beherbergt er das 3 / Bayerische Moor- und Torfmuseum.

TOUR, DIE DU SO NIE GEMACHT HÄTTEST

Am Ostufer des Bayerischen Meeres

Auf dem Chiemsee-Radweg kommen wir um den Irschener Winkel herum und immer am Westufer des Sees entlang. Vom Biberspitz (Campingplatz Harras) bis Prien-Stock verläuft der Radweg auf einer Straße. Dieser ziemlich unattraktive Abschnitt lässt sich nicht gut umgehen. Umso interessanter ist es, anschließend etwas

---

➤ rechts groß / Bike unter Booten: Wir parken am Hafen Seebruck und schauen uns in Ruhe um ➤ rechts klein / Strahlende Mittagssonne über dem Chiemsee

Km 36,2

Bedaium – so hieß 10 / Seebruck bei den Römern. Der Ort lag an einer Handelskreuzung und war aufgrund des Fischreichtums des Chiemsees ein idealer Siedlungsort. Vermutlich spielte auch die Lage an der Alz eine Rolle. Der Name Seebruck ist jedenfalls unzweideutig: die Brücke über den Abfluss des Sees.

SCHAFE WASCHEN!

Wie ein kleiner See hängt sie am großen Chiemsee dran – die **Schafwaschener Bucht** im Nordwesten. Ihren Namen bekam sie tatsächlich, weil zu früheren Zeiten Schafe ins Wasser getrieben wurden, um ihr Fell vor der Schur zu waschen.

TOUR, DIE DU SO NIE GEMACHT HÄTTEST

Zeit an der belebten 5 / Uferpromenade Prien-Stock zu verbringen. Allerdings müssen die Fahrräder geschoben werden: Der Bereich um den Schiffsanleger und der kleine Park auf der Landzunge sind Fußgängerzonen. Das nebenan gelegene Freizeitbad Prienavera ist Hallen- und Strandbad zugleich (www.prienavera.de). In Osternach teilt sich der Chiemsee-Radweg in zwei Varianten. Schöner ist die östliche, die näher am See entlangführt. An dieser Route liegen das Fischrestaurant Winklfischer und die empfehlenswerte 6 / Fischhütte Reiter (www.chiemseefischerei.de/michael-reiter). Gestärkt radelst du auf dem Chiemsee-Radweg zur Prien-Mündung und halb um die Schafwaschener Bucht herum.

Durchs Hinterland zum mystischen Moorsee

Am Yachthafen Aiterbach fährst du nicht auf den Uferweg, sondern bleibst auf dem Straßenradweg Naturpalette Chiemsee. Beim Seecafé Toni in Hochstätt verlassen wir den Chiemsee-Radweg (s. auch Tour 12). Wir biegen links ab zur St.-Koloman-Kapelle (Radweg Richtung Eggstätt), an der wir geradeaus in den Wald

hineinfahren. Der „Naturweg“ trifft auf eine Straße: Wir lenken rechts und etwa 150 Meter weiter wieder rechts Richtung Kitzing. In Oberkitzing folgen wir dem Radwegweiser „Eggstätt 4,6 km“. Wir stoppen beim ehemaligen 7 / Römischen Gutshof in Unterkitzing und informieren uns zur Geschichte, bevor wir der Naturpalette Chiemsee Richtung Mooshappen folgen. Nach einer kurzen Waldpassage auf einem Schotterweg erreichen wir eine markante Kreuzung von fünf Wegen bei einer Pferdekoppel. Dort folgen wir weiter dem Weg Naturpalette Chiemsee Richtung Nordosten entlang eines Grabens. Achtung: „Naturpalette-Wege“ sind auch in andere Richtungen beschildert. Nordostwärts geht es durch Teile des Niedermoors Lienzinger Moos zum Hochmoor Lienzinger Filz. Am Rande des Filzes liegt der mystische 8 / Grundlose See. Früher glaubten die Menschen, der See sei unendlich tief. Das rührt vermutlich daher, dass man im Hochmoor keinen Untergrund „spüren“ kann und dazumal Ängste bestanden, vom Moor „verschluckt“ zu werden. Das Lienzinger Filz steht wie alle bayerischen Hochmoore unter Naturschutz – hilf bitte mit, dass das kleine Paradies erhalten bleibt! An der Kreuzung nordöstlich vom Grundlosen See fahren wir rechts. Naturpalette Chiemsee und Via Julia leiten uns über Lienzing zum 9 / Strandbad Gollenshausen (kein Eintritt, Liegewiese und Holzplattformen zum Liegen, Restaurant/Imbiss).

75

Meter lang ist der Spiegelsaal im Schloss Herrenchiemsee. König Ludwig II. ließ ihn in Anlehnung an den Spiegelsaal des Schlosses Versailles bauen, jedoch um zwei Meter verlängern, um Bayerns Macht eindrucksvoll zu demonstrieren. Von 5 / Prien und Gstadt verkehren regelmäßig Schiffe zur Herreninsel mit dem Königsschloss.

‹ links / Pause mit Seeblick bei Feldwies ^ oben / Der Grundlose See lädt zum Verweilen ein

Einfache Orientierung dank Chiemsee-Radweg

Ab Gollenshausen bleiben wir bis beinah zum Schluss auf dem offiziellen Chiemsee-Radweg und folgen seiner sehr guten Beschilderung. Erst am Ortsrand von Feldwies, etwa 2 km vor Tourende, verlassen wir ihn: Hinter der Pension Schwaiger (Haus Laxganer) biegen wir scharf links in die Moosener Straße, der wir südwärts bis zur Bahnhofstraße folgen, die uns nach rechts zum 1 / Bahnhof Übersee bringt.

DAS DELTA DER TIROLER ACHEN

Vom 12 / Vogelbeobachtungsturm Hagenau sieht man es gut: Das Achendelta ist eines der schönsten Binnendeltas in Europa. Als empfindliches Ökosystem ist es unter Schutz gestellt und darf weder auf dem Land- noch auf dem Seeweg betreten werden. Durch Flusskies und Sande verlandet das Delta und damit der gesamte Chiemsee.

Highlights ab Gollenshausen

Entlang des Chiemsee-Radwegs von Gollenshausen bis Feldwies gibt es viel zu entdecken. In 10 / Seebruck lohnt ein kurzer Abstecher in den Kurpark mit einem Beobachtungsturm. Der Zugang befindet sich bei der Ausgrabung einer Römischen Darre. Im Römermuseum (www.roemermuseum-bedaium.byseum.de) erfahren wir mehr über die Geschichte von Bedaium. Auf der Seebrucker Halbinsel mit Yachthafen können wir am Strandbad in den See springen (Mai–Sept. 9–22 Uhr, Eintrittsgebühr). Rund 4,7 km nach der Alzbrücke entdecken wir das sehenswerte gotische Kirchlein St. Johann Baptist zu Stöttham. Der Friedhof

Km 43,7

Wenn sich an warmen Frühlingstagen die Sonnenanbeter auf den Kiesbänken rund um den Schiffsanleger 11 / Chieming einfinden, der Eisverkäufer seinen Wagen vorfährt und die ersten Segler unterwegs sind, fühlt man sich in Chieming wie im Urlaub, auch wenn man gleich um die Ecke wohnt. Chieming ist ein kleines Paradies zum Ausspannen.

geht auf einen Pestacker aus dem 14. Jh. zurück, als beinah die gesamte Bevölkerung des Dorfes Stöttham an der Seuche verstarb. Nach weiteren 2,3 km erreichen wir dann 11 / Chieming, wo wir die ländlichere Variante des zweigeteilten Chiemsee-Radwegs bevorzugen. Die Strecke am See folgt der viel befahrenen Straße. Auf jeden Fall lohnt ein Abstecher zum Schiffsanleger. Dort kann man auf Ruhebänken und Kiesbänken gleichermaßen relaxen und die Füße ins Wasser stecken. Wer schwimmen will, geht ins Strandbad südlich vom Schiffsanleger (Mai–Ende der bayer. Sommerferien 9–19 Uhr, Eintrittsgebühr, www.strandbad-chieming.de). Schließlich lohnt sich bei Kilometer 48 unserer Rundfahrt ein Blick vom 12 / Vogelbeobachtungsturm Hagenau (siehe Tour 6). So erhaschen wir einen Eindruck vom Mündungsdelta der Tiroler Achen, an dessen Rändern wir auf der letzten Etappe südwärts radeln.

TOURENINFO / Eine bequeme Rundtour auf sehr guten Wegen. Aufgrund ihrer Länge eher nichts für Kinder. Den Chiemsee-Rundweg teilst du dir meist mit Fußgängern – gegenseitige Rücksichtnahme ist oberstes Gebot. Badesachen sind natürlich ein Muss!

< links / Abkühlung: Die Kiesbänke bei Chieming laden zum Wasserspaziergang ein ^ oben / Auch im Winter wunderschön: Februarsonne bei Chieming

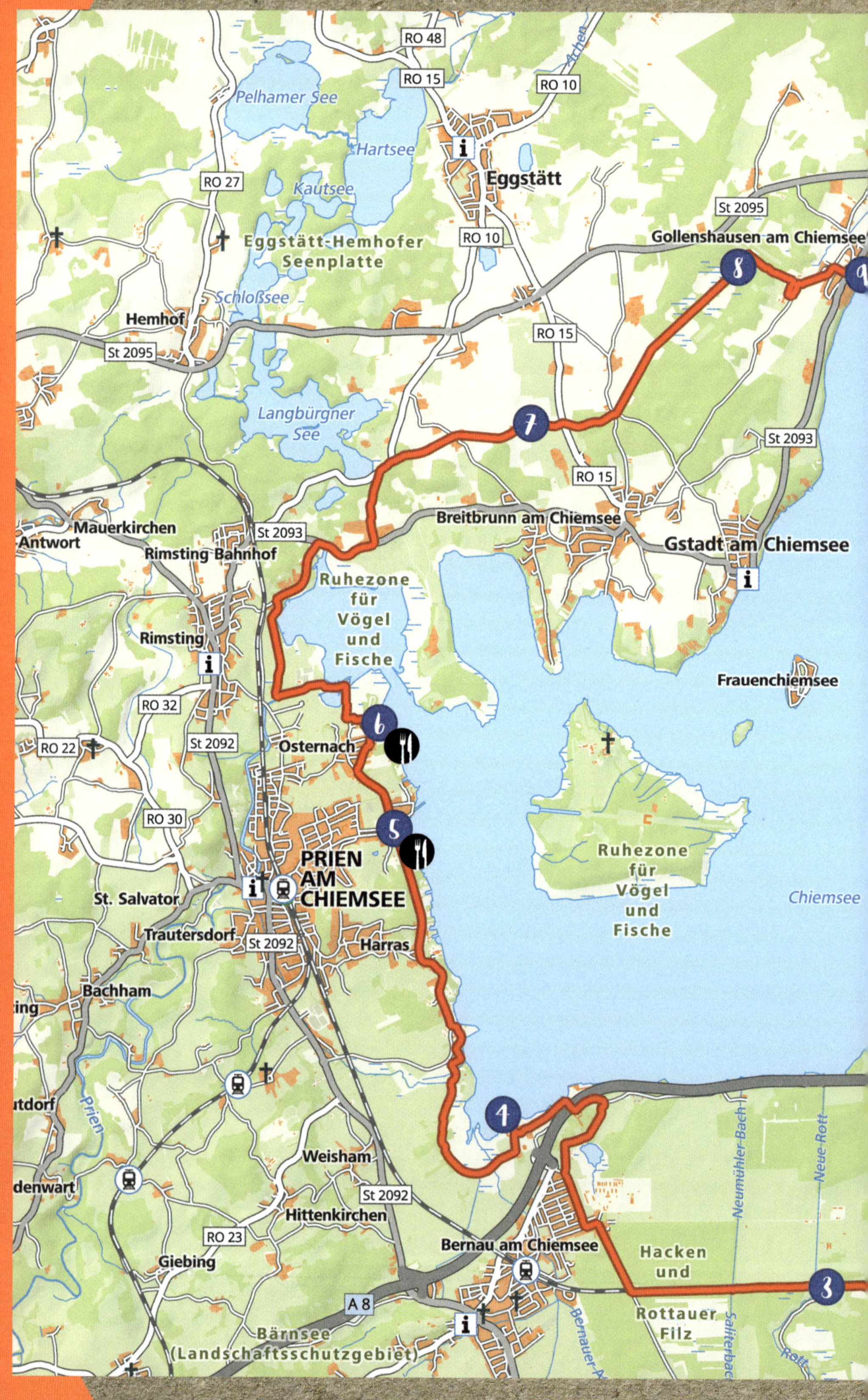

Pelhamer See
Hartsee
Kautsee
Eggstätt
Eggstätt-Hemhofer Seenplatte
Schloßsee
Hemhof
Langbürgner See
Gollenshausen am Chiemsee
Mauerkirchen
Antwort
Rimsting Bahnhof
Breitbrunn am Chiemsee
Gstadt am Chiemsee
Ruhezone für Vögel und Fische
Rimsting
Frauenchiemsee
Osternach
PRIEN AM CHIEMSEE
St. Salvator
Trautersdorf
Harras
Chiemsee
Bachham
Weisham
Hittenkirchen
Bernau am Chiemsee
Hacken und Rottauer Filz
Giebing
Bärnsee (Landschaftsschutzgebiet)
Prien
Neumühler-Bach
Neue Rott

START / ZIEL
Bahnhof Übersee
HINKOMMEN
Auto / Gebührenpflichtiger Park & Ride Parkplatz am Bahnhof, Bahnhofstraße 30, 83236 Übersee
ÖPNV / stündlich Regionalzüge von/nach München und Salzburg, ab und an Fernzughalte
➤ 1 / Bahnhof Übersee ➤ 2 / Kirche St. Peter und Paul ➤ 3 / Bayerisches Moor- und Torfmuseum ➤ 4 / Beobachtungsturm Irschener Winkel ➤ 5 / Uferpromenade Prien-Stock ➤ 6 / Fischhütte Reiter ➤ 7 / Römischer Gutshof ➤ 8 / Grundloser See ➤ 9 / Strandbad Gollenshausen ➤ 10 / Seebruck ➤ 11 / Chieming ➤ 12 / Vogelbeobachtungsturm Hagenau
START ZIEL
Ruhezone für Vögel und Fische
Seebruck
TS 11
TS 47
Hart
Ising
St 2095
St 2096
Sondermoning
TS 46
Egerer
Stöttham
Lohbach
Chieming
Pfaffing
Krebsbach
St 2096
TS 3
Marwang
Mündung der Tiroler Achen
Tiroler Achen
Röthgraben
Grabenstätt
TS 45
St 2096
TS 3
Ruhezone für Vögel und Fische
Feldwies
Winkl
A 8
TS 45
Alte Rott
Übersee
Sossauer Kanal
Aitrach
Sossauer Filz und Wildmoos
Weiße Achen
Bergener Moos
St 2096
TS 45
endlmühlfilzen
2 km

AM BAYERISCHEN MEER

Auf Tagesausflügen erkunden wir die Region Chiemgau-Rupertiwinkel, zum Beispiel bei einer Rundfahrt um den Chiemsee – hier bei Feldwies (Tour 18).

WOCHENEND-BIKEAWAYS

MINI-URLAUBS-TOUREN MIT ÜBERNACHTUNG

19 / ALPENGLÜHEN

Von Bayern nach Tirol und zurück

➤ **2 Tage / 5 + 5 Stunden // Seite 181**

20 / WEISSES GOLD

Die Berge, das Salz und seine Städte: Von Bad Reichenhall nach Salzburg

➤ **2 Tage / 3:15 + 2:15 Stunden // Seite 195**

TOUR, DIE DU SO NIE GEMACHT HÄTTEST

21 / RADWALLFAHRT

Eine moderne Pilgerreise von Traunstein nach Altötting

➤ **2 Tage / 4 + 5 Stunden // Seite 209**

PERFEKTER KURZURLAUB

Nur zwei Tage? Ich empfehle eine längere Auszeit in den Chiemgauer Alpen und im Kaiserwinkl. Diese Tour allein ist einen Kurzurlaub wert. Genieße sie!

➤ **1 /** Unsere Tour startet und endet am Bahnhof Bernau am Chiemsee

➤ **2 /** Vom großen Gasthof Seiserhof schweift dein Blick fast über den ganzen Chiemsee

➤ **3 /** Aschau bietet Einkehr- und Einkaufsmöglichkeiten

➤ **4 /** Sachrang: Ob als Filmkulisse, Urlaubsort oder Ausflugsziel – einfach schön!

➤ **5 /** Heimische Wildtiere und Haustierrassen im Wildpark Wildbichl erleben

➤ **6 /** Vom Aussichtsturm Schwemm die größte Moorlandschaft Nordtirols kennenlernen

➤ **7 /** Mehr Liegeplätze und Naturnähe am Badeplatz Walchsee-Ostufer als an der Promenade

➤ **8 /** Einkehr- und Einkaufsmöglichkeiten im hübschen Alpenort Kössen

➤ **9 /** Der bekannte Ort Reit im Winkl ist ideal für die Übernachtung nach Tag eins

➤ **10 /** Einzigartige Kulisse und kaltes Wasser auch im Hochsommer am Badeplatz am Weitsee

➤ **11 /** Zeit für eine Pause auf einer der traditionellen Röthelmoosalmen

➤ **12 /** Museum Maxhütte zur Geschichte der Chiemgauer Eisen- und Maschinenindustrie

1050 m
900 m
750 m
600 m
450 m
0 km
20 km
40 km
60 km
80 km
100,8 km

Alpenglühen

Von Bayern nach Tirol und zurück

Die Sonne berührt den Horizont und taucht die Berge in tieforanges Licht: Alpenglühen. Hoffentlich erlebst Du es auf dieser Radtour, für die du mindestens zwei Tage einplanen solltest. Auf jeden Fall lernst du ein paar der schönsten Ecken der Chiemgauer Alpen und des benachbarten Tiroler Landes kennen.

Tag 1 + Tag 2
49 + 52 Kilometer
720 + 750 Höhenmeter
5 + 5 Stunden
Rundtour

Zu Beginn ein Ausblick auf den Chiemsee

Wir starten am 1 / Bahnhof Bernau am Chiemsee und folgen den Radwegmarkierungen Richtung Sonnenaufgang. Wir fahren rechts in die Bohlmoosstraße, dann rechts in die Sommerlandstraße. Auf dem Bodensee-Königssee-Radweg fahren wir durch den Kurpark und erreichen Bernaus Ortsmitte mit der neogotischen Pfarrkirche St. Laurentius. Wir überqueren die viel befahrene B305 und biegen hinter der VR-Bank links ab in den Mitterweg, an dessen Ende wir rechts in die Kreuzstraße fahren. Bei einer Mariengrotte folgen wir der Beschilderung „Stocka 1,2 km" bergan. Über Stocka und Reit erreichen wir den Gasthof 2 / Seiserhof (tgl., Mo nur abends, www.seiserhof.de) mit dem Hotel Seiseralm. Von der Anhöhe überblicken wir beinah den gesamten Chiemsee.

Charakter

Sportlich ●●●●●
Abkühlung ●●●○○
Schlemmen ●●●●○
Panorama ●●●●●

< links / Eindrücksvoll: Schloss Hohenaschau thront hoch über dem Ort Aschau im Priental

Der Ort Aschau und das Schloss Hohenaschau

Vom neuen Gästehaus Seiseralm geht es in westliche Richtung talwärts bis zur Straße, die Bernau mit Aschau, dem Hauptort des Prientals, verbindet. Wir biegen links ab und radeln auf dem Straßenradweg bis zum Kreisverkehr in 3 / Aschau, den eine ausrangierte Gondel der Kampenwand-Seilbahn schmückt. Im Hintergrund die Doppelturmkirche Mariä Lichtmess – mehr über sie erfahren wir in der Beschreibung zur Tour 5. Am Kreisverkehr folgen wir der Hauptstraße Richtung Kufstein. An einer Ampel fahren wir rechts in die Schulstraße, überqueren die Prien und biegen sofort links ab in die Zillibillerstraße. Wir stoßen auf die Markierungszeichen Von Baum zu Baum und Prientalradweg. Im Süden von Aschau thront Schloss Hohenaschau, das im 12. Jahrhundert als Burg errichtet wurde. Die Schutz- und Wachfunktion über das Priental erkennt man bis heute. Besichtigungen sind nur mit Führung möglich.

KNEIPPEN IN ASCHAU

Die Prien lädt zu einem Fußbad ein. Am Prientalradweg in 3 / Aschau gibt es ein richtiges Wassertretbecken. Du findest es am Abzweig der Zinnkopfstraße.

Auf dem Prientalradweg nach Sachrang

Ab Aschau folgen wir dem Prientalradweg mehr als 12 km lang bis 4 / Sachrang, einem oberbayerischen Bilderbuchdorf. Eine detaillierte Beschreibung dieser Strecke ist nicht notwendig, da der Radweg sehr gut beschildert ist. Bis zur Siedlung Außerwald verläuft der Prientalradweg immer nah am namensgebenden Fluss, danach folgt er als Straßenradweg der Staatsstraße St 2039. In den Ort Sachrang gelangen wir über die Dorfstraße, den Beschilderungen „Ortsmitte" und „Dorfladen" folgend. In Sachrang gibt es einen Gasthof und eine Pizzeria. Einen Abstecher zur reich ausgestatteten barocken Pfarrkirche St. Michael solltest du nicht versäumen. Dann geht es wieder zur Staatsstraße St 2039 und auf dem Straßenradweg Richtung Österreich.

➤ rechts groß / Durch die ländliche Idylle radeln: Auf dem Prientalradweg bei Sachrang ➤ rechts klein / Barock: Die reich ausgestattete Pfarrkirche St. Michael bildet den Mittelpunkt des schmucken Naturdorfs Sachrang

KM 20,2

Peter Huber war Müller – bekannt wurde er als Musiker und Universalgelehrter. Carl Oskar Renner verewigte den „Müllner-Peter von Sachrang" als Romanfigur. Die Romanverfilmung „Sachrang" war 1978 die bis dahin teuerste Eigenproduktion des Bayerischen Rundfunks. Für den Dreiteiler wurden sogar die Stromleitungen in 4 / Sachrang unterirdisch verlegt. Zuletzt diente die Pfarrkirche St. Michael als Drehort für die ZDF-Komödie „Der Bergpfarrer".

ÖLBERGKAPELLE SACHRANG

Etwa 200 m vor der deutsch-österreichischen Grenze führt rechter Hand ein Weg zur Ölbergkapelle mit dem vermeintlichen Bildnis des Müllner-Peters.

IM WILDPARK

Vom Wildpark …

An der Staatsgrenze endet der Radweg und wir müssen vorsichtig auf der Straße fahren. Tierisches Vergnügen bietet der 5 / Wildpark Wildbichl (Mi–So, www.wildpark-wildbichl.com). Auf einer Fläche von etwa 80.000 Quadratmetern leben Rot- und Damwild, Wildschweine, Gämsen, Mufflons, Wildvögel und Haustiere. Hinter Wildbichl fahren wir noch ein Stück auf der Straße, bevor bei der Bio-Sennerei Hatzenstätt (mit Käseladen) ein Straßenradweg beginnt. Ihn verlassen wir bei der Holzmanufaktur Hafner nach links Richtung Ritzgraben. Es geht bergab. Am tiefsten Punkt folgen wir der Wanderwegbeschilderung nach Rettenschöss und Walchsee. Wir treten steil bergan zum Parkplatz Ritzgraben.

… zur wilden Moorlandschaft

Eine kurvenreiche Strecke führt hinab nach Rettenschöss. Am Vorfahrtsschild beim Dorfbrunnen hältst du dich links und sofort wieder rechts Richtung Walchsee. Grüne Radwegschilder unterstützen uns bis zum 6 / Aussichtsturm Schwemm. Die Schwemm ist die

größte erhaltene Moorlandschaft in Nordtirol und als Naturschutzgebiet ausgewiesen. Sie ist durch Verlandung eines Sees entstanden, der beim Abschmelzen der Gletscher nach der letzten Eiszeit aufgestaut wurde. Er war einst mit dem Walchsee verbunden. Die Informationstafeln im Aussichtsturm erklären die Entstehung genauer und zeigen, welche Pflanzen und Tiere es in der Schwemm gibt.

300

zusätzliche Höhenmeter und etwa 2,8 km einfache Wegstrecke nehmen Biker in Kauf, die sich richtig auspowern wollen. Der breite Almweg zur bewirtschafteten Wildbichler Alm beginnt am Parkplatz Ritzgraben vor Mannerstätt. Zur Belohnung gibt's grandiose Ausblicke ins Inntal und leckere Almbrotzeiten.

Der Walchsee lädt zu einer Erfrischung ein

Vom Aussichtsturm Schwemm ist es nicht mehr weit in den Ort Walchsee: Wir folgen stets dem asphaltierten Sträßchen und den Radwegmarkierungen. In Walchsee fahren wir auf der Bundesstraße nach links durch den Ort und kommen zur Promenade mit einer Badestelle. Wenn du einen ruhigeren Badeplatz bevorzugst, radelst du gleich weiter (Radwegbeschilderung Richtung Kufstein, Gschwendt und Kössen). Direkt hinter der Brücke über den Walchseebach befindet sich rechts der Parkplatz für den 7 / Badeplatz Walchsee-Ostufer (www.kaiserwinkl.com/de/badeurlaub-tirol/walchsee-baden.html). Beide Badestellen am Walchsee verlangen eine „Erhaltungsgebühr" von den Badegästen. Eine Alternative zum Bad im See bietet das Naturschwimmbad Seemühle beim

< links / Das Bike wartet vorm Eingang der Seiseralm, dem Übernachtungshaus des Gasthofs Seiserhof ^ oben / Gute Aussicht, informativer Ort: Blick vom neuen Aussichtsturm über die Schwemm

Campingplatz. Dort wird im breiten Walchseebach geplanscht, eine Eintrittsgebühr fällt indes auch an. Hinterm Campingplatz Seemühle halten wir uns anschließend rechts und erreichen wieder die B 172.

Ausflugsziel Entenloch

Etwa 3 km nördlich von 8 / Kössen befindet sich das enge Durchbruchstal der Tiroler Achen: das Entenloch. Durch die Klamm verlief schon in der Bronzezeit ein Handelsweg. Heute kann man sie bei einer Wanderung bestaunen und im Gasthof bei der Wallfahrtskirche Maria Klobenstein einkehren.

Auf dem Mozartradweg nach Kössen

Mit der Bundesstraße überqueren wir den Weißenbach und biegen bei der Radwegmarkierung rechts ab. Wir befinden uns damit auf dem Radweg Kaiserwinkl, dem wir zunächst bis Bichlach nachfahren. Hinterm Alpenhotel Riedl halten wir uns rechts, radeln durch den gesamten Ort und bleiben auf dem Radweg Kaiserwinkl, der über die Anlagen des Golfclubs Kössen verläuft. Beim Gasthof Brennerwirt überqueren wir den Kohlbach und treffen auf den Mozartradweg. Dieser führt uns auf der Erlaustraße nordwärts unter der Bundesstraße B 172 hindurch. Bei der Gaststätte Sportalm geht es rechts über den Fluss Großache, der in Bayern Tiroler Achen heißt. Schnell erreichen wir 8 / Kössen

---

⮝ oben / Großartige Lage: Der Walchsee inmitten der Berge des Tiroler Kaiserwinkls ➤ rechts / Wasserspaß mit Alpenkulisse: Der Walchsee, im Hintergrund der Gebirgszug Zahmer Kaiser

mit der Pfarrkirche „Heiliger Petrus und Paul" in der Ortsmitte. Sie wurde bereits Anfang des 12. Jh. erwähnt und stammt in ihrer heutigen Gestalt überwiegend aus dem 18. Jh. In Kössen gibt es verschiedene Einkehr- und Einkaufsmöglichkeiten.

Auf Nebenstraßen nach Reit im Winkl

Für die Fahrt nach Reit im Winkl wählen wir eine ruhige Nebenstrecke anstelle des Mozartradwegs, der an der viel befahrenen B 172 verläuft. Beim Hotel „Haus Central" in Kössen biegen wir links in den Moserbergweg ein. Nach dem „Haus Sonnenwinkel" halten wir uns bei der Pension Bichler rechts und am Grünbachhof geradeaus zur Siedlung Blaik. Dort orientieren wir uns links und fahren durch einen Wald. An dessen Ende geht es rechts und wir erreichen bald das Gelände des Golfclubs Reit im Winkl, das sich an dieser Stelle bis nach Österreich erstreckt. An der T-Kreuzung nach der Moserbergkapelle biegen wir rechts ab und fahren an den Anwesen Hinhaghof und Hacklhof vorbei hinab zur B 172. Kurz nach links bergan – schon sind wir wieder in Deutschland. Dort folgen wir sofort dem Mozartradweg nach rechts. Er überquert einmal den Fluss Lofer und begleitet ihn dann. Bei Gasteig teilt sich der Radweg. Wir nehmen die linke Variante

KM 32,5

Der etwa ein mal ein Kilometer große und mehr als 20 m tiefe 7 / Walchsee ist ein Wassersportparadies mitten in den Bergen. Er liegt im Kaiserwinkl, einem Trogtal zwischen Kaisergebirge im Süden und Chiemgauer Alpen im Norden. Der Tourismusverband Kaiserwinkl bietet zahlreiche Informationen über das attraktive Urlaubsgebiet (www.kaiserwinkl.com).

EINE ALMBROT-ZEIT EXTRA?

Kurz hinterm höchsten Punkt unserer Tour im Eschelmoos zweigt links ein Almweg zur Hinteralm ab (einfache Strecke etwa 750 m). Sie ist während der Almsaison bewirtschaftet.

über die Lofer und fahren an der Bundesstraße B 305 zur Ortsmitte von 9 / Reit im Winkl. Der viel besuchte Erholungsort bietet etliche Übernachtungs- und Einkehrmöglichkeiten. Hier endet idealerweise der erste Tag der zweitägigen Rundfahrt.

Zweiter Tag: Zum Baden an den Weitsee

IM NATURSCHUTZGEBIET BADEN

Gut ausgeruht fahren wir auf bekanntem Wege zur Brücke über die Lofer und halten uns dahinter auf dem Mozartradweg links. Er begleitet den Alpenfluss südseitig bis zum Parkplatz Seegatterl, sodass die viel befahrene Bundesstraße B 305 allenfalls hörbar ist, jedoch nicht befahren werden muss. Erst ab dem Parkplatz Seegatterl folgen wir für etwa einen halben Kilometer der Straße, anschließend entfernt sich der Mozartradweg von ihr. An der höchsten Stelle des Weges, südlich der Halbinsel Bürgl, steht das sogenannte Dürrfeldkreuz (831 m). Ab da radeln wir etwa 1,6 km in etwas Abstand zum Südufer des Weitsees, bevor wir den Mozartradweg nach links Richtung „Seefischerkaser-Diensthütte" und B 305 verlassen. Der 10 / Badeplatz am Weitsee befindet sich am Nordostufer des Sees auf Höhe der „Seefischerkaser-Diensthütte". FKK-Anhänger nutzen eine weitere ausgewiesene Badestelle etwa

in der Mitte des Südufers. An anderen Stellen ist das Baden untersagt, da der Weitsee zum Naturschutzgebiet „Östliche Chiemgauer Alpen" gehört und Lebensraum für viele seltene Pflanzen und Tiere ist. Daher darfen wir beim Fahrradfahren auch nicht von den Wegen abweichen. Verschiedene Informationstafeln am See erklären die ökologischen Zusammenhänge anschaulich.

Kleine Bergtour oder: die sportliche Etappe

Am Nordufer des Weitsees fahren wir ungefähr 800 m an der Bundesstraße nach Westen, also Richtung Reit im Winkl. Am Parkplatz Röthelmoos nehmen wir sodann den Forstweg durch das Lappbachtal, der zu den 11 / Röthelmoosalmen führt. Links vom Wegpunkt liegt die Langbaueralm (www.langbauer-hof.de), rechts die Dandl-Alm (www.dandl-hof.de). Beide bieten während der Almsaison und bei schönem Wetter auch später im Jahr almtypische Verpflegung und laden zum längeren Verweilen ein. Nach einer Pause geht es auf breiten Almwegen nordwärts bergan über die verfallene Längaueralm zur Eschlmoosalm (Wanderwegbeschilderung Richtung Ruhpolding und MTB-Route 38). Auf einer Weide vor der Eschelmoos-Diensthütte erreichen wir den höchsten Punkt unserer Bergetappe (etwa 1.075 m) und folgen der Wanderwegbeschilderung nach Bergen bzw. den Bike-Routen 63, 64 und 70.

100

Quadratkilometer groß ist das Naturschutzgebiet „Östliche Chiemgauer Alpen", das schon seit den 1950er Jahren existiert. Es ist Heimat für seltene Pflanzen und vom Aussterben bedrohte Tiere, zum Beispiel den Zitronenzeisig.

< links / Streng geschützt: Im Röthelmoos gibt es seltene Orchideen wie die Rosa Kugelorchis – pflücken verboten! ^ oben / Am Hochfelln fühlen sich Bergwanderer, Mountainbiker und Gleitschirmflieger wohl

KM 94,2

Nördlich von Grassau liegt das größte Hochmoor in Südostbayern: die Kendlmühlfilzen. Es entstand durch die Verlandung des einst viel größeren Chiemsees. Bis in die 1980er Jahre wurde Torf abgebaut, ein Jahrzehnt später wurde das Hochmoor zum Naturschutzgebiet erklärt. Der 3 km lange Moorrundweg für Fußgänger führt zu einem Aussichtsturm inmitten der Kendlmühlfilzen.

Durch das junge Tal der Weißen Achen rollen wir talwärts zur bewirtschafteten Hofalm und weiter bis zum 12 / Museum Maxhütte (www.maxhuette-bergen.de) am Ortsrand von Bergen. Es erinnert an die lange Geschichte des Eisenerzbergbaus, der Eisenerzverarbeitung und des Maschinenbaus in der Region.

Im „Flachland" zurück nach Bernau

Von der Maxhütte rollen wir nochmals abwärts, vorbei an der Talstation der Hochfelln-Seilbahn, bis zum Stoppschild. Dort folgen wir der Radwegbeschilderung „Grassau 11 km". Bis Staudach-Egerndach gibt es einen Straßenradweg. Kurz hinterm Ortsschild biegen wir rechts ab in den Rachlweg und kommen zur sehenswerten gotischen Kirche St. Andreas. Wir folgen weiter der Radwegbeschilderung Richtung Grassau, queren die Tiroler Achen und radeln auf dem Salinenradweg zur Ortsmitte Grassau. Ab der Kirche Mariä Himmelfahrt geht es entlang der Hauptstraße westwärts. An der Bushaltestelle nach der Shell-Tankstelle biegen wir rechts ab und fahren an den Häusern von Hindling vorbei bis zum Parkplatz des Moorerlebniswegs Kendlmühlfilzen. Auf dem Achentalradweg geht es am Waldrand entlang nordwestwärts bis Rottau. Hinter der Kirche verlassen wir den Achentalradweg, biegen links ab in die Dorfstraße und folgen an ihrem Ende der Bachstraße. Wir radeln immer entlang der Bernauer Achen und treffen am Ortsrand von Bernau auf die Eisenbahnstrecke. Noch kurz nach links und wir sind zurück am 1 / Bahnhof Bernau.

MEHR ERFAHREN ÜBERS MOOR

Tipp 1: Zwischen Grassau und Rottau lohnt das Museum Salz und Moor einen Umweg. Tipp 2: In Rottau führt die Hackenstraße nordwärts zum ehemaligen Torfbahnhof mit Museum.

TOURENINFO / Sportliche Panoramatour durch die Chiemgauer Alpen und den Tiroler Kaiserwinkl – du brauchst gute Kondition oder ein E-Bike. Wenn du mehr als zwei Tage Zeit hast, solltest du sie nutzen. Vielleicht verbringst du einen ganzen Badenachmittag am Walchsee oder Weitsee?

< links groß / Die Kendlmühlfilzen: Das Hochmoor ist ein Verlandungsgebiet des Chiemsees < links klein / Der Moorerlebnisweg führt uns durch die Kendlmühlfilzen, wo wir auf Relikte des Torfabbaus stoßen

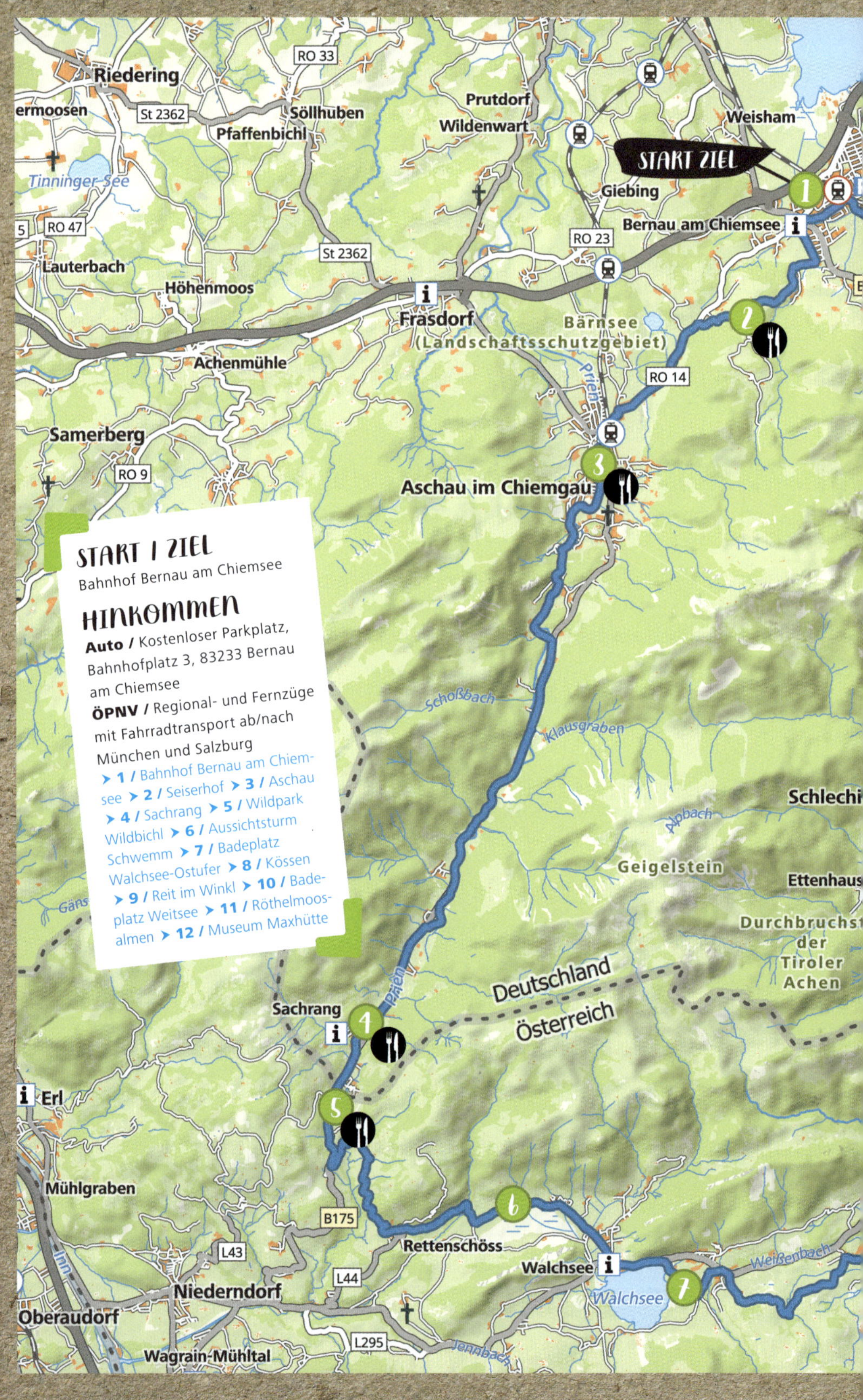
START ZIEL
Riedering
RO 33
Prutdorf
ermoosen
St 2362
Söllhuben
Wildenwart
Pfaffenbichl
Weisham
Tinninger See
Giebing
RO 47
Bernau am Chiemsee
RO 23
Lauterbach
St 2362
Höhenmoos
Frasdorf
Bärnsee
(Landschaftsschutzgebiet)
Achenmühle
RO 14
Prien
Samerberg
RO 9
Aschau im Chiemgau
START | ZIEL
Bahnhof Bernau am Chiemsee
HINKOMMEN
Auto / Kostenloser Parkplatz, Bahnhofplatz 3, 83233 Bernau am Chiemsee
ÖPNV / Regional- und Fernzüge mit Fahrradtransport ab/nach München und Salzburg
➤ 1 / Bahnhof Bernau am Chiemsee ➤ 2 / Seiserhof ➤ 3 / Aschau ➤ 4 / Sachrang ➤ 5 / Wildpark Wildbichl ➤ 6 / Aussichtsturm Schwemm ➤ 7 / Badeplatz Walchsee-Ostufer ➤ 8 / Kössen ➤ 9 / Reit im Winkl ➤ 10 / Badeplatz Weitsee ➤ 11 / Röthelmoosalmen ➤ 12 / Museum Maxhütte
Schoßbach
Klausgraben
Schlechi
Alpbach
Geigelstein
Ettenhaus
Durchbruchs
der
Tiroler
Achen
Deutschland
Österreich
Sachrang
Prien
Erl
Mühlgraben
B175
Rettenschöss
L43
Walchsee
Weißenbach
L44
Walchsee
Niederndorf
Oberaudorf
L295
Inn
Jennbach
Wagrain-Mühltal

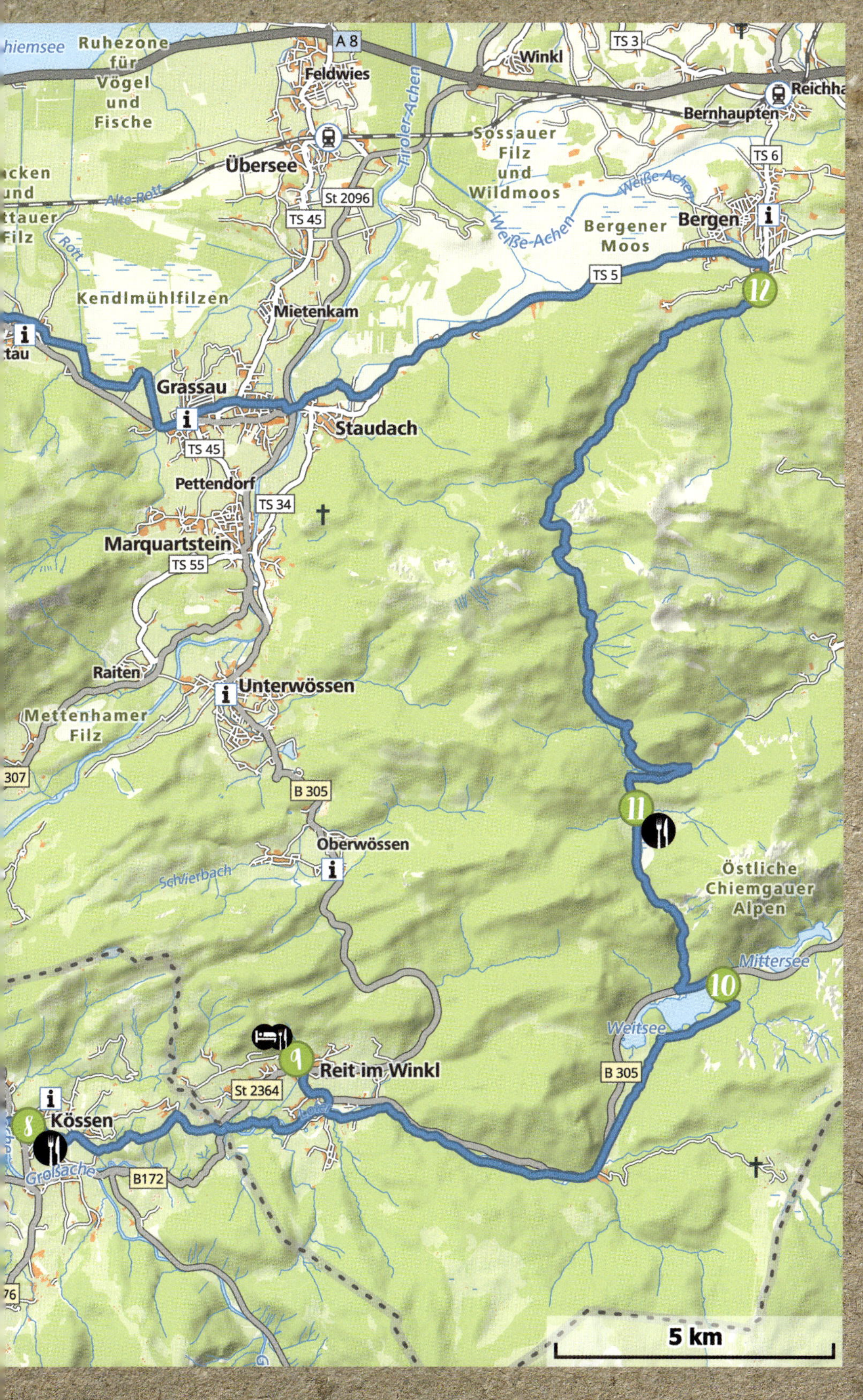

Ruhezone für Vögel und Fische
A 8
Feldwies
Winkl
TS 3
Reichha
Bernhaupten
Übersee
Tiroler Achen
Sossauer Filz und Wildmoos
TS 6
Alte Rott
St 2096
TS 45
Weiße Achen
Bergener Moos
Bergen
TS 5
12
Kendlmühlfilzen
Mietenkam
Grassau
Staudach
TS 45
Pettendorf
TS 34
Marquartstein
TS 55
Raiten
Unterwössen
Mettenhamer Filz
307
B 305
11
Oberwössen
Schwarzbach
Östliche Chiemgauer Alpen
Mittersee
10
Weitsee
B 305
9
Reit im Winkl
St 2364
8
Kössen
Großache
B172
5 km

FUNKELNDE PERLENKETTE

Ich finde diese Tour großartig, weil sie sehr viele Highlights auf ziemlich kurzem Weg verbindet. Natur, Kultur und Genuss – wie an einer Perlenschnur.

➤ 1 / Bahnhof Bad Reichenhall: Dank Bahnverbindung ist die Streckentour nach Salzburg möglich

➤ 2 / Im Museum der Alten Saline alles über die dortige Salzproduktion im 18./19. Jh. lernen

➤ 3 / Halt an der interessanten Burg Gruttenstein mit Schutz- und Wohnfunktion

➤ 4 / Wir überqueren den bedeutenden Pass Hallthurm

➤ 5 / In den großen Naturteich des Naturbads Aschauerweiher springen

➤ 6 / Sehenswertes Ensemble aus Kirchen, Schloss und Bürgerhäuser am Rathausplatz Berchtesgaden

➤ 7 / Der berühmte Königssee, eines der reizvollsten Ziele im Nationalpark Berchtesgaden

➤ 8 / Wissensvermittlung und Abenteuer rund um den Salzbergbau im Salzbergwerk Berchtesgaden

➤ 9 / Gut gepflegte Inn-Salzach-Häuser machen nicht nur den Marktplatz in Hallein anziehend

➤ 10 / Salzburger Altstadt: Weltkulturerbe und wohl eine der schönsten Städte der Welt

➤ 11 / Rund um die Uhr halten zahlreiche Regional- und Fernzüge am Hauptbahnhof Salzburg

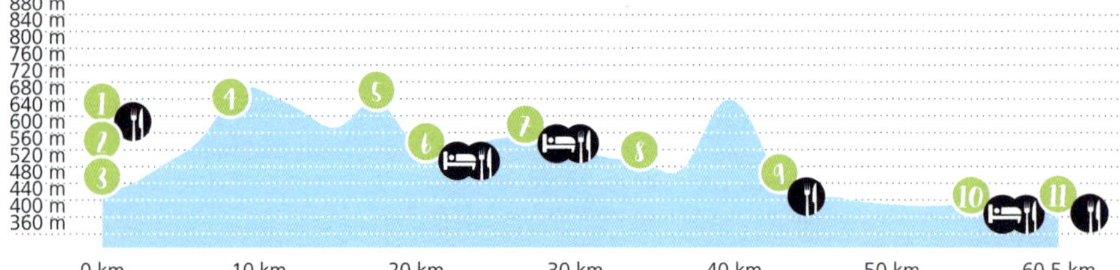

WEISSES GOLD

Die Berge, das Salz und seine Städte: Von Bad Reichenhall nach Salzburg

Salzbergbau und Salzhandel prägten jahrhundertelang den Südosten Bayerns und das angrenzende Salzburger Land. Nicht nur Salzburg trägt das Weiße Gold im Namen, auch Bad Reichenhall und Hallein. Ein Radwochenende auf den Spuren des Weißen Goldes.

Tag 1 + Tag 2 (Var. A)
27 + 34 Kilometer
400 + 210 Höhenmeter
3:15 + 2:15 Stunden
Streckentour

Such dir deine Lieblingsvariante aus

Für die zweitägige Radtour gibt es vier Varianten. Variante A: Du fährst am ersten Tag von Bad Reichenhall zum Königssee und verbringst dort den Nachmittag, am besten mit einer Bootsfahrt nach St. Bartholomä und einer kleinen Wanderung. Anschließend übernachtest du am Königssee (oder in Berchtesgaden). Beim Besuch von Salzburg am zweiten Tag musst du dich auf wenige Sehenswürdigkeiten beschränken. Variante B: Du stattest dem Königssee nur einen kurzen Besuch ab und radelst am ersten Tag bis Salzburg, wo du übernachtest. Somit kannst du den Abend in Salzburg genießen und hast am zweiten Tag viel Zeit, um die Stadt und ihre Sehenswürdigkeiten mit dem Rad zu erkunden. Variante C: Wenn du

CHARAKTER
Sportlich ●●●○○
Abkühlung ●●●○○
Schlemmen ●●●●●
Panorama ●●●●●

◄ links / Willkommen in Salzburg: Auf dem Tauernradweg geht es bequem von Hallein in die weltbekannte Mozartstadt

den Königssee bereits kennst, willst du dir den Abstecher dahin vielleicht ganz sparen und stattdessen mehr Zeit für andere Plätze entlang der Route einplanen. Variante D: Wenn du aus der Streckentour eine Runde machen willst, radelst du von Salzburg retour nach Bad Reichenhall auf dem gut markierten Tauernradweg. Das sind etwa 22 km zusätzliche Strecke ohne viele Höhenmeter. Freilich bleibt dann weniger Zeit für die vielen Sehenswürdigkeiten.

Start- und Endpunkt: Der Kurort Bad Reichenhall

Unsere Rundfahrt beginnt am 1 / Bahnhof Bad Reichenhall. Wir fahren auf der Mozartstraße hinauf zum Karlspark und biegen rechts ab in die Salzburger Straße (Radwegbeschilderung Richtung Innenstadt). Am Ende der Straße beginnt eine belebte Fußgängerzone, die anfangs für Fahrräder freigegeben ist – wir fahren langsam. Nach etwa 200 m halten wir uns hinterm Kurmittelhaus bzw. vorm Café Spieldiener rechts in die Kurstraße, ab hier ist die Fußgängerzone für Fahrräder gesperrt. Von der Kurstraße biegen wir links ab in die Adolf-Bühler-Straße, radeln vorbei am Ortenaupark zur Spitalkirche St. Johannes, weiter zur Kirche St. Ägidius und bis zum Rathausplatz. Die Strecke ist vereinzelt als Bodensee-Königssee-Radweg und Tauernradweg gekennzeichnet. Wir fahren über den Rathausplatz hinweg und nach rechts in die Salinenstraße: 100 m weiter stoppen wir und sehen uns zur Einstimmung auf unsere Rundfahrt die 2 / Alte Saline mit dem Salzmuseum an (ganzjährig 45-minütige Führungen, Museum ohne Führung, www.alte-saline.de). In der Saline wurde zwischen 1844 und 1929 aus stark salzhaltigem Wasser, der sogenannten Sole, das bekannte Reichenhaller Salz hergestellt.

ZWEI ALTE WEHRTÜRME

Der heute als Wohnhaus genutzte Peter-und-Paul-Turm ist einer von zwei noch erhaltenen Türmen der alten 1 / Reichenhaller Stadtbefestigung. Der andere ist der Pulverturm. Er befindet sich nur 100 Meter östlich auf dem Felsplateau Gruttenstein.

➤ rechts groß / Ein besonderes Wahrzeichen: Die Wallfahrtskirche St. Bartholomä am Königssee vor der Watzmann-Ostwand ➤ rechts klein / Die St. Bartholomä: Eines von 18 Elektrobooten, die auf dem Königssee verkehren

Km 26,9

Der mehr als 7 km lange, kaum mehr als 1 km breite und bis zu 190 Meter tiefe 7 / Königssee erinnert mit den ihn umgebenden Bergen des Nationalparks Berchtesgaden an skandinavische Fjorde. 18 Elektromotorboote bringen beinah ganzjährig Wanderer und Touristen über den See. Die meisten besuchen die malerisch auf der Halbinsel Hirschau gelegene Wallfahrtskirche St. Bartolomä, die sich getrost als ein Wahrzeichen Bayerns bezeichnen darf.

Raus aus der Stadt, rein in die Berge

Wir folgen noch ein Stück der Salinenstraße südwärts, sie geht nahtlos in die Tiroler Straße über. Wo die Tiroler Straße endet, fahren wir links und bleiben damit auf dem Bodensee-Königssee-Radweg und dem Tauernradweg, und auch der Mozartradweg verläuft nun auf unserer Route. Wir kommen am Peter-und-Paul-Turm vorbei; er ist ein Rest der mittelalterlichen Stadtmauer, die ab den 1220er Jahren zum Schutz der Solequellen rund um die Stadt Reichenhall errichtet wurde. Nach dem Turm rollen wir rechts zur Bundesstraße B 20, folgen ihr nach links und biegen nach etwa 200 m links ab. Es geht steil bergan zur 3 / Burg Gruttenstein, auf der ab und an Veranstaltungen stattfinden. Ab jetzt sind die Hauptradwege, denen wir folgen, sehr gut beschildert. Über den gepflasterten Vorplatz der Kirche St. Nikolaus von der Flüe, vorbei an der Dötzenkapelle, erreichen wir den Kurgarten Bayerisch Gmain. Dort verlässt uns der Tauernradweg, wir halten uns rechts und bleiben auf dem Bodensee-Königssee-Radweg, der mit dem Mozartradweg identisch ist.

BURGBLICK

Auf großer Fahrt bis Berchtesgaden

Von Bayerisch Gmain bis Bischofswiesen bleiben wir auf den beschilderten Hauptradwegen. Mehr oder weniger neben der Bundesstraße B 20 geht es durch das Tal der Bischofswiesener Ache aufwärts. Bis zum 4 / Pass Hallthurm überwinden wir auf einer Strecke von reichlich drei Kilometern etwa 160 Höhenmeter. Der Gebirgspass (695 m), der im Bischofstal die Verbindung zwischen Bad Reichenhall und Berchtesgaden darstellt, war auch eine historische Grenzbefestigung. Nachdem Reichenhaller Bürger bei einem Überfall versucht hatten, die Berchtesgadener Saline zu zerstören, baute die Fürstpropstei Berchtesgaden 1194 einen Wehrturm, den „Turm gegen Hall" oder „Hallthurm". Anschließend rollen wir sanft bergab bis Bischofswiesen. Am Ortsende, kurz nach der Sparkasse, verlassen wir das Tal der Bischofswiesener Ache: Wir biegen links ab in die Aschauerweiherstraße und bleiben auf dieser bzw. dem mal links, mal rechts befindlichen Straßenradweg bis zum Stadtrand von Berchtesgaden. Auf halber Strecke bietet sich das schöne 5 / Naturbad Aschauerweiher mit einem großen Natur-

„HALL-ORTE"

Das germanische Wort „hall" bedeutet Saline, eine Anlage zur Salzgewinnung. Wir finden es in den Ortsnamen Bad Reichenhall und Hallein auf unserer Tour, aber auch anderswo, z. B. in Hallstatt und Bad Hall in Österreich oder Schwäbisch Hall in Baden-Württemberg.

< links / Heimat des „Reichenhaller Salzes": Besucher der Alten Saline erleben die historische Produktion des Weißen Goldes ^ oben / Nach einem steilen Anstieg erreichen wir Burg Gruttenstein in Bad Reichenhall

teich für eine Abkühlung an (Ende Mai–Mitte Sept. 8–19:30 Uhr, Eintrittsgebühr, www.bischofswiesen.de/sommerurlaub-berchtes gadenerland/freibad-naturbad-aschauerweiher.htm). Das Bad wird umrahmt von der Kulisse der Berchtesgadener Berge und lockt mit Attraktionen für die ganze Familie wie Wasserfontäne und Hängebrücke, Sprungfelsen und Beachvolleyballplatz.

REHMUSEUM

1.880 Schädel und 3.425 abgeworfene Geweihe umfasst die Sammlung von Herzog Albrecht von Bayern, die im Rehmuseum des Schlosses Berchtesgaden ausgestellt ist. Zudem werden Jagdfotos und ein 45-minütiger Film über den Herzog gezeigt.

Der reizvolle Rathausplatz Berchtesgaden

In Berchtesgaden treffen wir beim Biohotel Kurz wieder auf den Mozartradweg. Er begleitet uns südwärts durch die Straße Nonntal bis zum 6 / Rathausplatz Berchtesgaden mit seinem sehenswerten Ensemble historischer Gebäude. Im Zentrum steht die zu Beginn des 12. Jh. erbaute Stiftskirche „St. Peter und Johannes der Täufer", die bis zur Säkularisation

---

⮝ oben / Wilder Stilepochen-Mix: Romanik, Gotik, Barock und Rokoko prägten das Königliche Schloss Berchtesgaden ➤ rechts / Für Mutige: Eine untertägige Rutsche ist Teil der Führung durch das Salzbergwerk Berchtesgaden

von den Augustiner-Chorherren des Klosterstifts Berchtesgaden genutzt wurde und seit Anfang des 18. Jh. als Pfarrkirche dient. Rechts neben der Stiftskirche schließen sich die Gebäude des ehemaligen Augustiner-Chorherrenstifts an, die sich ab 1810 im Besitz des Bayerischen Königshauses befanden und seitdem als Königliches Schloss Berchtesgaden bezeichnet werden. Die Ursprünge des Gebäudekomplexes reichen bis ins frühe 12. Jh. zurück. Mehr als 30 Räume des Schlosses können im Rahmen von Führungen besichtigt werden (www.schloss-berchtesgaden.de). Das Rathausplatz-Ensemble komplettieren die etwas abseits stehende Pfarrkirche St. Andreas und etliche historische Wohn- und Geschäftshäuser. Bevor du wieder aufsattelst: Vom Rathausplatz bist du schnell zu Fuß auf dem Marktplatz: Einen Bummel über den Platz und durch die Metzgerstraße solltest du dir nicht entgehen lassen.

Einmal Königssee und zurück, bitte!

Vom Rathausplatz radeln wir über den Marktplatz zur Bahnhofstraße und rollen hinab zur Bundesstraße B 305. Vor dem Bahnhof treffen wir auf den großen Kreisverkehr über dem Zusammenfluss von Ramsauer Ache und Königsseer Ache, die sich zur Berchtesgadener Ache vereinen. Der Bodensee-Königssee-Rad-

Km 34

Bei einer Führung durch das 8 / Salzbergwerk Berchtesgaden (www.salzbergwerk.de) lernst du die Arbeitsweise der Bergleute kennen, die seit Jahrhunderten das Weiße Gold aus den Tiefen der Berge im Berchtesgadener Land zutage förderten. Höhepunkte sind eine bergmännische Rutsche, die mutige Besucher ausprobieren dürfen, und der unterirdische Spiegelsee.

GESCHÜTZT

Seit 1978 ist der südlichste Teil des Berchtesgadener Landes als Nationalpark streng geschützt. In ihm liegen der Königssee und der Watzmann, mit bis zu 2.713 m Höhe der dritthöchste Hauptgipfel Deutschlands nach der Zugspitze (2.962 m) und dem Hochwanner (2.744 m), beide im Wettersteingebirge.

WIE EIN FJORD: DER KÖNIGSSEE

weg folgt ab hier dem Tal der Königsseer Ache zu deren Ursprung, dem 7 / Königssee. Für die gut beschilderte Strecke bis zum Schiffsanleger brauchst du sicherlich keine Hinweise – folge einfach den Radwegschildern und orientiere dich am Flusslauf. Beim Wegpunkt 7 starten die Ausflugskähne, die Besucher zu einem der Wahrzeichen Bayerns, der malerisch auf der Halbinsel Hirschau gelegenen Wallfahrtskirche St. Bartholomä, und bis ans Südende des Königssees bringen. Retour nutzt du den vertrauten Weg bis zum großen Kreisverkehr am Achen-Zusammenfluss.

Von Berchtesgaden nach Hallein

Dieses Mal verlassen wir den Kreisverkehr nach Überquerung der Königsseer Ache an der ersten Ausfahrt und biegen beim „Schwabenwirt" sofort links ab in den Hansererweg. Wir radeln immer an der Ache entlang, vorbei am Eisstadion und der Watzmanntherme bis zum 8 / Salzbergwerk Berchtesgaden (ganzjährig Führungen, www.salzbergwerk.de). Auch nördlich des Bergwerks orientieren

wir uns am Fluss, sodass wir bald wieder auf den Mozartradweg treffen. Er folgt der Berchtesgadener Ache bis Unterau, wo er neben der Bundesstraße verläuft. Anstatt mit dem Mozartradweg die Ache zu überqueren, bleiben wir noch für etwa 200 m an der Bundesstraße und biegen auf dem Salinenradweg rechts in die Reckensbergstraße ab. Bis zur bayerisch-österreichischen Grenze, wo wir allen Anstieg hinter uns gebracht haben, bleiben wir auf dem Salinenradweg bzw. der Straße BGL6. Nach dem Grenzübertritt rollen wir talwärts Richtung Hallein. Achtung: Kurz vorm Tunnel biegst du rechts ab – so kommst du schnell zur Stadtpfarrkirche und durch die Pfarrgasse zum 9 / Marktplatz Hallein. Vom Oberen über den Unteren Markt und durch die Dr.-Albert-Eder-Straße gelangen wir zum Keltenmuseum (www.keltenmuseum.at), das von der frühzeitigen Besiedlung der Region aufgrund der Salzvorkommen berichtet. Dass Hallein durch Salzbergbau und -handel über Jahrhunderte zu Reichtum kam, davon zeugen die vielen schmucken Wohn- und Bürgerhäuser in der Inn-Salzach-Bauweise.

1.800 m

hoch ist die berühmte Watzmann-Ostwand – und damit die höchste Felswand der Ostalpen. Obwohl die Ostwand als klettertechnisch nicht allzu schwierig gilt, fanden in ihr mehr als 100 Bergsteiger den Tod. Am besten sieht man die Wand vom Königssee aus.

< links / Tolles Panorama: Blick auf das Salzachtal mit der Stadt Hallein
^ oben / Muss man gesehen haben: Eingebettet in die Berge wie in Fjord liegt der Königssee

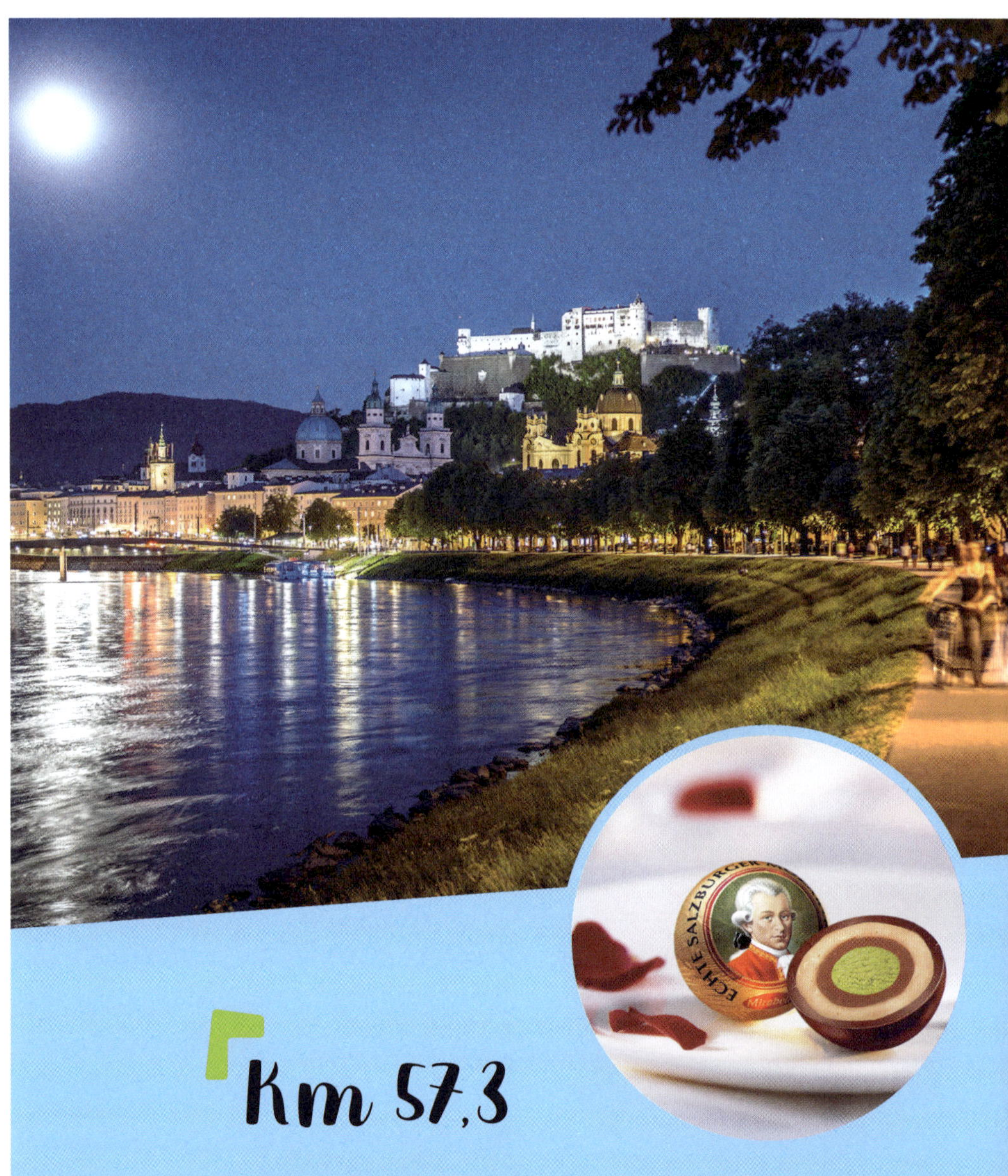

Km 57,3

Zweifelsfrei gehört die 10 / Salzburger Altstadt zu den schönsten in diesem Buch – viele Menschen sagen: Salzburg ist eine der schönsten Städte der Welt! Zum touristischen Pflichtprogramm zählen die Getreidegasse mit Mozarts Geburtshaus, das Domquartier mit dem berühmten Salzburger Dom und die Festung Hohensalzburg.

Ein klassischer Flussradweg bis nach Salzburg

Vom Keltenmuseum Hallein folgst du dem Tauernradweg, der bald zum Fluss Salzach hinunterführt. Für fast 14 km geht es immer an der Salzach entlang – eine sehr bequeme Strecke, auf der du dich nicht verfahren kannst. An der Salzachbrücke der Bundesstraße B 150 erreichst du die 10 / Salzburger Altstadt. Eine auch nur annähernd vollständige Beschreibung der Salzburger Sehenswürdigkeiten würde den Rahmen dieses Buches sprengen. Deshalb verweisen wir gern auf Stadtführer und das Internet, zum Beispiel die Website www.salzburg.info. Dort findest du den offiziellen Online-Reiseführer der Salzburg-Information sowie Übernachtungs- und Einkehrempfehlungen. Keine Frage, Salzburg bietet eine Vielzahl kulinarischer Highlights: von Kaffeehäusern, in denen du die berühmten Mozartkugeln naschen kannst über traditionelle Wirtshäuser bis hin zu Gourmet-Tempeln.

WALDBAD ANIF

Willst du dich vor Salzburg noch einmal erfrischen? Das Waldbad Anif ist die Gelegenheit! Lage: Nach der Autobahnbrücke bei der Mündung der Ache in die Salzach. Es wird eine Eintrittsgebühr erhoben.

Salzburg, ade: Der Weg zum Hauptbahnhof

Um zum 11 / Hauptbahnhof Salzburg zu gelangen, folgen wir dem Mozartradweg nordwärts an der Altstadt vorbei und wechseln dann auf ihm die Flussseite. Wir bleiben an der Salzach, radeln unter der Eisenbahnbrücke und unter der nächsten Straßenbrücke hindurch und biegen dann auf Höhe des Pionierstegs rechts ab in die Jahnstraße. Wir ignorieren alle links und rechts abzweigenden Straßen und kommen über die Kaiserschützenstraße auf den großen Bahnhofsvorplatz, wo unsere Radtour endet.

TOURENINFO / Als zweitägige Radtour für Erwachsene ohne Anstrengungen zu meistern. Für die zahlreichen Sehenswürdigkeiten musst du allerdings viel Zeit einplanen, sodass es mit Sicherheit lange Tage werden.

< links groß / Der Inbegriff städtischer Romantik: Ein Sommerabend an der Salzach in Salzburg < links klein / Eine Salzburger Ikone: Die Mozartkugel, eine sündhafte Leckerei aus Marzipan und Schokolade

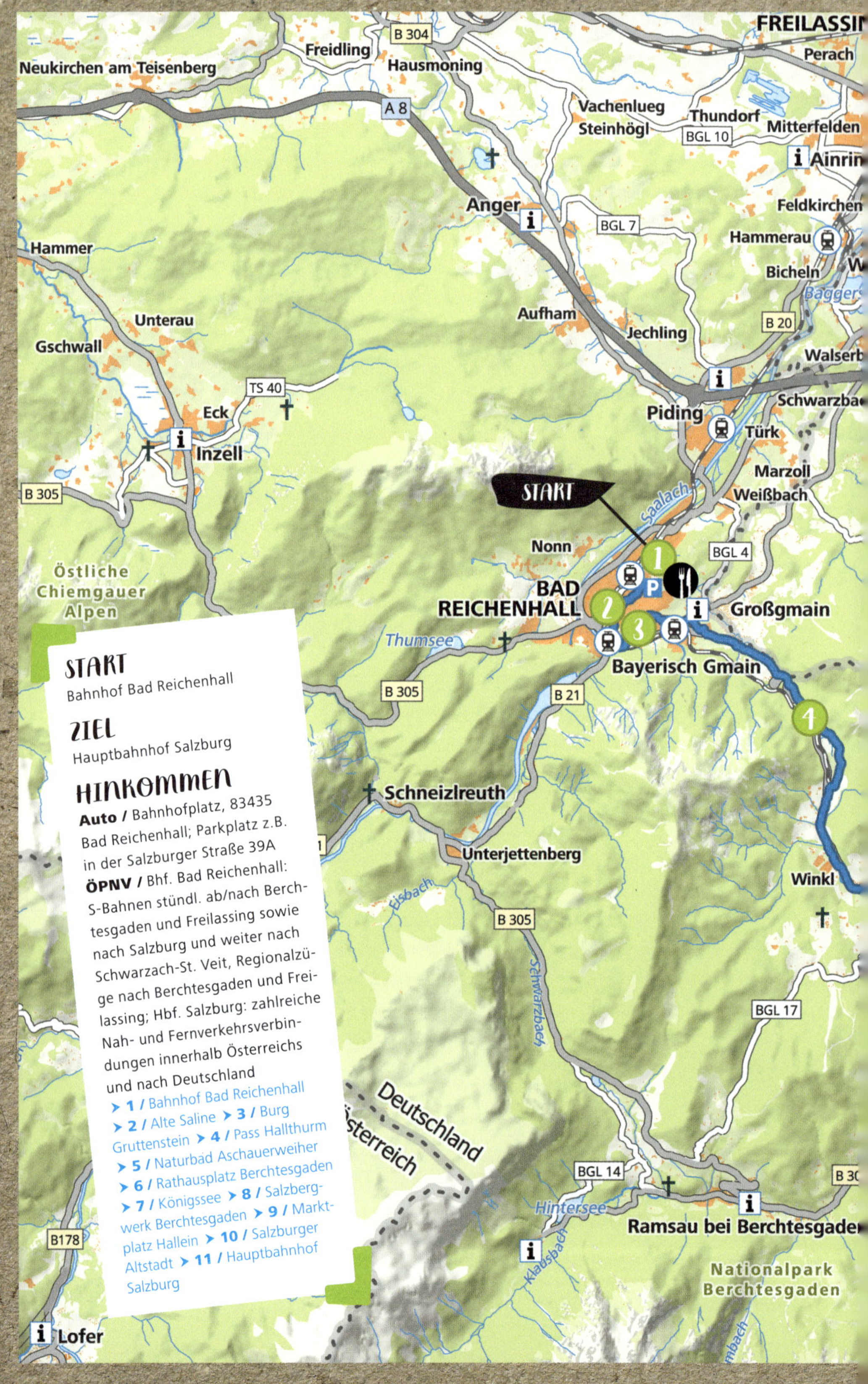

START
Bahnhof Bad Reichenhall
ZIEL
Hauptbahnhof Salzburg
HINKOMMEN
Auto / Bahnhofplatz, 83435 Bad Reichenhall; Parkplatz z.B. in der Salzburger Straße 39A
ÖPNV / Bhf. Bad Reichenhall: S-Bahnen stündl. ab/nach Berchtesgaden und Freilassing sowie nach Salzburg und weiter nach Schwarzach-St. Veit, Regionalzüge nach Berchtesgaden und Freilassing; Hbf. Salzburg: zahlreiche Nah- und Fernverkehrsverbindungen innerhalb Österreichs und nach Deutschland
➤ 1 / Bahnhof Bad Reichenhall ➤ 2 / Alte Saline ➤ 3 / Burg Gruttenstein ➤ 4 / Pass Hallthurm ➤ 5 / Naturbad Aschauerweiher ➤ 6 / Rathausplatz Berchtesgaden ➤ 7 / Königssee ➤ 8 / Salzbergwerk Berchtesgaden ➤ 9 / Marktplatz Hallein ➤ 10 / Salzburger Altstadt ➤ 11 / Hauptbahnhof Salzburg
START
BAD REICHENHALL
Bayerisch Gmain
Großgmain
Piding
Inzell
Anger
Freidling
Hausmoning
Neukirchen am Teisenberg
Vachenlueg
Steinhögl
Thundorf
Mitterfelden
Perach
Feldkirchen
Hammerau
Bicheln
Aufham
Jechling
Türk
Marzoll
Weißbach
Schwarzbach
Nonn
Hammer
Unterau
Gschwall
Eck
Thumsee
Saalach
Östliche Chiemgauer Alpen
Schneizlreuth
Unterjettenberg
Eisbach
Schwarzbach
Winkl
Deutschland
Österreich
Hintersee
Klausbach
Ramsau bei Berchtesgaden
Nationalpark Berchtesgaden
Lofer
A 8
B 304
BGL 10
BGL 7
B 20
TS 40
B 305
BGL 4
B 21
BGL 17
BGL 14
B178

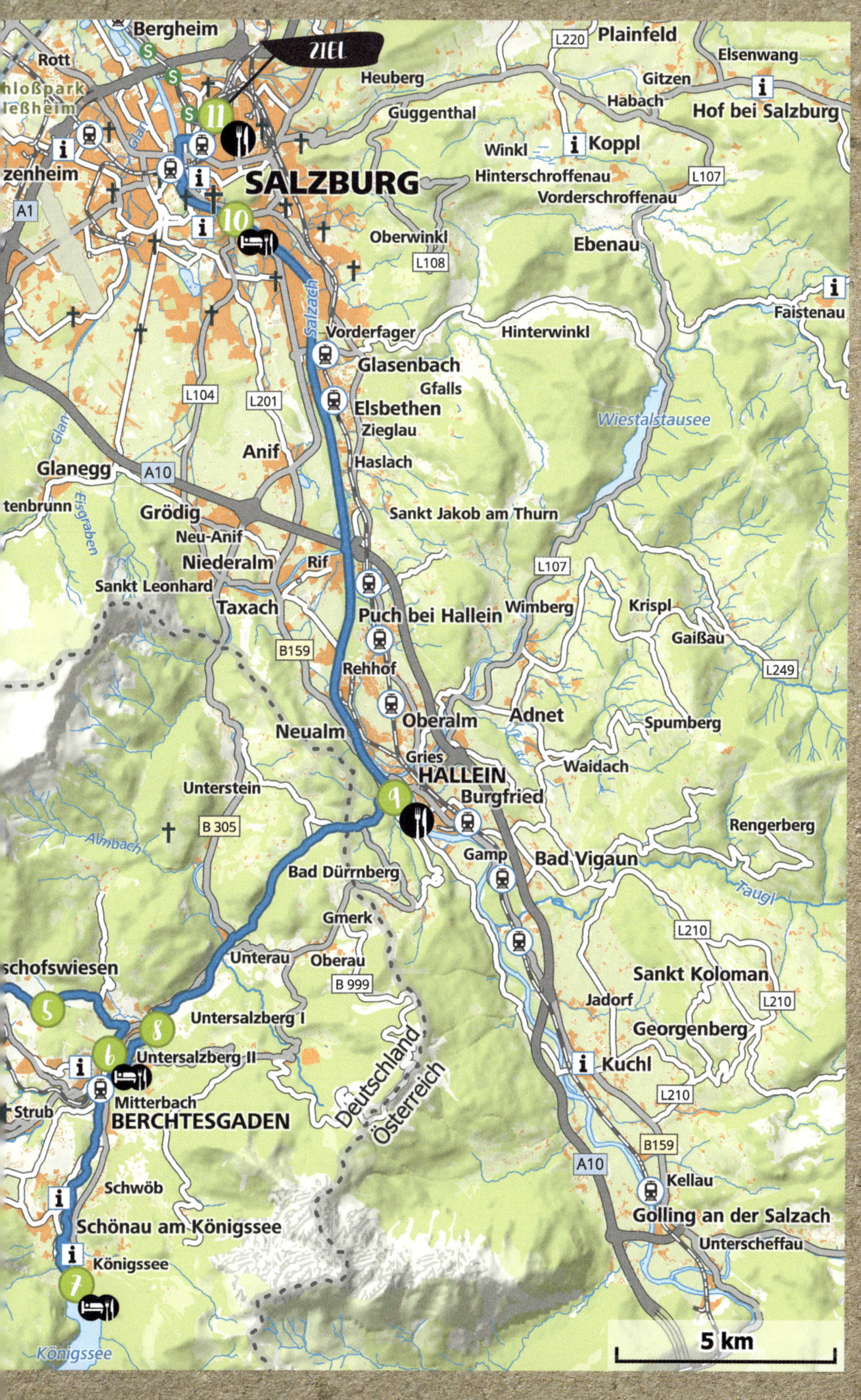

ZIEL
Bergheim
Rott
Heuberg
Plainfeld
Elsenwang
Gitzen
Habach
Hof bei Salzburg
Guggenthal
Winkl
Koppl
SALZBURG
Hinterschroffenau
Vorderschroffenau
Ebenau
Oberwinkl
Faistenau
Vorderfager
Hinterwinkl
Glasenbach
Gfalls
Elsbethen
Wiestalstausee
Zieglau
Anif
Haslach
Glanegg
Grödig
Sankt Jakob am Thurn
Neu-Anif
Niederalm
Rif
Sankt Leonhard
Taxach
Puch bei Hallein
Wimberg
Krispl
Gaißau
Rehhof
Oberalm
Adnet
Spumberg
Neualm
Gries
HALLEIN
Waidach
Burgfried
Unterstein
Rengerberg
Gamp
Bad Vigaun
Bad Dürrnberg
Gmerk
Unterau
Oberau
Sankt Koloman
Jadorf
Untersalzberg I
Georgenberg
Untersalzberg II
Kuchl
Strub
Mitterbach
BERCHTESGADEN
Deutschland
Österreich
Kellau
Schwöb
Golling an der Salzach
Schönau am Königssee
Unterscheffau
Königssee
5 km

GELOBTES LAND

Vom Chiemgau durch den Rupertiwinkel ins Altöttinger Land: Ich finde es spannend, die Unterschiede und Gemeinsamkeiten der herrlichen alten Kulturlandschaften zu entdecken.

› 1 / Unsere Runde startet am Bahnhof Traunstein

› 2 / Schmucker Stadtplatz Traunstein mit Häusern in der Inn-Salzach-Bauweise

› 3 / Klobenstein an der Traun: Mystischer Felsen, hölzerne Kapelle obenauf

› 4 / Stein an der Traun: Deutschlands größte Höhlenburg und darüber ein „Schloss"

› 5 / In die quirlige Industriestadt Trostberg mit hübscher kleiner Altstadt

› 6 / Abseits der großen Ziele: Gotische Baukunst der Heilig-Kreuz-Kirche

› 7 / Die Johann-Nepomuk-Kapelle steht unter 300 Jahre alten Linden

› 8 / Anstoßen im großen Biergarten des Bräu im Moos

› 9 / Vom Marktplatz Tüssling aus den feinen kleinen Marktort mit großem Schloss erkunden

› 10 / Unser Wallfahrtsziel: der Kapellplatz Altötting, einer der berühmteste Plätze Altbayerns

› 11 / In einem ehemaligen Steinbruch sind die Geologischen Orgeln zu bewundern

› 12 / Wir entdecken Kammer, den kleinen Ort mit großer Kirche und traditionellem Gasthaus

760 m
720 m
680 m
640 m
600 m
560 m
520 m
480 m
440 m
400 m
360 m
320 m

0 km | 20 km | 40 km | 60 km | 80 km | 100 km | 114.3 km

RADWALLFAHRT

Eine moderne Pilgerreise von Traunstein nach Altötting

TOUR, DIE DU SO NIE GEMACHT HÄTTEST

Wir entdecken besondere Kulturlandschaften, die eng mit dem christlichen Glauben verbunden sind. Wenn du Geschichte und Kunst magst, beschauliche Dörfer und alte Städte oder einfach nur zufrieden radeln willst, wird dir diese Tour bestimmt gefallen.

Tag 1 + Tag 2
63 + 51 Kilometer
160 + 380 Höhenmeter
4 + 5 Stunden
Rundtour

CHARAKTER

Sportlich ●●●●○
Abkühlung ●●○○○
Schlemmen ●●●●○
Panorama ●●●●○

Hauptsache, du glaubst an dich

Ein gläubiger Mensch musst du nicht sein, wenn du dich auf diese Radreise begibst. Ein wenig Motivation brauchst du allerdings, denn in zwei Tagen musst du immerhin fast 114 km zurücklegen. Die Wochenendausfahrt beginnt am 1 / Bahnhof Traunstein. Zur architektonischen Einstimmung radeln wir durch die Altstadt mit sehenswerten Häusern im Inn-Salzach-Stil. Vom Brunnen beim Bahnhof folgen wir der Bahnhofstraße bis zum Maxplatz, wo sich am Pfarrhof eine sehenswerte Lourdes-Kapelle versteckt: ein perfekter Start für unsere Pilgerreise. Der Grotte von Lourdes nachempfunden, besteht die Kapelle im Inneren beinah vollständig aus grobem Tuffgestein. Die Bahnhofstraße endet auf dem 2 / Stadtplatz Traunstein mit der barocken Stadtpfarrkirche St. Oswald. Davor grüßt die Bronzestatue von Papst Benedikt XVI.

< links / Altötting: Der bekannte Wallfahrtsort ist Übernachtungsziel unserer zweitägigen Rundfahrt

Wir verlassen den Stadtplatz über die Mittlere Hofgasse, wo die Adelholzener Radrunde entlangführt. Am Ende der Gasse rechts in die Straße Auberg, dann links in den Seehuberweg, rechts in die Traunerstraße und nochmals links, so erreichen wir beim Sparzer Steg den Fluss Traun. Am linken Flussufer verläuft der Traun-Alz-Radweg, dem wir auf unserer Tour öfter folgen – erst einmal bis zur Augenkapelle. Schon Ende des 17. Jahrhunderts wird berichtet, dass das Quellwasser, das an dieser Stelle aus dem Hang tritt, heilende Wirkung für die Augen haben und vorzüglich schmecken soll.

TOUR, DIE DU SO NIE GEMACHT HÄTTEST

Harte Felsen, kaltes Wasser

Kurz nach der Augenkapelle überqueren wir eine Straße und folgen der Beschilderung nach Klobenstein, wodurch wir den Traun-Alz-Radweg verlassen. Am Klärwerk vorbei gelangen wir zum 3 / Klobenstein mit einer Marienkapelle – er wird oft als besonderer Kraftort bezeichnet. Nachdem wir Kraft für unsere Radtour gewonnen haben, folgen wir der Alten Panzerstraße weiter nordwärts. Die Kiesbänke der Traun in dieser Gegend sind im Sommer ein beliebtes Ausflugsziel. Die Straße führt ein erstes Mal unter der Trauntalbrücke der B304 hindurch, macht eine 180-Grad-Kurve und unterquert die Bundesstraße ein zweites Mal. Danach halten wir uns bei erster Gelegenheit rechts und fahren so ein drittes Mal unter der Bundesstraße hindurch. Bevor wir uns links orientieren und auf den Traun-Alz-Radweg stoßen, dem wir bis Traunwalchen folgen, liegt rechts im Wald das „Kalte Bründl“, eine eingefasste Quelle.

GESPALTENER FELS

Der 3 / Klobenstein besteht aus zwei großen Felsblöcken, die vermutlich aus der Nagelfluh-Wand herausgebrochen sind. Das mittelhochdeutsche Wort „Kloben“ bedeutet eigentlich „gespaltenes Holz“.

Durch das Trauntal bis Stein

Nachdem wir die Traun bei der Nepomuk-Kapelle ein erstes Mal überquert haben, orientieren wir uns bei der auffälligen, runden

---

➤ rechts groß / Sehenswertes Ensemble: Höhenburg Stein, Schlossbrauerei und Maibaum ➤ rechts klein / Die Marienkapelle am Klobenstein in bester Hanglage

Km 21,3

Der markante Nagelfluh-Felsen war wahrscheinlich schon in frühgeschichtlicher Zeit besiedelt. Sicher ist, dass 4 / Stein an der Traun seit dem 12. Jahrhundert Rittersitz war. Der berühmte Heinz von Stein soll ein schrecklicher Tyrann gewesen sein und einer Legende nach sogar ein Mädchen geraubt haben. Beim Steiner Burgfestival wird alljährlich an den Raubritter erinnert.

Abstecher zum Zusammenfluss

Wer die Mündung der Traun in die Alz sehen will, macht einen kurzen Abstecher vor der **Eisenbahnbrücke in Altenmarkt** links. Am Zusammenfluss gibt es eine Ruhebank.

Tour, die du so nie gemacht hättest

Rosenkranzkapelle nach links und wechseln über einen Steg wieder die Flussseite. Bis Hörpolding nutzen wir immer den Traun-Alz-Radweg – dort zweigt er nach links zur Bundesstraße B 304 hin ab und folgt ihr nordwärts. Wir wählen eine Alternative: Die Radwege Genuss-Tour und Schmankerl-Tour begleiten uns geradeaus und über die Traun zur Poschmühle. Dahinter halten wir uns links in die Austraße. Bei der Bushaltestelle am Bahnübergang in St. Georgen treffen wir wieder auf den Traun-Alz-Radweg. Als Straßenradweg bringt er uns bis 4 / Stein an der Traun. Bemerkenswert ist die Höhlenburg, die als bedeutendste in Deutschland gilt. Sie kann im Rahmen von Führungen besichtigt werden (www.steinerburg.de). Über der Höhlenburg erhebt sich die Höhenburg, auch Oberschloss genannt – hinterm letzten Haus in der Pallinger Straße führt ein Fußpfad hinauf. Oben ist die historische Grenze zwischen Chiemgau und Rupertiwinkel markiert. Unterhalb der etwa 50 Meter hohen Nagelfluh-Wand steht das Unterschloss Stein, heute eine Schule. Im Gasthof wird das Steiner Bier der unübersehbaren Brauerei ausgeschenkt.

Vom Trauntal ins Alztal

Von Stein an der Traun ist es auf dem Traun-Alz-Radweg nicht weit bis Altenmarkt an der Alz, das von der Klosterkirche Baumburg überragt wird (siehe Tour 14). Wir lassen die Kirche auf dieser Tour links liegen und rollen am Bahnhof entlang weiter auf dem Traun-Alz-Radweg. Vor den Sportplätzen führt er nach links – wir fahren jedoch geradeaus an ihnen vorbei und benutzen die Eisenbahnbrücke über die Traun. Wir treten links durch den Weiler Nock, fahren bis zum Alzwehr und überqueren die Alz sowie den Alzkanal, der dort beginnt. Einmal rechts abbiegen und schon sind wir wieder auf dem Traun-Alz-Radweg. Er begleitet den Alzkanal und uns bis 5 / Trostberg. Das historische Stadtzentrum lohnt einen Abstecher; es ist von der Inn-Salzach-Architektur geprägt.

Zur sehenswerten Heilig-Kreuz-Kirche

In Trostberg wechseln wir auf dem Traun-Alz-Radweg die Flussseite. Nachdem sich der Radweg etwas vom Fluss entfernt hat, treffen wir auf das Gewerbegebiet Deinting. Wir fahren geradeaus bis zum Wohnhaus Hagenau 19. Dort, bei der Zufahrt zur Kläranlage, folgen wir der Beschilderung „Heiligkreuz 3,1 km“ und verlassen damit den Traun-Alz-Radweg. Der Panoramaweg Inn-Salzach führt

63 km

lang fließt die Alz von Seebruck, wo sie den Abfluss des Chiemsees bildet, bis Marktl, wo sie in den Inn mündet. In Altenmarkt nimmt sie das Wasser der Traun auf, die bis dahin 54 km zurückgelegt hat: Bei Siegsdorf entsteht sie aus dem Zusammenfluss von Weißer und Roter Traun.

< links / Ungewöhnliches Bauwerk: Blick in die große runde Rosenkranzkapelle in Traunwalchen ^ oben / Steht unter 300 Jahre alten Linden: Die Johann-Nepomuk-Kapelle in Wald an der Alz

uns um die Kirche St. Sixtus und Sebastian herum zur Siedlung Eglsee, hinauf auf die Alzleite und schließlich bis Heiligkreuz. Am Ortseingang verlassen wir den Panoramaweg Inn-Salzach und fahren über Grubergasse und Kirchstraße zur spätgotischen 6 / Heilig-Kreuz-Kirche, die innen wunderschön ist.

BUNDWERK

Bundwerk ist eine Form der bäuerlichen Baukultur und der Zimmermannskunst, bei der Balken in Gitterform oder schräg über Kreuz verbunden werden. Zwischen Garching an der Alz und Tüssling radelst du an besonders schönen Bundwerkstadeln vorüber.

Hoch überm Tal bis Wald an der Alz

Wir radeln zurück bis zur Römerstraße, auf ihr nordwärts bis zur breiteren Straße und mit dieser aus dem Ort hinaus. Den Straßenbeschilderungen folgend gelangen wir bis Feichten an der Alz. Ab da nutzen wir den Straßenradweg Richtung Garching an der Alz. In Edlham geht es beim KfZ-Betrieb rechts Richtung Wald an der Alz. Am Ende des Straßenradwegs, in Sichtweite einer Eisenbahnbrücke, biegen wir links ab nach Brunnthal. Der Huberhof in Brunnthal hat einen kleinen Hofladen. Nun befinden wir uns einmal mehr auf dem Traun-Alz-Radweg und fahren durchs Grüne Richtung Wald an der Alz. Bei einer rot-weißen Schranke gibt es einen Zugang zur Alz, wo im Sommer an den Kiesbänken gebadet wird. Bei der

⋀ oben / Gepflegte Bautradition: Ein Bundwerkstadel beim Weiler Hub nördlich von Garching an der Alz ➤ rechts / Mustergültig sanierte Heilig-Kreuz-Kirche mit sehenswerter gotischer und moderner Ausstattung

7 / Johann-Nepomuk-Kapelle mit drei von ehemals fünf Sommerlinden, die allesamt im 17. Jh. gepflanzt wurden und unter Naturschutz stehen, treffen wir auf die Hauptstraße durch Wald an der Alz. Auf dem Traun-Alz-Radweg geht es nach links. Nach der Brücke über den Mühlbach verlassen wir ihn und fahren hinauf zur B 299.

TOUR, DIE DU SO NIE GEMACHT HÄTTEST

Übers „flache Land" zum Bräu im Moos

Neben der Kirche St. Nikolaus in Garching an der Alz folgen wir der Radwegbeschilderung: Wir befinden uns auf der Garching-Halsbach-Runde. Es geht in den Wald hinein, an dessen Ende wir die Eisenbahn und den Alzkanal überqueren und rechts Richtung Unterneukirchen abbiegen. Über den Doppelhof Matzen erreichen wir die Straße AÖ 18. Beachte dort die alte Steinsäule, die an einen Brudermord erinnert, bevor du rechts abbiegst. Bei einer Schulbushaltestelle zweigen wir links ab nach Kammerhub. Orientiere dich nun nordwärts und ignoriere alle Abzweige bis zu einer Kreuzung mit Stoppschild. An ihr fahren wir geradeaus dem Radwegschild „Tüssling 4,0 km" nach, biegen jedoch an der nächsten Kreuzung links ab zum Maierhof und radeln im Tal nach rechts. So kommen wir zum 8 / Bräu in Moos. Der große Gasthof mit schattigem Biergarten gleich neben der Brauerei ist ein perfekter Rastplatz.

Km 31,4

Die 6 / Heilig-Kreuz-Kirche im gleichnamigen Ort entstand im 14. Jh. Im Inneren ist sie bis heute gotisch geprägt. Von großer kunsthistorischer Bedeutung sind die spätgotischen Fresken sowie eine um 1425 entstandene Pieta, wahrscheinlich ein frühes Werk des vermeintlichen „Meisters von Seeon" aus dem sogenannten Salzburger Kunstkreis.

SCHLOSS TÜSSLING

… mit seinem großen Park schließt beinahe direkt an den hübschen **9 / Marktplatz Tüssling** an. Es ist im Privatbesitz, jedoch finden im Park regelmäßig öffentliche Veranstaltungen statt, etwa Gartenausstellungen und Weihnachtsmärkte.

Über Tüssling zum Tagesziel: Altötting

Nördlich der Brauerei trittst du rechts bergan und kommst zurück zur Route nach Tüssling. Wir bleiben immer oben auf der Hangkante und übersehen keinesfalls die sagenhafte Teufelskapelle zwischen Waltenberg und Burgkirchen am Wald. Von der Pfarrkirche St. Rupertus geht es mit 18 % Gefälle bergab – der Radweg nach Tüssling ist beschildert. Der 9 / Marktplatz Tüssling und das Schloss sind sehenswert. Vertraue schließlich dem Radwegweiser „Altötting 6,3 km": Auf dem sehr gut beschilderten Benediktweg kommst du bis auf den berühmten 10 / Kapellplatz Altötting.

TOUR, DIE DU SO NIE GEMACHT HÄTTEST

Der zweite Tag: Immer auf die Berge zu!

Auf dem Benediktweg geht es zurück bis zum Bahntunnel. Unmittelbar nach der Unterführung verlassen wir den Benediktweg nach links, fahren neben der Trostberger Straße wenige Meter südwärts und folgen der Radwegbeschilderung nach Garching an der Alz und Unterneukirchen. Hinter Osterwies bei einer alten Eiche führt der Radweg zur B 299 und sodann neben ihr bergan. Auf der an-

deren Seite der Straße orientieren wir uns südwärts Richtung Kastl. An einem Vorfahrtsschild ist „Garching an der Alz 9,1 km" der Richtungszeiger. In Untergünzl lädt ein Hofcafé zu einer Pause ein. Danach halten wir uns auf einer breiteren Straße links und strampeln über die Anwesen Katzenbogen und Asbach auf die Hangleite der Alz hinauf. Bei einem Bildstock bietet sich ein prima Ausblick nach Norden. Beim Vorfahrtsschild links – wenige Meter weiter befindet sich der Zugang zu einem interessanten Naturphänomen: den 11 / Geologischen Orgeln von Oberschroffen.

Zwischen Feldern, Wäldern und Gewächshäusern

Nun geht es hinab ins Tal und über die Alz. Durch Hirten folgen wir zuerst den Radwegschildern nach Burgkirchen, im Ortsteil Tal wählen wir dann Kirchweidach als Anhaltspunkt. Wir treten ein gutes Stück bergauf und lassen uns von den Radwegmarkierungen über Halsbach (Kramerladen, Gastwirtschaft) bis an den Ortsrand von Kirchweidach leiten, nicht ohne die schönen Ausblicke zu genießen und einigen Wegkapellen Beachtung zu schenken. Interessant sind auch die riesigen Gewächshäuser des Steiner Gemüsebetriebs: Darin gedeihen vor allem Tomaten, aber auch Paprika und anderes Gemüse (Besichtigungen für Gruppen nach Anm.). Etwa beim letz-

748

war 10 / Altötting eine Pfalz der Agilofinger, der Herzöge von Bayern, und 788 wurde es eine karolingische Königspfalz. Auf diese Zeit geht vermutlich auch die Errichtung der Gnadenkapelle zurück. Wahrscheinlich diente die frühbyzantinische Kirche San Vitale in Ravenna als Vorbild für eine herzogliche Taufkapelle. Manche Kunsthistoriker stellen die Gnadenkapelle in eine Bautradition mit dem Aachener Dom.

< links / Der kleine Ort Tüssling hat einen schönen Marktplatz und ist bekannt für sein Schloss ^ oben / Geologische Orgeln: Verwitterungsschlote im ehemaligen Steinbruch bei Oberschroffen

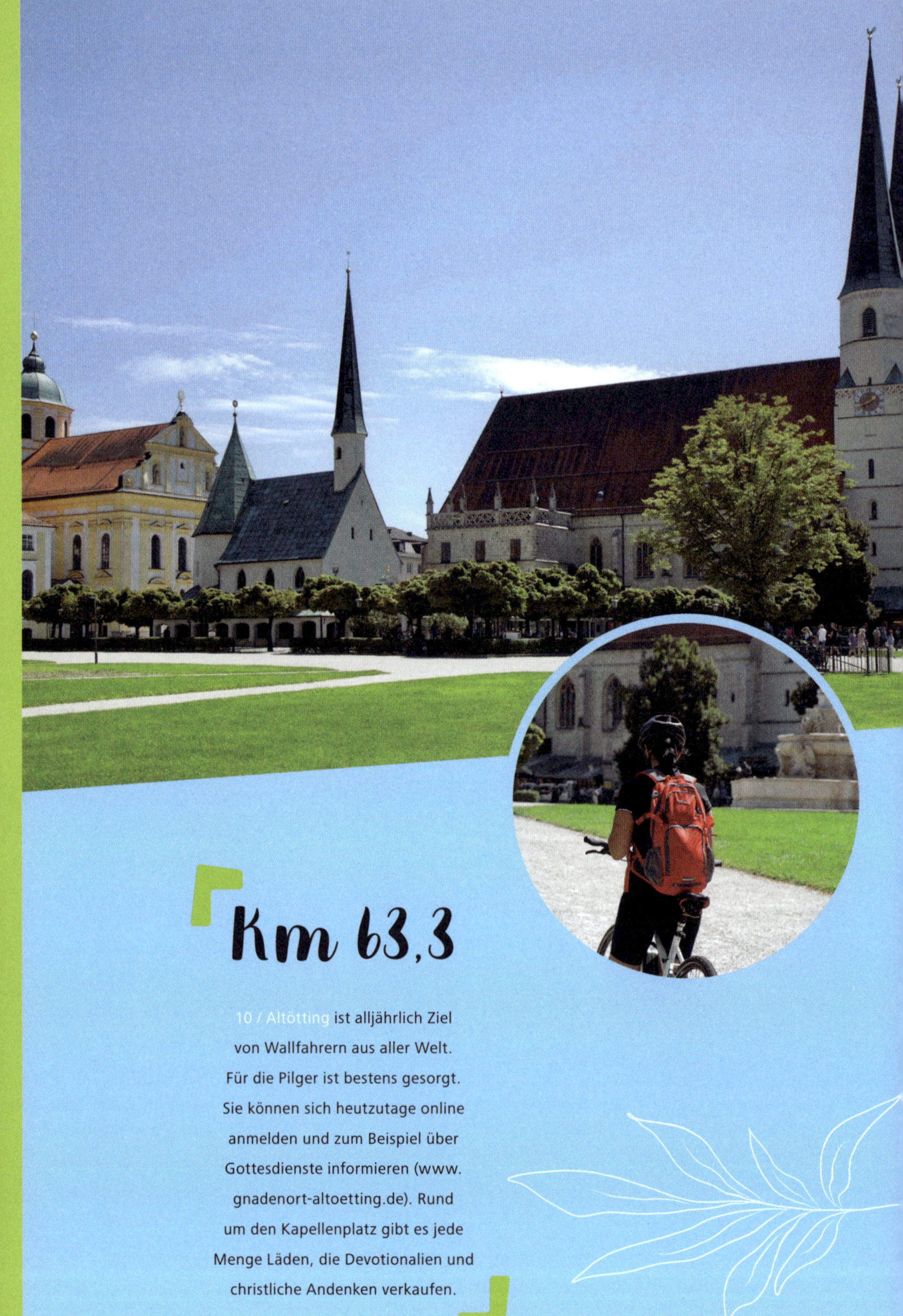

Km 63,3

10 / Altötting ist alljährlich Ziel von Wallfahrern aus aller Welt. Für die Pilger ist bestens gesorgt. Sie können sich heutzutage online anmelden und zum Beispiel über Gottesdienste informieren (www.gnadenort-altoetting.de). Rund um den Kapellenplatz gibt es jede Menge Läden, die Devotionalien und christliche Andenken verkaufen.

ten Gewächshaus zweigt die Radwegmarkierung rechts ab – wir halten uns weiter geradeaus vorbei am Ladengeschäft „Salzgrotte" zur Hauptstraße und dort unter der Eisenbahn hinweg. Wir biegen links in die Mitterstraße und nach dem Ortsende rechts in einen Rad- und Fußweg ein. Auf einem Straßenradweg rollen wir bis Tyrlaching. Dann nehmen wir die Straße durch Freutsmoos hindurch bis Ranham.

WUNDER DER NATUR

Im ehemaligen Steinbruch bei Oberschroffen ist Gestein so verwittert, dass besondere Längs- und Hohlformen entstanden, die an Orgelpfeifen erinnern. Das Geotop 11 / Geologische Orgeln zählt zu den schönsten Bayerns.

Bald ist es vollbracht

Bei der großen Straßenkapelle geht es links durch Ranham und südwärts zur Straße St2039 – wir folgen den Straßenschildern nach Gengham. Noch einmal passieren wir etliche Kapellen, die von der Volksfrömmigkeit in der Region zeugen. Wir orientieren uns an den Radwegschildern Richtung Traunreut. In Brünning schlagen wir die Richtung Waging ein, später streben wir auf Wintermoning zu. In Wintermoning biegen wir nicht links ab (Radwegmarkierung), sondern fahren geradeaus bis zum Vorfahrtsschild. Wir halten uns links, sodann rechts nach Aich. Über Frauenfurt, Hurt und Zweckham geht es weiter auf Traunstein zu. So kommen wir durch 12 / Kammer. Dort steht die Pfarrkirche St. Johannes der Täufer und gegenüber die Cholera-Kapelle. Sie entstand zum Dank, dass der Ort von der Seuche verschont blieb. Das Gasthaus zur Post bietet sich für eine Stärkung kurz vor Schluss an. In der Kreisstadt angekommen, schieben wir unsere Bikes über die Fußgängerbrücke unterhalb der Bahngleise. Auf der Oberen Hammerstraße gelangen wir schnell zum 1 / Bahnhof Traunstein.

TOUR, DIE DU SO NIE GEMACHT HÄTTEST

TOURENINFO / Eine lange Zweitagestour mit überschaubaren Höhenunterschieden. Kunstgeschichte und Religion stehen im Vordergrund, daher ist die Rundfahrt eher nichts für Kinder, selbst wenn sie sportlich genug sind.

< links groß / Ein Zentrum des Glaubens: Der Kapellplatz von Altötting mit der Kapuziner-Klosterkirche St. Magdalena, der berühmten Gnadenkapelle und der großen Stiftskirche (von links) < links klein / Angekommen: Die Bikerin hat gerade den Kapellplatz von Altötting erreicht

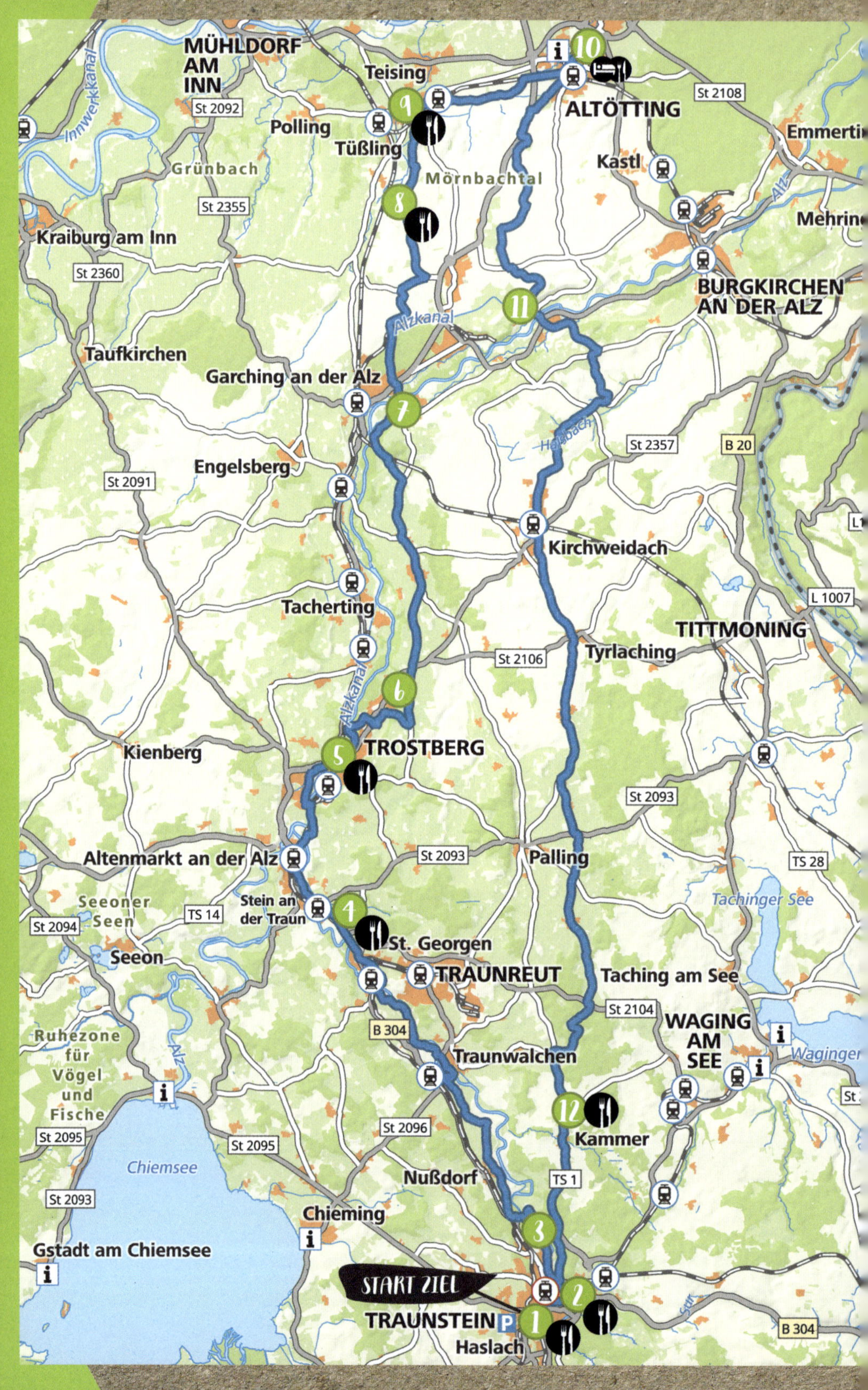
MÜHLDORF AM INN
Teising
Polling
Tüßling
Grünbach
Mörnbachtal
Kraiburg am Inn
Taufkirchen
Garching an der Alz
Alzkanal
Engelsberg
Tacherting
Kienberg
TROSTBERG
Altenmarkt an der Alz
Stein an der Traun
St. Georgen
TRAUNREUT
Seeoner Seen
Seeon
Ruhezone für Vögel und Fische
Chiemsee
Gstadt am Chiemsee
Chieming
Nußdorf
Traunwalchen
Kammer
START ZIEL
TRAUNSTEIN
Haslach
ALTÖTTING
Kastl
Emmerti
Mehrin
BURGKIRCHEN AN DER ALZ
Innwerkkanal
Hachbach
Kirchweidach
TITTMONING
Tyrlaching
Palling
Tachinger See
Taching am See
WAGING AM SEE
Waginger
St 2092
St 2355
St 2360
St 2091
St 2108
St 2357
B 20
L 1007
St 2106
St 2093
St 2104
TS 28
TS 14
St 2094
B 304
St 2096
St 2095
TS 1
St 2093

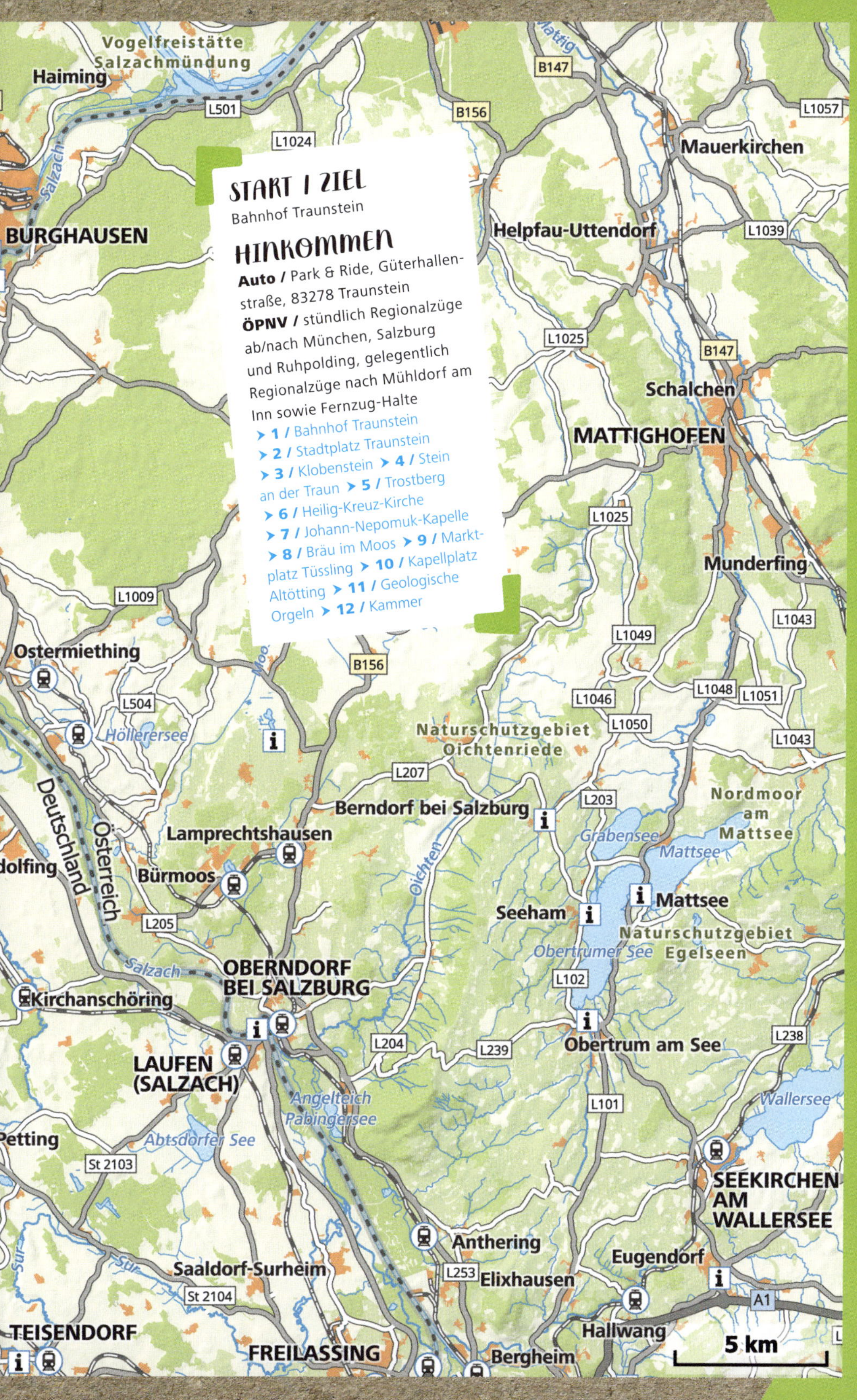
START / ZIEL
Bahnhof Traunstein
HINKOMMEN
Auto / Park & Ride, Güterhallenstraße, 83278 Traunstein
ÖPNV / stündlich Regionalzüge ab/nach München, Salzburg und Ruhpolding, gelegentlich Regionalzüge nach Mühldorf am Inn sowie Fernzug-Halte
➤ 1 / Bahnhof Traunstein ➤ 2 / Stadtplatz Traunstein ➤ 3 / Klobenstein ➤ 4 / Stein an der Traun ➤ 5 / Trostberg ➤ 6 / Heilig-Kreuz-Kirche ➤ 7 / Johann-Nepomuk-Kapelle ➤ 8 / Bräu im Moos ➤ 9 / Marktplatz Tüssling ➤ 10 / Kapellplatz Altötting ➤ 11 / Geologische Orgeln ➤ 12 / Kammer
Vogelfreistätte Salzachmündung
Haiming
BURGHAUSEN
Salzach
L501
L1024
B147
B156
L1057
Mauerkirchen
Helpfau-Uttendorf
L1039
L1025
B147
Schalchen
MATTIGHOFEN
Munderfing
L1043
L1049
L1009
Ostermiething
B156
L504
Höllerersee
L1046
L1048
L1051
L1050
L1043
Naturschutzgebiet Oichtenriede
L207
Berndorf bei Salzburg
L203
Nordmoor am Mattsee
Grabensee
Mattsee
Mattsee
Deutschland
Österreich
Lamprechtshausen
Bürmoos
Oichten
Seeham
Naturschutzgebiet Egelseen
Obertrumer See
L205
Salzach
OBERNDORF BEI SALZBURG
L102
Kirchanschöring
Obertrum am See
L204
L239
L238
LAUFEN (SALZACH)
Angelteich Pabingersee
L101
Wallersee
Petting
Abtsdorfer See
St 2103
SEEKIRCHEN AM WALLERSEE
Anthering
Eugendorf
Saaldorf-Surheim
L253
Elixhausen
St 2104
A1
TEISENDORF
Hallwang
FREILASSING
Bergheim
5 km

BYE-BYE INS WOCHENENDE!

Wir gehen auf große Ausfahrt, wie hier bis Salzburg auf Tour 20

AUFGESATTELT!

TIPPS ZUR REGION UND FÜRS RADELN

RADVERGNÜGEN

im Chiemgau & Rupertiwinkel

Tourismusforscher haben herausgefunden, dass die Deutschen am liebsten im eigenen Land Urlaub machen – vor allem am Meer und in den Alpen. Chiemgau und Rupertiwinkel haben beides. Wie bitte?

Zugegeben: Das „Bayerische Meer" (Touren 6, 12 und 18) ist nicht ganz so groß wie ein richtiges – traumhafte Badestrände gibt es am Chiemsee aber auch. Und vor der majestätischen Kulisse der Alpen macht nicht nur das Schwimmen Spaß. Ein ausgezeichnetes Radwegenetz sorgt dafür, dass Chiemgau und Rupertiwinkel zu den beliebtesten Bike-Regionen Deutschlands gehören. Der etwa 60 km lange Chiemsee-Radweg rund um den See ist vielleicht der am meisten befahrene Rundweg (für Tour 18 abgewandelt). Im offiziellen Tourenportal der Tourismus-Website www.chiemsee-alpenland.de lassen sich die rund 2.000 km markierten Radwege im Chiemgau und darüber hinaus komfortabel erkunden.

WEGENETZ NUTZEN

Noch mehr Radwege sind im Bayernnetz für Radler verzeichnet: www.radlland-bayern.de (inkl. kostenloser App). Auf unseren Touren nutzen wir oft Teile der offiziellen Routen, die gut mit weißgrünen Schildern und zusätzlich mit auffälligen Symbolen gekennzeichnet sind. In Ausnahmefällen weisen wir auf Lücken hin.

GRENZENLOS RADELN

Ein Großteil der heutigen Kulturlandschaft Rupertiwinkel gehörte viele Hundert Jahre lang zum Erzbistum Salzburg, während der

Alles rund ums Fahrradfahren im Chiemgau & Rupertiwinkel

Chiemgau eine „urbayerische" Region ist. Selten ist der historische Grenzverlauf so erkennbar wie auf der Burg Stein an der Traun (Tour 21), wo ein Schild auf ihn hinweist. Beim Besuch von Kirchen, Klöstern und Burgen erfahren wir oft mehr über die Geschichte. Das Motto für unsere Touren lautet: grenzenloses Radvergnügen! Für besonders lohnende Touren haben wir nicht nur Chiemgau und Rupertiwinkel vereint, sondern machen auch Abstecher nach Österreich. Einen guten Überblick über Radtouren in Österreich liefert die Website www.radtouren.at. Weitere nützliche Online-Angebote sind www.salzburgerland.com/de/radwege-im-salzburgerland/ und www.salzburgrad.at für das Salzburger Land sowie www.radrouting.tirol für das Bundesland Tirol.

Strom finden

Zeitangaben im Buch gehen von 15 km/h in der Ebene aus. Bergauf sind wir langsamer. E-Biker haben im Voralpen- und Alpenland Vorteile – wir sind eben doch nicht am Meer. Doch für alle Vorschläge im Buch genügen Tourenräder oder Trekking-Bikes. Eine prima Übersicht zu Ladestationen für E-Bikes bietet www.fahrrad.de/e-bike-ladestationen.html, für Österreich www.sport-oesterreich.at/e-bike-ladestationen-oesterreich. Zu beiden Websiten gibt es Gratis-Apps.

Regeln beachten

Ob in Deutschland oder Österreich: Biker sind Straßenverkehrsteilnehmer und daher verpflichtet,

die Straßenverkehrsordnung einzuhalten. Dass Radfahrer und Fußgänger aufeinander Rücksicht nehmen müssen, sollte auch ohne Gesetze selbstverständlich sein. Das gilt vor allem für gemeinsam genutzte Rad- und Fußwege (blaue Schilder mit Personen und Fahrradsymbol übereinander) sowie für Wald-, Feld- und Alm-Wege: Auf all diesen Wegen gebührt Fußgängern der Vorrang! Das heißt vor allem: Biker müssen sich langsam annähern, deutlich auf sich aufmerksam machen und in sicherem Abstand zu Fußgängern fahren.

NATUR SCHÜTZEN

Im Chiemgau und Rupertiwinkel gibt es noch vergleichsweise viel intakte Natur. Besonders in Schutzgebieten, aber auch sonst sollten wir auf die Natur Rücksicht nehmen. Biken abseits von Wegen und Querfeldeinfahren sind grundsätzlich verboten, Pflanzen sollten nicht abgepflückt und Tiere nicht beunruhigt werden.

SICHERHEIT SCHAFFEN

Bevor du zu einer Tour aufbrichst, wirf einen Blick aufs Wetter. Mit Apps kannst du die Wetterentwicklung auch während der Fahrt verfolgen. In den Bergen herrscht oft anderes Wetter als im Tal. Nicht selten liegt dichter Nebel über dem Alpenvorland, während auf den Gipfeln bereits die Sonne scheint. Doch im Normalfall ist es auf dem Berg kälter als im Tal. Last but not least: Wir empfehlen das Tragen eines Fahrradhelms zum eigenen Schutz. Entgegen der landläufigen Meinung gibt es in Deutschland jedoch keine Helmpflicht beim Fahrradfahren – auch nicht für Kinder. In Österreich müssen Kinder bis zum 12. Lebensjahr einen Fahrradhelm tragen.

FACTS
CHIEMGAU & RUPERTIWINKEL

454 KM

hat der Mozartradweg, der längste Fernradweg zwischen Oberbayern und Salzburger Land

1810

wurde der Rupertiwinkel dem Königreich Bayern zugesprochen – über 500 Jahre lang hatte das Gebiet überwiegend zu Salzburg gehört

230

Menschen leben in der kleinsten Gemeinde Bayerns: Die Gemeinde Chiemsee besteht aus Fraueninsel und Herreninsel

80 KM²

Fläche hat der Chiemsee – das „Bayerische Meer" ist der größte See Bayerns

1.051 M

lang ist die längste Burg der Welt – die Burg von Burghausen (Tour 8)

12 M

hoch ist das 2,7 t schwere Gipfelkreuz auf der Kampenwand – und damit das höchste der Bayerischen Alpen

DIE ERSTE PIPELINE DER WELT

war die 32,5 km lange Soleleitung von Bad Reichenhall nach Traunstein, die im frühen 17. Jh. errichtet wurde (Tour 20)

DIE MEISTEN MOZARTKUGELN

werden nicht in Salzburg, sondern in Bayern hergestellt – von der Bad Reichenhaller Konfiserie Reber

16

Brauereien gab es Ende des 19. Jh. in der „Bierstadt" Wasserburg am Inn (Tour 10) – heute existiert keine einzige mehr

ÜBER 500

Sitzbänke gibt es im „Bankerldorf" Aschau (Touren 5 und 19) – das ist offizieller Weltrekord!

RAUSZEIT-HIGHLIGHTS

FÜR KINDER

Platsch, platsch
Für Kinder besonders schön ist das Naturbad Samerberger Filze mit großem Spielplatz. Die Eltern dürfen sich am Alpenpanorama erfreuen.
Tour 1 // Seite 10

Burgfräulein und Ritter
Abenteuer für die ganze Familie in der längsten Burg der Welt. Du musst mehr als 1 km gehen, bis du das kinderfreundliche Burgmuseum der Burg Burghausen erreichst.
Tour 8 // Seite 65

Was sind das für Hütten?
Kinder wollen genau wissen, wozu die unterschiedlichen Häuschen im Keltengehöft Stöffling, einem Nachbau eines Keltendorfs, dienten.
Tour 14 // Seite 130

Hase, Wildschwein & Co
Im Wildpark Wildbichl leben heimische Wildtiere und Haustiere auf über 80.000 m^2. Kinder erwartet außerdem ein großer Spielplatz und eine Kartbahn.
Tour 19 // Seite 184

FÜR E-BIKER

Energie für Bike und Biker
Kostenlose E-Bike-Ladestation am gelobten Hotel und Gasthof Kloster Raitenhaslach: So kannst du dich und dein Bike für die Fahrt entlang der Salzach bis Burghausen stärken.
Tour 8 // Seite 68

Bei den Römern
Wer den Chiemsee mit dem E-Bike umrundet: Am Weinlokal Taverna in Bedaium, wie Seebruck bei den Römern hieß, gibt es Schuko-Dosen.
Tour 18 // Seite 172

Weiter aufwärts
Auf der herausfordernden Bergetappe zur Streichenkirche (Foto) sind E-Biker klar im Vorteil. Sie können auch noch weiter hinaufradeln, um die Wanderung zum Taubensee zu verkürzen.
Tour 13 // Seite 119, 123

Auf der Alm
gibt's koan Strom, zumindest nicht auf den Röthelmoosalmen. Für die bergigste Tour in diesem Buch sind E-Bikes trotzdem ideal.
Tour 19 // Seite 189

Top für jede Lust und Laune: Kleine und große Abenteuer, die besten Einkehrtipps und entspanntesten Pausenplätze

FÜR SCHLEMMER

Schlecker lecker

Sommer, Sonne, Eis! Über 150 Sorten stellt Familie Gschwendtner her. Das leckere Rinser Natureis kannst du direkt am Bauernhof schlecken oder im Strandbad Rinssee.

Tour 2 // Seite 20

Frische Fische

Der Fisch Kare, das uralte Wirtshaus mit dem merkwürdig-urigen Biergarten abseits aller touristischen Ziele, ist eine Institution!

Tour 9 // Seite 76

Biergarten im Grünen

Fern des Trubels unserer Tage liegt das Gasthaus Roiter malerisch im Alztal. Im gemütlichen Biergarten nahe der Seilfähre über die Alz lässt sich es sich gut aushalten.

Tour 14 // Seite 132/133

Salzburger Schmankerl

In der Salzburger Altstadt gibt es nicht nur Nockerln und Mozartkugeln, sondern auch Lokale für jeden Geschmack und Geldbeutel.

Tour 20 // Seite 205

FÜR RUHESUCHENDE

Rast bei den Steinen

Der besinnliche Rastplatz Moosen wird von Findlingen des Chiemsee-Gletschers umrahmt. Es gibt einen Picknicktisch und Bänke.

Tour 3 // Seite 29

Blick auf das Delta

Vom Vogelbeobachtungsturm Hagenau im Naturschutzgebiet blickst du auf das Mündungsdelta der Tiroler Achen. In der kalten Jahreszeit ist der Ort besonders magisch.

Tour 6 // Seite 52

Watching the river flow

„Einfach dasitzen und dem Fluss zusehen" wie im gleichnamigen Song von Bob Dylan darfst du auf der Ruhebank an der Alz.

Tour 14 // Seite 128

In sich gehen

kann man während unserer „Radwallfahrt" von Traunstein nach Altötting an vielen Orten. Ein ganz besonderer Besinnungsort ist die spätgotische Heilig-Kreuz-Kirche.

Tour 21 // Seite 214

DAS KRIEGST DU NICHT ALLE TAGE

TOUR 10

Wasserburg leuchtet
ein Wochenende im Sept.
Freiluftkino am Stoa
in Edling, nordwestl. von Wasserburg
Seite 85

WASSERBURG AM INN

TOUR 12

Mozartwoche im Kloster Seeon
im Juni
Seite 105

SEEON-SEEBRUCK

TOUREN 4 & 11

Gut Immling Festival
Konzerte und Theater etwa zwei Sommermonate lang, bei Bad Endorf
Seite 33, 95

BAD ENDORF

HERRENCHIEMSEE

ROSENHEIM

Rosenheimer Herbstfest
„Wiesn" Rosenheim, zwei Wochen zw. Ende Aug. u. Mitte Sept.
Seite 17

TOUR 2

ASCHAU

RI
POLDI

Sonnwendfeier auf der Kampenwand
Nähe Bergstation Kampenwand-Seilbahn
Seite 41, 181

TOUREN 5 & 19

SACHRANG

Almabtrieb in Sachrang
Ende der Almsaison auf den Prientaler Almen zw. Ende Aug. u. Mitte Sept.
Seite 181

TOUR 19

Inselkonzerte Herrenchiemsee
Klassikkonzerte etwa einmal monatlich, Altes und Neues Schloss Herrenchiemsee
Seite 167

TOUR 18

*Wann am besten wohin?
Alle Events und zeitlich begrenzten Highlights der Touren findest du in der Karte.*

TOUR 16

Salzach-Festspiele
Musik für (fast) jeden Geschmack in historischem Ambiente, Schloss Triebenbach

LAUFEN

Seite 147

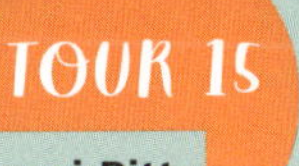

TOUR 15

…uhpoldinger Georgi-Ritt
…schmückter Pferdeumzug, am ersten So im Sept.

Seite 137

TOUR 20

Wanderfestival Berchtesgaden
Solo- und Gruppenwanderungen zwischen 12 und 24 Std., ein Wochenende im Juli, Nationalpark und Umgebung

Seite 195

NATIONALPARK BERCHTESGADEN

WEITERE EVENTS

Apfelmarkt Bad Feilnbach, 2. Oktoberwochenende

Gartentage auf Schloss Tüssling, ein Wochenende im Juli

Herbstfest Attl, traditionelles Volksfest mit „Bulldog-Treffen", Maßkrugschieben und mehr, ein Wochenende im Herbst

Luegstock Festival, Pop und Rockmusik, ein Wochenende im Juni/Juli

Musiksommer zwischen Inn und Salzach, jeden Sommer

Salzburger Festspiele, etwa Mai bis September

Schlosskonzerte Amerang, Klassik und mehr, im Herbst und Advent

Seehafenfest Seebruck mit Feuerwerk, im Juli

Traunsteiner Frühlingsfest, „Wiesn" außerhalb der „Volksfest-Saison", im Mai

Waginger Filmtage, Open-Air-Kino mit Picknick-Atmosphäre, im Kurpark Waging im Juli

PACKLISTE

GRUNDAUSSTATTUNG

Radkleidung
Fahrradhelm
Trinkflasche
Radhandschuhe
Radbrille
Handy
Karte
Fahrradschloss
Fahrradlicht, Ersatzakku/-batterie
Erste-Hilfe-Set

+ TAGESTOUR

Regenkleidung
Wechselkleidung
Reparaturset:
Ersatzschlauch, Werkzeug
Luftpumpe
Packtaschen klein
Verpflegung: Snacks,
genügend Wasser
evtl. wasserdichte
Handyhülle

BIKEAWAYTOUR

- Zahnbürste
- Waschbeutel
- Packtaschen groß
- evtl. Zelt
- evtl. Schlafsack
- evtl. Kompass
- Handyladegerät

REISE-APOTHEKE

Pflaster & Blasenpflaster, Mückenschutz, Sonnenschutz, Zeckenkarte

RADCHECK

findest du auf der nächsten Seite

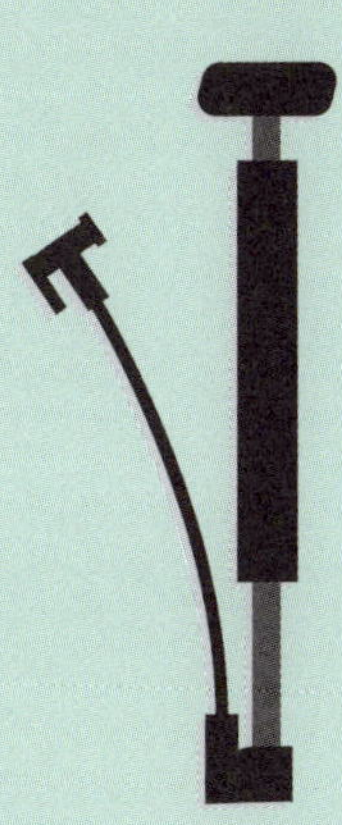

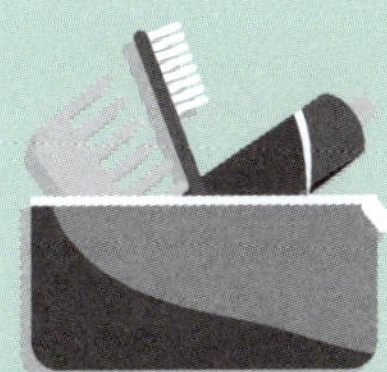

RADCHECK

AM BESTEN nimmst du dein Fahrrad vor jeder Tour unter die Lupe, zumindest aber beim Frühjahrsputz. Darüber hinaus ist ein regelmäßiger Service bei Profis zu empfehlen.

Picobello: Reinigung des Fahrrads

Ein sauberes Fahrrad lebt länger und dir fallen beim Putzen Defekte auf. Daher ran an den Schwamm und die milde Seife oder den Fahrradreiniger und losgelegt! Wenn das Fahrrad getrocknet ist, mit einem sauberen Lappen Wasserränder wegpolieren. Handarbeit ist angesagt – ein Hochdruckreiniger ist tabu, da er auch Fett und Öl entfernt und Wasser in empfindliche Teile eindringen kann.

Tipp: Für verwinkelte Teile ist eine alte Zahnbürste praktisch.

Pralle Geschichte: Die Reifen

Um den Reifendruck zu überprüfen, mach die Daumenprobe: Lässt sich der Reifen mehr als 1 cm eindrücken, musst du pumpen. Angaben zu Mindest- und Maximaldruck findest du auf der Reifenflanke. Ein Erwachsenenrad mit 28 Zoll braucht ca. 2,5 Bar. Für wenig Rollwiderstand auf befestigten Straßen orientiere dich an der oberen Grenze, wenn du auf unbefestigen Wegen unterwegs bist, an der unteren. Am einfachsten lassen sich die Reifen mit einer Standpumpe mit Druckmesser aufpumpen.

Tipp: Fahrradgeschäfte bieten machmal vor Ort gratis Pumpen zum Selbermessen und -aufpumpen an.

Nimm auch das Reifenprofil unter die Lupe: Entferne eventuelle Steinchen oder Scherben und halte nach Rissen oder Schnitten Ausschau. Wenn das Profil zu brüchig oder stark abgefahren ist, brauchst du einen neuen Mantel.

Läuft wie geschmiert: Kette reinigen und ölen

Fürs Reinigen zuerst mit einem trockenen Tuch Kette von altem Fett und Schmutz befreien, indem du am Pedal drehst und so die Kette durch das Tuch ziehst. Den feinen Zwischenräumen kannst du wieder mit der Zahnbürste zu Leibe rücken. Danach Kettenöl, am besten biologisch abbaubares, auftragen, indem du es hinten auf die Kette träufelst, während du sie mit dem Pedal durchdrehst. Kurz einwirken lassen, dann mit einem Lappen das überschüssige Öl von der Kette abziehen.

Tipp: Hast du eine Kettenschaltung, schalte einmal alle Gänge durch, damit sich das Öl auf allen Zahnrädern verteilt.

Eine gut geölte Kette und der richtige Reifendruck machen außerdem ein E-Bike leichtgängiger, was die Akku-Reichweite erhöht.

✓ Schraube locker?

Tipp: Der einfachste Weg, herauszufinden, ob alle Schrauben fest sitzen? Ohren spitzen und das Fahrrad aus geringer Höhe vorsichtig auf die Reifen fallenlassen.

Legst du selbst Hand an, ist ein Drehmomentschlüssel am besten, damit du die Schrauben entsprechend den Drehmomentangaben für dein Fahrrad nachziehen kannst.

✓ Nichts kann dich stoppen, außer: die Bremsen

Prüfe, ob vordere und hintere Bremse einen gleichmäßig starken Druckpunkt haben. Öffne und schließe die Bremsen auch im Stand. Wenn bei hydraulischen Bremsen mehrmaliges Pumpen für einen soliden Druckpunkt erforderlich ist oder sich der Hebel bis zum Lenker durchziehen lässt, muss das System entlüftet werden. Wenn bei mechanischen Felgenbremsen die Bremsarme nicht gleichmäßig arbeiten, einstellen (lassen). Sind die Verschleißindikatoren auf den Bremsbelägen, kleine Rillen im Gummi, verschwunden, müssen die Beläge getauscht werden. Den Verschleiß von Scheibenbremsen kannst du bei relativ neuen Belägen mit einer Taschenlampe von oben durch den Schlitz im Sattel prüfen. Bei älteren und dünneren Belägen müssen die Räder zur Sichtprüfung ausgebaut werden.

Tipp: Gegen Verschmutzung und Korrosion der Bremszüge bei mechanischen Bremsen hilft ein Spritzer Teflonspray in die Enden der Außenhüllen. So gleiten die Kabel besser in ihrer Hülle.

✓ Damit dir ein Licht aufgeht: die Beleuchtung

Weil's am Abend auch schon mal später werden kann und du auch am Rückweg sichtbar sein möchtest: Sind Lichter und Reflektoren vorhanden und funktionieren sie?

✓ Für alle mit extra Antriebskraft: Akku & Motor

Bei längerer Nichtnutzung, zum Beispiel in der Winterpause, achte darauf, dass sich der Akku nie tiefenentlädt. Korrosionsspuren bei den Steckverbindungen mit einem speziellen Kontaktspray entfernen. Fallen dir Schäden am Motorgehäuse auf, am besten schnell in eine Fachwerkstatt.

Los geht's!

VICTORIA

© KOMPASS-Karten GmbH
Karl-Kapferer-Straße 5
A-6020 Innsbruck
www.kompass.de

1. Auflage 2022 (22.01)
Verlagsnummer 3807
ISBN 978-3-99121-417-5

Text und Fotos (soweit nicht anders angegeben): Sven Hähle

Titelbild: Chiemsee mit Steg (Adobe: @ fottoo – stock.adobe.com)
Fotos: © Berchtesgadener Land Tourismus (197 kl.); © Chiemgau Tourismus e.V. (51 gr., 94, 104, 107 kl., 126, 131, 132, 166, 172); © Eva-Maria Repolusk/SalzburgerLand Tourismus (152); © Gästeservice Tennengau (202); © Günter Breitegger/Tourismus Salzburg GmbH (204 gr.); © Reinhart Bryan/Salzburg Tourismus GmbH (194); © Südwestdeutsche Salzwerke AG (198, 201); © Thomas Kuljat/Chiemgau Tourismus e.V. (114, 121); © Tourismus Salzburg GmbH (204 kl.); © Tourismusverband Kaiserwinkl (186, 187); Adobe: © 1stGallery – stock.adobe.com (40), © AIDAsign – stock.adobe.com (120), © Alexander Raths – stock.adobe.com (75 kl.), © alisseja – stock.adobe.com (227), © andal1991 – stock.adobe.com (190 kl.), © carinthian – stock.adobe.com (146), © CPN – stock.adobe.com (203), © Danita Delimont – stock.adobe.com (183 kl.), © designnatures – stock.adobe.com (149), © Dirschl – stock.adobe.com (217), © florentina.p – stock.adobe.com (101), © Helmut – stock.adobe.com (156, 162), © Henry Czauderna – stock.adobe.com (197 gr.), © jessicahyde – stock.adobe.com (Graspapier-Hintergrund), © Jochen Netzker – stock.adobe.com (48), © kentauros – stock.adobe.com (211 kl.), © majonit – stock.adobe.com (200), © Manuela Manay – stock.adobe.com (199), © Mario – stock.adobe.com (11 kl.), © modernmovie – stock.adobe.com (170, 176/177, 225, 238), © mojolo – stock.adobe.com (150), © Monika Wisniewska – stock.adobe.com (237), © mw-luftbild.de – stock.adobe.com (24), © Nelos – stock.adobe.com (19 kl.), © rudiernst – stock.adobe.com (190 gr.), © skywatcher81 – stock.adobe.com (37); mauritius images: © Markus Lange (36), © mauritius images/Udo Siebig (180), © Norbert Eisele-Hein/imageBROKER (12, 45, 80/81, 183 gr.), © Panther Media GmbH/Alamy/Alamy Stock Photos (28), © Roman Babakin/Alamy/Alamy Stock Photos (222/223), © Westend61/Lisa und Wilfried Bahnmüller (130)

Gestaltung / Illustration – Composing / Agenten und Freunde Iris Streck München

Illustrationen: © stock.adobe.com: © val_iva; mtmmarek, © Azar, © askaja; creativmarket: © amber&ink; © NassyArt
Illustrierte Karten und zugehörige Miniaturen, wenn nicht anders angegeben / Agenten und Freunde Martina Dobrindt München
Miniaturen auf Karten: Adobe: © greens87 – stock.adobe.com (Salzburger Dom), © sbojanovic – stock.adobe.com (Boot); Designed by Freepik: Flamingo-Schwimmreifen
Karten: © KOMPASS-Karten GmbH unter Verwendung OpenStreetMap Contributors (www.openstreetmap.org)

Erzähl uns von deinen Abenteuern auf Instagram und Facebook mit: #folgedeinemKOMPASS

BIKE-BUCKETLIST CHIEMGAU & RUPERTIWINKEL

SICH IN EINEM FLUSS TREIBEN LASSEN

Sich vom 3 / Alzbad Truchtlaching im glasklaren Fluss abwärts treiben lassen.

Tour 14 // Seite 132

DIE GRÖSSTE KUNSTUHR DER WELT TICKEN SEHEN

Auf unserer Runde um den Simssees bestaunen wir im 11 / Gasthof Gocklwirt die Weltuhr von Josef Greß, die 5 m breit und 3 m hoch ist und stolze 1.250 kg wiegt.

Tour 3 // Seite 30

DIE LÄNGSTE BURG DER WELT BESICHTIGEN

Wir bestaunen die Ausmaße des mehr als einen Kilometer langen Bollwerks 1 / Burg Burghausen.

Seite 70

IM WÄRMSTEN BADESEE BAYERNS PLANSCHEN

Vom 1 / Strandbad Seeteufel oder 3 / Kühnhausen in den Waginger See springen, der in heißen Sommern bis zu 27 °C Wassertemperatur erreicht.

Tour 7 // Seite 57, 58

UM BAYERNS GRÖSSTEN SEE RADELN

Einmal rund um den Chiemsee strampeln gehört einfach dazu. Wir umrunden ihn etwas anders.

Tour 18 // Seite 167

STILLE NACHT, HEILIGE NACHT SINGEN

Am 24.12.1818 erklang das berühmteste aller Weihnachtslieder zum ersten Mal in der Vorgängerkirche der 7 / Stille-Nacht-Kapelle. Mehr zur Geschichte des Lieds erfährst du im Stille-Nacht-Museum nebenan.

Tour 16 // Seite 152